環遊世界地理

〔全新黃金典藏版〕

歐洲

U0050967

前言
FOREWORD

夕陽和晚風送走一天的喧囂，萬花筒般的世界暫時停止了旋轉，在忙碌中拂去一整日的疲勞，你是否也隱隱感覺到，世界不只是眼前的世界？出於心靈深處對地球另一端的渴望，出於人類與生俱來的好奇，人們總喜歡踮起腳尖，眺望地平線以外的地方。

喜馬拉雅之巔，聖潔的雪山女神遺世而獨立，接受著傳承萬代的虔誠子孫頂禮膜拜；地中海岸，圓月從帕德嫩神廟的頂端升起，聖潔的光輝灑在古老的文明之地；吉力馬札羅的雪依舊潔白如昔，杜利‧威爾遜的婉轉歌聲仍然在卡薩布蘭卡迴響，純潔的愛情在白色宮殿裡綻放；廣闊而綽約的亞馬遜雨林以野性和神祕蠱惑著世人的心靈，潘帕斯草原上的牧歌餘音繞梁，歲月的刻刀在牧羊人的臉上留下了孤獨與寂寞的字樣；

堅強的皇帝企鵝在肆虐的風暴中守護著愛情的結晶，等待著新生命的破卵而出⋯⋯

正是有感於地理的魅力，也折服於大千世界那種種未知的美麗，我們精心打造了這套《環球國家地理》（全新黃金典藏版），希望將一系列比較完整的環球國家地理風情奉獻給同樣癡迷於地理魅力的人們。本套書將世界分為歐洲、亞洲、大洋洲、非洲、美洲、兩極六大部分，每部分以國家為基本的單元，通過人口、民族、自然地理、歷史文化、城市、經濟等方面的詳盡介紹，將自然與人文完美地結合在一起，用近百萬的翔實文字和2,000多張精美的圖片記錄了國家地理的真實面貌，再現環球國家地理的本來色彩。

目錄
CONTENTS

目錄 CONTENTS

目錄 CONTENTS

歐洲
EUROPE

挪威

NORWAY

Kongeriket Norge

挪威是北歐重要國家之一。傳說中古代北歐人來往於斯堪地那維亞半島，有一條沿半島北部海岸的路，因此，挪威的原意是「通往北方之路」。挪威位於北歐的斯堪地那維亞半島西部，西瀕挪威海，東鄰瑞典，東北與芬蘭和俄羅斯接壤，南與丹麥隔海相望。海岸線長2.12萬公里（包括峽灣）。挪威雖地處高緯，但深受北大西洋暖流影響，大部分地區屬溫帶海洋性氣候。因此，自古以來，挪威被視為傳說中的極北之島——茲勒。

國家檔案

全名	**挪威王國**
面積	38.52萬平方公里（包括司瓦爾巴特群島，揚馬延島等屬地）
首都	奧斯陸
人口	525 萬〔2017 年〕
民族	挪威人占全國人口的96%，其他還有薩米人、芬蘭人、丹麥人、瑞典人、美國人、英國人、巴基斯坦人等
語言	官方語言是挪威語，英語為通用語言
貨幣	挪威克朗
主要城市	奧斯陸、卑爾根

🌏 自然地理

挪威的地形有兩個顯著的特徵：一是海岸曲折，峽灣密布，以全國最大最深的松恩峽灣最著名，伸入內陸180公里，寬5公里；二是冰川地形極為普遍，冰川面積共5,180平方公里。其領土南北狹長，南北的直線距離長1,700多公里，東西最寬處434公里，最窄的地方只有6.3公里。其沿海的島嶼像一條斷斷續續的帶子沿海岸蜿蜒，沿海的島嶼與岩礁總共有15萬個左右，被稱為「萬島之國」。

縱貫全境的斯堪地那維亞山脈

　　挪威是歐洲山脈最多的國家之一，全國有700多條現代冰川。高原、山地、冰川占國土面積的75%。斯堪地那維亞山脈是構成斯堪地那維亞半島地形的主軸。山脈的西坡比較陡峭，許多地方形成峭聳的懸崖；東坡比較平緩，成階梯狀經丘陵台地過渡到波羅的海沿岸平原。該山脈最高峰是挪威境內的格利特峰，海拔2,470公尺。第四紀冰期時，斯堪地那維亞半島是歐洲冰川的主要發源地，冰厚曾經達到2,000公尺，直到距今12,000年～8,000年時，大陸冰川才逐漸消退，但是目前山地上仍然保留了總面積約5,000平方公里的冰原。

挪威的海岸線異常曲折，形成了許多天然良港，若將彎曲部分拉成直線的話，海岸線總長度約等於地球赤道的一半。

與眾不同的海岸

　　挪威的海岸線漫長，達2.12萬公里。這裡的峽灣很多，從北部的瓦朗厄爾峽灣到南部的奧斯陸峽灣為止，峽灣一個接一個，連綿不斷。因此，挪威也獲得了「峽灣國家」的稱呼。挪威境內多冰川槽谷，在海水日積月累的侵蝕之下，形成了狹長而曲折的海灣，峽灣的兩岸多斷崖絕壁，地勢十分險要，成為世界上獨特的自然景觀之一。

具有北歐風情的小屋在挪威隨處可見。

歐洲首位的水力資源

　　挪威的財富應該說是「水源」帶來的。因為除了靠商船和漁船所帶來的財富之外，供給該國能源的河川及瀑布也有很大的功勞。由於分水嶺過於接近海岸，因此河川都很短促，瀑布落差較大。挪威境內還有很多冰川和湖泊，由冰河溶解的水量豐富，最適合水力發電，水力資源極為豐富，聞名歐洲，可開發的水電資源巨大。

挪威造船工業歷史悠久，工藝水平較高。從圖中的船舶博物館可以看出挪威人對造船業的重視。

🏛 歷史文化

挪威的歷史可以追溯到8世紀。那時侯，居住在今天挪威的日耳曼人就形成了20多個部落。和許多北歐國家一樣，挪威的歷史上也存在著戰亂頻繁的「海盜時期」。在以後漫長的中世紀時期，挪威曾經兩度處於外國的統治之下，堅強勇敢的挪威人民進行了艱苦卓絕的奮鬥，終於取得了國家和民族的獨立。在歷史發展過程中，挪威人在文化方面取得了巨大的成就。

古代藝術寶庫：比格迪半島

比格迪半島位於挪威首都奧斯陸的西南方向，與市中心一水之隔。島上有一座「民俗博物館」，人們稱之為「人民公園」。在這座富有特色的露天博物館裡陳列著150多座古老的木屋和教堂。這些建築都是從挪威各個地方「移植」到這裡的。整座博物館就像一個個中世紀的古代村莊，反映了當時人們的生活和建築藝術。

奧爾內斯木板教堂

奧爾內斯木板教堂位於松恩－菲尤拉訥郡的奧爾內斯，是當前挪威28座木板教堂中最宏偉的一座，建於12世紀。其背後是長滿林木的

上 ｜ 奧爾內斯木板教堂外觀的裝飾物既有基督教的十字架，又有根據北歐神話傳說創作的獸頭形屋簷頂尖。

下 ｜ 位於挪威馬格爾島的北角在地理上的意義十分重大，這裡的標誌既是航海的陸標，也是歐洲大陸的最北端。

的山麓，前面有石塊築成的圍牆。該教堂共3層，全部用木材建築而成。每層都有陡峭的披簷，上面有尖頂，外形很像東方式古廟。教堂裡的聖台、布道壇、邊座、唱詩班的屏飾和壁畫等都是1,700年前的物品，至今仍保存完好，每年都吸引了大量的遊客到這裡參觀。該教堂已被列入「聯合國教科文組織」世界文化遺產之一。

滑雪運動的發源地

比4,000多年前的原始滑雪圖畫證明，那時候的挪威人就已經會滑雪了。冬季到挪威，在奧斯陸的公園裡到處都可以看到滑雪的孩子們。挪威的兒童往往從兩三歲就開始學習滑雪，政府也鼓勵他們滑雪上學，而不是乘坐公共汽車。在歷次國際滑雪大賽中，挪威的選手總是獨占鰲頭，挪威也成為在冰雪項目中獲得金牌總數最多的國家。

歐洲戲劇的創始人：易卜生

易卜生（1828～1906）是著名的戲劇家、詩人，也是第一個享譽世界的挪威作家。他以出色的戲劇創作成為近代歐洲戲劇的創始人。其主要貢獻在於1877年以後創作的一系列「社會問題劇」，代表作是《玩偶之家》，他的社會問題劇廣泛地揭露了資本主義制度下存在的一系列社會問題，代表了歐洲批判現實主義文學創作的最高成就。

北極科考先驅：南森

北極一直是人類眼中的神祕地帶。直到19世紀末，挪威人南森的科學考察才第一次證實了北極地區海洋的存在，從而揭開了人類對這一地區進行科學考察的序幕。1882年，他從事海上航行，研究高緯度海區海洋動物的生活特性。1896年，他完成了長達3年多的北極探險，成為極地科學考察的先驅，以後，他又對大西洋和北冰洋進行了4次探測，搜集了大量有關北冰洋洋流、浮冰、水文、氣溫和海洋生物等方面的寶貴資料。1897年，著名的《穿越北冰洋》出版，使他成為全世界的知名人物。1922年，他獲得了諾貝爾和平獎。

挪威有許多古老的大教堂，阿頓教堂內的靠背長椅古老而真實，偶爾可以感受到中古時代的氣息。

🏙 主要城市

受地形、氣候和經濟的影響，挪威的主要城市都靠近海邊。挪威內地大多是山區，荒蕪而寒冷，而沿海一帶卻舒適宜人。全國有3/4的人口生活在離海岸不到15公里的沿海地帶。同時，挪威的城市規模都不大，首都奧斯陸人口不過50萬左右，而地球最北端的城市——朗伊爾城，人口僅1,100左右。

*上｜*卑爾根在挪威語中是「山中牧場」、「山城」之意，這是因為卑爾根位於高山與峽灣之間，有7座高山散落市區周圍。城市靠山面海，形勢險要。

*左｜*奧斯陸的「維格蘭雕塑公園」又稱「人生公園」，這根高17.3公尺、直徑3.5公尺、重270噸的圓形石柱聳立在橢圓形平台的中央，柱上密密麻麻交疊著雕有121個神情不同、首尾相接、向上盤旋、競求光明、奮力抗爭的裸體人體浮雕像，四周烘托著36組花崗石人體像，以表現塵世的悲歡而與天堂對照。因此稱作「人生柱」。

首都奧斯陸

奧斯陸位於奧斯陸峽灣之中，三面被群山、叢林和原野環抱。因此，在奧斯陸，人們既可以欣賞到海濱城市旖旎的風光，又可以領略高山密林的雄渾氣勢。900多年前，奧斯陸只不過是一個不到3,000人的小商埠，但如今，就面積而言，它已經躋身於歐洲十大首都之列。奧斯陸市內有各種博物館、美術館、展覽館等，可以說是一個博物館城市。這裡較著名的博物館有國家展覽館、國立美術館、航海博物館等。奧斯陸還被稱做「雕塑之城」，有一座面積達455畝的「雕塑公園」，其中散布著大大小小150組群雕像。這些雕塑所反映的都是一個主題——人生，因此被人們稱為「人生公園」。

第二大城市：卑爾根

卑爾根位於瓦根和普迪峽灣之間，瀕臨大西洋，面積465平方公里。在挪威語中，卑爾根是「山中牧場」、「山城」的意思。城市周圍有7座高山，這些山頭以纜車相連，遊客可以乘纜車穿梭於群山之間。卑爾根城中至今還保存著許多中世紀的紀念物，其中最有名的是卑爾根胡斯城堡，城中有建於1261年的哈康大會堂，傳說是挪威海盜王的王宮。

地球最北端的城市：朗伊爾

朗伊爾坐落在司瓦爾巴特群島，距北極極點只有1,300公里。這裡全年平均氣溫為零下7℃，最低溫度為零下40℃～50℃，一年中有116天的極夜。挪威海有一股暖流從群島西岸流過，所帶來的熱量大大提高了周圍的氣溫，因此比起同緯度的地區來，這裡要溫暖得多。在向陽的山坡和谷地綠草茵茵，130多種植物競相生長，令人目不暇接。這裡也有100多天的極晝日，是人們工作和遊玩的大好時節。

經濟

挪威是擁有現代化工業的已開發國家。20世紀70年代經濟發展速度較快，80年代有起有落，90年代初因取消石油生產限額，收入劇增，外貿順差大幅度增加。2001年受全球經濟普遍低迷的消極影響，挪威經濟增長有所放緩，失業率略有上升，但石油收入比較穩定。挪威經濟依然存在過分依賴石油收入和福利開支過大等結構性問題，高科技產業投入與產出不足。

漁業以近海捕撈為主，漁業生產的主要品種有毛鱗魚、鱈魚、比目魚等。

漁業王國

挪威雖然有1/3的領土深入北極圈內，但是受墨西哥暖流的影響，挪威近海有寒流與暖流相匯合，適合浮游生物的生存，使挪威海與北海成為世界上最優良的漁場之一。漁業一直是挪威主要的傳統經濟部門。挪威是世界上產魚最多的國家之一，有「漁業王國」的稱號。19世紀70年代，挪威人發明了捕鯨炮，建立了龐大的捕鯨船隊，在世界廣大的水域內從事捕鯨作業，賺取了豐厚的利潤。

石油工業

挪威人被稱為「北方藍眼睛的阿拉伯人」，挪威有「北方科威特」之稱。石油和天然氣給挪威帶來了滾滾財富，其產值占國內生產總值的1/5左右。1975年，挪威做到了石油自給有餘，成為西歐第一個石油淨出口的國家。挪威石油工業的迅速發展為其他工業部門和本國

的財政、經濟帶來了活力，同時，也增加了挪威的就業機會。

歷史悠久的造船工業

挪威是世界上較大的造船國之一，造船工業歷史悠久，工藝先進。早在8世紀就有頭尾翹起很高的海盜船稱霸於世。現在挪威可以生產多種用途的船舶，如可以抵達南北極的探險船，精巧堅固；三人划的「索林」帆船，以其輕質而受到奧運會選手的青睞；世界各國港口採用的滾裝船；世界上最大的捕鯨船和容積大、設計新、技術管理先進的大型海輪等。

上 ┃ 漁業一直是挪威主要的傳統經濟部門，挪威的捕魚量十分巨大，捕鯨業居世界前列，卑爾根的魚博物館聞名遐邇。

下 ┃ 挪威是一個風景秀麗的國家，近年來旅遊業已成為其國民經濟收入的重要來源。

歐洲 瑞典 SWEDEN

Konungariket Sverige

瑞典位於斯堪地那維亞半島東半部,西邊以斯堪地那維亞山為界與挪威相鄰,東北與芬蘭接壤,東臨波羅的海,西南瀕北海,同丹麥隔海相望。海岸線長2,181公里,領海12海里。瑞典大部分地區屬亞寒帶針葉林氣候,最南部屬溫帶闊葉林氣候。

國家檔案

全名	瑞典王國
面積	44.99萬平方公里
首都	斯德哥爾摩
人口	1,002萬〔2017年3月〕
民族	90%為瑞典人,此外還有薩米人、芬蘭人、瓦隆人、挪威人、丹麥人、德意志人、猶太人等
語言	官方語言為瑞典語
貨幣	瑞典克朗
主要城市	斯德哥爾摩、哥特堡、馬爾默

🌐 自然地理

瑞典是斯堪地那維亞半島上的北歐國家之一。由於緯度比較高,因此冬天的氣候十分寒冷。和其他的北歐國家一樣,瑞典的森林資源和水力資源都很豐富,為本國的國民經濟發展作出了重要的貢獻。

瑞典的水力資源比較豐富，維納恩湖的儲水量十分豐富，當年積水甚至可供來年使用。

豐富的水力資源

瑞典的水力資源比較豐富，湖泊多與河流相通，有些河流水勢湍急，形成瀑布，再加上各地河流的水流量因季節變化而不同，更為合理利用各地水力資源提供了得天獨厚的條件。北部山地河流在冬季時因冰雪堆積而水量減少，而在暮春或夏季冰雪融化時便形成洶湧持久的河流。被人們稱為「山洪」或「盛夏洪」的呂勒

瑞典是個美麗的國家，起伏的山嶺和星羅棋布的湖泊讓人流連忘返。

到每秒1,910立方公尺。南部的河流在春季時水流量較小，最大流量則發生在秋季。建於19世紀初的哥塔運河是世界工程奇蹟之一，該運河穿過幾個湖泊，連接瑞典西部的哥特堡和斯德哥爾摩。

森林之國

瑞典是世界上著名的「森林之國」，森林覆蓋率在54%左右，蓄材26.4億立方公尺。森林在瑞典素有「綠金」之稱，與鐵礦和水力並為三大骨幹產業。瑞典林業的發達主要得益於國家有效管理。國家實行了森林的多種所有制相結合的政策，推動各方面的育林、養林的積極性。在瑞典有大批的林業專門學校，由這些學校培育出合格的林業人才。

維納恩湖

維納恩湖是北歐最大的湖泊，總面積5,584平方公里，是歐洲的第三大湖。維納恩湖地處瑞典的西南部，北臨克拉爾河，西南是卡特加特海峽，東南部經過190公里的哥塔運河與韋特恩湖相接，並由此通往波羅的海。維納恩湖水面寬廣，景色宜人，湖岸種植著垂柳和鮮花，其中還密布著許多溪流。湖邊有許多美麗的18世紀的建築，使得這裡成北歐人嚮往的旅遊渡假勝地。

各具特色的地形區

瑞典地形狹長，地勢自西北向東南傾斜。北部為諾爾蘭高原，那裡的山區約占國土面積的2/3，自然資源豐富，有茂密的森林、眾多的瀑布和豐富的礦產資源。南部及沿海多為平原或丘陵，多是起伏平緩的土地，土質肥沃，氣候溫和，有利於農作物的生長，也是瑞典人口最稠密的地區。另外瑞典還有低地湖區和較低高原區，這兩種地形也是瑞典自然景觀的組成部分。低地湖區有冰川形成的起伏山嶺，有星羅棋布的湖泊，景色十分優美；較低高原區海拔多在150公尺以下，多森林和泥岩層。

得天獨厚的自然資源

瑞典自然資源豐富，在崇山峻嶺和丘陵平原區，埋藏著形形色色的礦藏。鐵礦、森林和水力是瑞典的三大資源，現已探明的鐵礦儲量為36.5億噸，瑞典是歐洲最大的鐵礦出口國。同時，瑞典還是歐洲鈾藏量最多的國家，鈾礦儲量為25萬噸～30萬噸。每年可利用的水力資源有2,014萬千瓦，已經開發了81%。此外，瑞典的中部和北部地方還有硫、銅、鉛、鋅等礦，但是儲量不大。

🏛 歷史文化

瑞典的歷史可以追溯到大約8,000年前，歐洲大陸冰雪消融，境內開始有居民。1,100年前後開始形成國家。在世界歷史進程中，瑞典曾一度是一個中立的國家，致力於和平事業的發展，樹立了良好的國際形象。瑞典著名科學家諾貝爾所設立的諾貝爾獎涉及經濟、文學、醫學、化學、物理、和平等方面，為推動人類的進步做出了貢獻，在全世界影響頗大。

上 | 露西亞女神節是瑞典的傳統狂歡節，瑞典人通常很注重節日的慶祝活動。

下 | 露西亞女神節上頭頂蠟燭的美麗少女。

迎接光明的露西亞女神節

每年的12月13日是瑞典傳統的露西亞女神節。相傳露西亞女神原為羅馬帝國的一位官員夫人，因為信奉基督教而被羅馬當局刺瞎了雙眼，但是她依然虔誠地向耶穌祈禱，日復一日，年復一年，終於重見光明。露西亞被瑞典人尊奉為「聖女」。瑞典人傳稱露西亞在每年的12月30日夜晚降臨人間，給人間帶來光明。在斯德哥爾摩，這一天太陽直到上午9點才「千呼萬喚始出來」，到下午3點時便已早早落下。但是從這一天以後，長夜日漸縮短，白晝日漸延長。所以，每年12月30日這一天瑞典人都滿懷喜悅地慶祝露西亞女神為他們送來了光明。這種慶祝活動最開始出現在瑞典西部農村，後來逐漸遍及全國。到了20世紀20年代末，首都斯德哥爾摩又有了一項推選露西亞小姐的慶祝活動。當選的露西亞小姐

可以在市政廳接受當年度諾貝爾獎獲得者加冕的殊榮。這已經成為瑞典露西亞女神節一道亮麗的風景。時至今日，仍長盛不衰。

諾貝爾獎的評選活動

瑞典著名的化學家、工程師和企業家諾貝爾（1833～1896）在遺囑中規定：諾貝爾獎每年頒發一次，授予上一年度在物理學、化學、生物學或者醫學、文學與和平事業中對人類做出重大貢獻的人。1968年，瑞典銀行又增加了經濟學獎項。諾貝爾獎的評選不受任何國家官方的影響，無論政治方面還是外交方面，評選委員會一概都不理會。各個獎項只頒發給個人，但和平獎也可以授予某個機構。每年的12月10日是諾貝爾獎的頒獎日，除了和平獎在挪威首都奧斯陸舉行頒獎儀式之外，其餘獎項的頒獎儀式都在瑞典首都斯德哥爾摩舉行。

上 | 斯康森露天民俗博物館可以讓遊人們親身體會瑞典17世紀的真實生活。

下 | 建於1911年的市政廳內外均按傳統裝飾，它是每年諾貝爾獎的頒獎地，也是現實主義與浪漫主義相結合的藝術傑作。

奉行中立的國家政策

進入20世紀以後，瑞典的經濟獲得了長足的發展，依靠豐富的水力資源、發達的交通和高科技，瑞典向現代化社會迅速邁進。1914年第一次世界大戰爆發，瑞典在大戰期間堅持奉行中立的外交政策，從而為本國經濟的發展創造了良好的條件。在殘酷激烈的第二次世界大戰中，瑞典繼續奉行中立政策，不介入國際間的戰爭衝突，再一次避免了戰爭之苦，經濟獲得了進一步的發展。此後，瑞典加入了聯合作，致力於緩和東西方之間的緊張關係。直到1995年，瑞典才放棄了幾十年裡一直奉行的中立政策，於1995年1月1日加入了歐洲聯盟。

露天民俗博物館

建於1891年的斯康森露天民俗博物館是世界上同類博物館中歷史最悠久的一個，它位於斯德哥爾摩市一個風景秀麗的山坡上。在這裡，遊人可以親身體會17世紀瑞典的生活。博物館占地30餘公頃，共有150幢房舍。這些房舍是從瑞典各地搬遷來的特色建築：有瑞典南方的草頂木房或者磚房、有北部地方薩米族的圓錐形木屋，還有教堂的尖塔和鐘樓。在這裡，遊人彷彿置身於中世紀的北歐。現在這裡已經成為斯德哥爾摩重要的文化娛樂中心，經常舉行各種藝術展覽和音樂、戲劇演出。每到仲夏節和露西亞女神節，斯康森就成了歡樂的海洋。

春節

每年4月30日～5月2日，瑞典人民都要慶祝春天的到來，家家戶戶備下豐盛的餐點，供人們開懷暢飲。節日裡每當夜幕降臨之際，到處燈火通明，人們在塗以紅色的木椿上綴滿色彩斑爛的花朵和一片片綠葉，大家便圍著這象徵著春天來臨的「五月樹」，跳起瑞典的民間舞蹈。另外，還有給大學生頒發學位證書的典禮，有為工人和職員舉行的慶賀「五・一」的活動。春節的慶典一般持續三天，最後一天晚上，人們會再度聚會，等觀看日出。

🏢 主要城市

瑞典的城市大多為中小城市，每個城市都有自己鮮明的特色。有的現代建築林立，有的風光秀美，有的遍布名勝古蹟，有的地理位置特殊。這些城市大多分布在南部、中部和海岸線一帶。現在，瑞典的城市建設日趨現代化，在中部內地出現了許多新興城市。這些城市注重綠化，市政和商業區面積較小，別墅面積增大，已經受到世界上越來越多的關注。

哥特堡是瑞典旅遊勝地之一，城市風光秀麗。

斯德哥爾摩的交通日益發達，城市的立體交叉道路網舉世聞名。

北方威尼斯：斯德哥爾摩

斯德哥爾摩是瑞典的首都，也是瑞典的第一大城市，地處波羅的海和梅拉倫湖的交匯處。斯德哥爾摩是一座具有700餘年歷史的文明古都，在瑞典語中是「木頭島」的意思。斯德哥爾摩被人們稱為「北方威尼斯」，城區內水道縱橫，大大小小的島嶼由數十座大橋連接在一起。斯德哥爾摩的「地下城市」規模之大名列世界前茅。瑞典全國的地下建築達3,000萬平方公尺左右，平均每人約3.3平方公尺。地下城市包括地下鐵道、地下機庫、地下油庫、倉庫、電站和軍用飛機場等。雖然自從1809年以來，瑞典已經有190多年未曾捲入戰爭，但是，這些地下建築在和平時期可以被廣泛地使用，一旦發生戰爭，瑞典所有隱蔽部分和其他地下建築就可以保護全國的大部分居民。

有「北方威尼斯」之稱的斯德哥爾摩是一個與湖海相依、同波濤鄰鄰的水面渾然一體的水城。

西部窗口：哥特堡

哥特堡位於卡特加特海峽的東岸，與丹麥隔海相望，是瑞典與西歐通商的主要港埠，終年呈現著一片繁華的景象。17世紀的時候，哥特堡發展成為瑞典的商業中心，大批的荷蘭商人遷居此地，並展開頻繁的貿易活動。直到現在，哥特堡仍然有某些荷蘭遺風。今天，在瑞典的經濟中，哥特堡仍然扮演著重要的角色，舉世聞名的瑞典滾珠軸承公司和富豪汽車公司的總部均設在該城。哥特堡還是西部地區的文化中心，有著名的哥特堡大學、哥特堡工程學院等。哥特堡也是瑞典旅遊勝地之一，城市風光秀麗，並建有國際機場。每年數十萬

名國外遊客雲集於此，爭睹城中17世紀建造的皇家住宅、1699年建造的舊市政府、18世紀中葉建造的瑞典東印度公司以及1815年建造的大教堂等名勝古蹟。

南部港城：馬爾默

馬爾默是瑞典第三大城市，也是瑞典海軍基地和交通樞紐。該城坐落在瑞典最南端，隔厄勒海峽與丹麥首都哥本哈根相望，兩城相距

僅26公里。馬爾默市區分為兩部分：一部分瀕臨海洋，為運河環繞的老區；另一部分是向腹地延伸的現代化新區。城市建築頗具特色，市政府具有荷蘭文藝復興時的建築風格；聖彼得大教堂是哥德式的建築。城中還有許多16世紀時的精美建築物。造船、化學、紡織、製糖、水泥、橡膠等行業尤為發達。對外輸出穀物、糖和水泥等。

馬爾默市內有許多歷史悠久的古城堡建築。

21

維斯比是哥得蘭島的首府，該城歷史可以上溯到2,000年前，城內古老的風貌對現代人產生了特殊的吸引力。

波羅的海上的古城：維斯比

維斯比是哥得蘭島的首府，地處該島的西部，瀕臨波羅的海。由於這裡物產豐富，地理位置重要，丹麥與瑞典曾經對這裡展開了曠日持久的爭奪。其間，維斯比幾易其主，一直到1645年才重新回到瑞典的手中。這裡的建築大多保持舊日的風采。小城周圍環繞著高12公尺、長3.5公里的石灰石構築的城牆。城內狹長的街道上鋪著碎石，其中建於中世紀的教堂就有17座。在現代社會中，保存如此完好的舊城實屬罕見。所以維斯比今日的行政中心仍設在老城，而繁榮熱鬧的商業區則多在城外。

🍥 經濟

第二次世界大戰以後至20世紀60年代末期，瑞典的經濟一直保持著上升的態勢，現在，瑞典已經成為世界上經濟最發達最富有的國家之一。瑞典經濟的快速發展主要得益於大量的鐵礦石、木材和紙漿的出口，為瑞典政府發展經濟積累了大量的資金。同時，長期奉行的不結盟的中立政策以及國內政局的長期穩定也為瑞典經濟的發展創造了良好的內外環境。

瑞典的森林覆蓋率高達54%，這種「綠色的金子」給瑞典的經濟發展奠定了堅實的基礎

金屬加工和機械製造業

作為瑞典工業中最重要的部門之一，瑞典的具有現代意義的金屬加工和機械製造業在19世紀70年代就已經開始了。發展到現在已經有企業400家左右。埃里克遜、瑞典滾珠軸承公司是其中最大的兩家企業。瑞典的機械產品的優點在於精密度高、耐用以及工藝水準高，尤以滾珠軸承、冷凍設備等傳統產品最為有名，早已蜚聲國際市場。金屬加工和機械製造產量占整個工業產量的40%，其中一半左右的產品供出口。出口產品2/3以上銷往工業國家，1/3銷往發展中國家。

現代化的農業

瑞典原為農業國家，農業生產基本滿足國內之需。第二次世界大戰以後，政府先後對農業採取了一系列支持性措施，進一步促進了農業向機械化、科學化和集約化方面發展。瑞典耕地面積占國土面積的6%。2004年，農、林、牧、漁從業者約8.5萬人，約占總就業人數2%，產值約占國民生產總值的2%，其中畜牧業占農業總產值的80%。自從政府實行對農業的支持性政策以來，瑞典的農業勞動生產率、單位面積產量和商品率顯著提高，目前瑞典農業現代化水準和農業勞動生產率居西歐國家前列。

人均鐵路營運居歐洲之冠

自1853年～1854年瑞典議會正式批准修建國營鐵路以來，瑞典的鐵路事業一直處於蓬勃發展之中。1856年，馬爾默至斯德哥爾摩、哥特堡至斯德哥爾摩之間的幹線部分開始運行。到1900年全國鐵路網總長已達1萬公里。1979年，為18,666公里。但是，由於公路汽車運輸的激烈競爭，瑞典的一些鐵路幹線的運輸量銳減。瑞典的鐵路通車里程現為11,050公里。儘管如此，瑞典人均鐵路營運里程仍居歐洲之冠。

瑞典的風力發電。

芬蘭  *FINLAND*

Suomi

芬蘭位於歐洲的北部、波羅的海的東北岸，北端在斯堪地那維亞半島的最東部，北接挪威，東鄰俄羅斯，南部瀕臨芬蘭灣，西部連接波的尼亞灣，西北靠近瑞典。芬蘭全部陸地疆域處在北緯60°以北，全國1/3的面積處在北極圈以內。大部分地區屬亞寒帶針葉林氣候，北部為苔原氣候。

國家檔案

全名	芬蘭共和國
面積	33.81萬平方公里
首都	赫爾辛基
人口	548萬〔2016年3月〕
民族	芬蘭人占91.5%，瑞典人占5.5%，還有少量薩米人
語言	官方語言為瑞典語
貨幣	歐元
主要城市	赫爾辛基、圖爾庫、坦佩雷

 自然地理

芬蘭南北長，東西窄，中間部分最窄。由於第四紀冰川的活動，芬蘭境內湖泊縱橫，伊納里湖、塞馬湖、派延奈湖等都是著名的大湖。芬蘭擁有非常豐富的森林資源。芬蘭的內陸水域面積約占全國面積的10%，有島嶼約17.9萬個。

千湖之國

芬蘭是6億年前形成的波羅的海地盾的一部分，屬於非常古老的地層。第三紀後，芬蘭受地殼變動的影響較小。第四紀的冰川活動造就了十分平緩的芬蘭地形。全國各地都有不同程度的緩坡和圓形山丘，同時出現許多溪谷。第四紀冰川作用的結果，使芬蘭的湖泊非常多，大小湖泊約18.8萬個，被稱為「千湖之國」。

豐富的森林資源

森林是芬蘭最重要的自然資源，森林面積占全國陸地面積的66.7%，居世界前列。芬蘭森林的主要品種有挪威雲杉和歐洲赤松，其餘還有樺樹、赤楊和白楊。芬蘭人喜歡說這樣一句話：「芬蘭人是愛森林勝過愛生命的人民」。同時，芬蘭對森林資源的管理和開發也居世界先列。

漫長而又寒冷的冬季

芬蘭全國1/3地區處於北極圈內。由於地處高緯度，芬蘭冬季漫長而寒冷，夏季短暫而溫暖。促成芬蘭冬季漫長寒冷的重要原因是波的尼亞灣、波羅的海北部和芬蘭灣的不少海面凍結，這是由於海水的鹽度低造成的。到3月份結冰面積最大的時候，堅冰經常把奧蘭群島同芬蘭海岸連接起來。芬蘭的年平均氣溫是零下0.4℃～5℃，冬季的最低氣溫是零下30℃，夏季的最高氣溫可以達到27℃。

🏛 歷史文化

在較長歷史時期內，芬蘭一直處於異族的統治之下。在獨立道路上，芬蘭歷經坎坷，終於在1955年加入了聯合國。儘管如此，芬蘭人民在文化方面依舊燦爛輝煌：它擁有北歐最古老的大學赫爾辛基大學；它也擁有自己的文學巨匠西倫佩（1888～1964），他是1939年度諾貝爾文學獎的獲得者。

上 | *森林是芬蘭最重要的自然資源。*

下 | *芬蘭是聖誕老人的故鄉，每年的耶誕節都十分熱鬧，烘托出濃郁的節日氣氛。*

桑拿浴的發祥地

芬蘭人發明了桑拿浴。浴室一般是原木結構的小屋，小屋裡密不透風，中央有大的鐵爐，上面裝滿了石塊。洗澡的時候，人們用木材把石塊燒熱，將水潑在石頭上，房間裡立刻充滿了蒸汽，溫度可以達到39℃～50℃，沐浴者赤裸進入，很快就會汗流浹背。在蒸汽的籠罩之下，人們不但身心輕鬆，還可以沉浸於冥想之中。桑拿浴可以增進人體的血液循環，使身體保持充沛的精力，有利於身體的健康，還有特殊的美容功效。

賽鹿節

賽鹿節是芬蘭北部薩米蘭人的節日。薩米蘭地區地域遼闊，但人口稀少，平時人們難得相聚，所以當地的居民十分重視這個民族節日。賽鹿節開始於每年的3月15日，每到這一天，薩米蘭人全都盛裝打扮，到伊納里湖參加一年一度的狂歡節。傳統的賽鹿節有兩項比賽內容，一是駕鹿，一是用繩索套鹿。因為薩米蘭氣候寒冷，他們狩獵的主要手段就是利用繩索和陷阱，所以賽鹿節其實就是薩米蘭人放牧和狩獵時套鹿技術的表演。賽鹿節既鍛鍊了當地人民的馴鹿技藝，又培養了他們的勇敢精神。

📇 主要城市

　　芬蘭的城市規模都較小，而城市人口卻出現了日益增長的趨勢，這是因為：現代工業的迅速發展使人民生活水準得到提高，而繁榮的經濟和優越舒適的城市生活對許多農村人口有著巨大的吸引力。這種現象不僅存在於沿海城市，同時也存在於內陸的主要城市。

赫爾辛基是一座充滿活力的文化城市，曾被選為2000年歐洲9個文化城市之一。

太陽不落的都城：赫爾辛基

　　赫爾辛基建在一個丘陵起伏的半島上，兩岸是美麗如畫的海港，並且被幾十個島嶼環繞著。市內的湖泊星羅棋布，周圍滿是茂密的森林，景色十分迷人。赫爾辛基是芬蘭最大的工業中心、外貿港口和外貿口岸。赫爾辛基最著名的大街叫滿納漢大道，是繁華熱鬧的商業中心，也是優美建築和文化設施林立的文化中心。芬蘭地處高緯度，在夏季，光照時間長達20個小時，因此赫爾辛基又被人們稱為「北方的白晝城」、「太陽不落的都城」。

芬蘭古都：圖爾庫

　　瀕臨波羅的海北岸的圖爾庫是芬蘭最古老的都市，由瑞典人所建的堡壘發展而來，後來發展成為商業中心。在16世紀該城曾經是芬蘭的首都。圖爾庫是良好的天然港灣，在現代芬蘭依然占據著重要的地位。在芬蘭，它還是僅次於赫爾辛基的重要的文化中心，有圖爾庫大學和圖爾庫經濟學院。這裡還保留了許多古典幽雅的建築，1258年建造的羅馬式大教堂在芬蘭的教堂中依然是佼佼者。每年8月圖爾庫市都會舉辦音樂節。

芬蘭第二大城市：坦佩雷

　　芬蘭南部的坦佩雷地處奈西湖南岸。進入20世紀以來，坦佩雷的工業得到了迅速發展，以紡織工業為開端，這裡已經成為芬蘭的另一大工業中心，有「芬蘭的曼徹斯特」之稱。坦佩雷工業發達，城市環境優美，公園、湖泊、河流和森林點綴其中。同時，坦佩雷還是芬蘭著名的文化中心，有眾多的高等教育機關、劇場、圖書館和博物館等文化教育單位。其中最著名的有路德派大教堂、亞歷山大林·基爾科教堂、卡勒班·基爾科大教堂等。

白色的議會大廈是獨特的民族藝術風格的代表，氣勢宏偉壯觀，令人矚目。

經濟

在已開發國家中，芬蘭的經濟一直到20世紀70年代以後才完成從農業國向工業國的過渡，因此是已開發國家中的後起之秀。進入80年代以後，芬蘭的經濟發展非常穩定。1999年芬蘭加入歐元區，2002年1月歐元正式流通，取代芬蘭馬克。2002年受世界經濟不景氣影響，芬蘭經濟增長緩慢。

森林工業

森林工業一直是芬蘭的傳統工業部門，在製造業總產值中占據首要地位，整個森林工業產量占世界總產量的5%。芬蘭的木材加工工業歷史悠久，技術先進，設備完善。在木製品中，不僅能夠生產結構精巧、式樣大方的木製器具，而且還能夠建造各種預製結構的住宅、夏日別墅、廠房和倉庫。造紙工業是森林工業中最重要的部分。芬蘭的造紙工業技術先進，設備精良，工廠規

造船工業是芬蘭的傳統工業，生產的能駛行南北極的大馬力破冰船和艦船，在國際上享有盛譽。

模宏大，競爭力很強，已經躋身於世界造紙工業先進國家之列，是世界第二大紙張和紙板的出口國、世界第四大紙漿出口國。新聞紙的產量僅次於加拿大，居世界第二位。

發達的高科技產業

芬蘭的高科技產業起步較晚，但是發展速度較快。芬蘭政府重視高科技產業的發展，制定了適合本國國情的發展戰略，使得高科技產業的比重不斷增加。在高科技產業中發展最快的是資訊業，它對芬蘭的經濟發展起

到了極大的促進作用。2001年的產值為137.76億歐元，占國內生產總值的10.5%，資訊技術產品如電腦、通訊設備等出口額121.5億歐元，占出口總額的30.9%。芬蘭還是網際網路接入比例和人均手機持有量最高的國家之一，2001年每100人擁有54個接入終端，手機普及率為80.4%。

繁榮的出口貿易

芬蘭政府一直重視發展對外貿易。長期以來，芬蘭的人均出口額位居世界前列，出口收入占國民經濟的1/3還多。這主要是因為芬蘭發展經濟特別是發展工業的原材料短缺、礦物燃料貧乏、國內市場狹小。芬蘭對外出口的主要部門是森林工業和金屬工業。大約80%的木材加工產品和40%的金屬工業產品供出口。其中紙張的出口又占據了木材加工業的很大份額。現在，在化學、紡織服裝、電子等行業中也出現了一批新的出口產品。

赫爾辛基市場上出售的童鞋。

市場上出售的具有民族特色的無簷編織帽。

丹麥  **DENMARK**

Kongeriget Danmark

　　丹麥位於歐洲北部，是波羅的海出入北海和大西洋的必經通道，是西歐通往斯堪地那維亞半島的橋梁。南與德國接壤，西瀕北海，北與挪威、瑞典隔海相望，邊界線只有68公里，海岸線長達7,314公里。丹麥王國在本土之外還有兩個自治區，一個是大西洋上的法羅群島，1948年被批准為地方自治；另一個是在北美洲的格陵蘭，1979年取得內部自治地位。這兩個地區均有處理自己內部事務的立法議會，但外交和國防政策則由丹麥中央政府制定。

國家檔案

全名	丹麥王國
面積	4.31萬平方公里（不包括格陵蘭島和法羅群島）
首都	哥本哈根
人口	570.7萬〔2016年3月〕
民族	丹麥人占95%，其他為外國移民
語言	官方語言為丹麥語，英語為通用語
貨幣	丹麥克朗
主要城市	哥本哈根、奧胡斯、歐登塞、奧爾堡

🌏 自然地理

　　丹麥是北歐最小的國家，本土包括日德蘭半島大部分和400多個島嶼，是世界上領土構成最鬆散的國家之一。全國任何一處距海均不超過52公里。地勢低平，平均海拔約30公尺。屬於冬溫夏涼的溫帶海洋性氣候，1月平均氣溫0℃～1℃，7月15℃～17℃，年降水量約860毫米，植物生長期較長。

日德蘭半島

　　日德蘭半島在地理上是丹麥心臟地區的外緣，資源貧乏，但在歷史上，它曾經是一個重要地區，作為歐洲的十字路口，在政治與軍事上都曾是必爭之地。日德蘭半島西部是沉積平原，北海沿岸有寬闊的沙灘，沙丘上長著叢叢灌木。這裡景色迷人，是著名的旅遊渡假區。日德蘭半島東部和中部是研究歐洲冰河期沉積地形最典型的地區之一。

歷史文化

丹麥是歐洲形成陸地最遲的國家之一，但已有1萬多年的歷史。丹麥文化由於其特殊的地理位置，保持了連續性和獨立性，不僅沒有被異族文化淹沒，還從中汲取了充足的營養。丹麥培育了以童話聞名於世的著名作家安徒生、原子物理學家尼爾斯·玻爾等世界文化名人和科學家。20世紀以來共有12位丹麥人獲得諾貝爾獎。在生物學、環境學、氣象學、免疫學等方面丹麥處於世界領先地位。

童話王國的文學

安徒生（1805～1875）多才多藝，他不僅是一位著名的童話家，還是小說家、戲劇家和詩人。他的童話作品享譽全球，達到了世界兒童文學創作的頂峰。他的童話被譯成100多種文字，不論在世界任何地方，人們都能讀到《醜小鴨》、《小美人魚》、《國王的新衣》、《賣火柴的小女孩》等豐富有趣又充滿寓意的童話故事。這位童話大師一生堅持不懈地進行創作，把他的天才和生命獻給「未來的一代」。安徒生一生共寫了168篇童話和故事，留下了寶貴的精神財富。

阿美琳堡王宮位於哥本哈根市區的東部，是丹麥王室的主要宮殿，其內部高貴、典雅，舞廳透露著皇族氣質。

左 | 海路運輸在國民經濟中的地位十分重要。近年來丹麥船隊的數量有所減少，但品質更高、性能更先進。

右 | 哥本哈根是丹麥最大的海港，這裡水深港闊，設備優良，工商業都很發達，全國一半以上的對外貿易商品都由這裡進出。

主要城市

11世紀前後，由於波羅的海的地理條件十分優越，使得丹麥初期的政治、經濟得以發展，到13世紀發展到頂點。在富有特色的農村社會緩慢發展的同時，開始出現了早期城鎮，各城鎮的發展過程極為相似。漁業活動、海上交通及通往德國的陸上交通是這些城市的經濟命脈。二戰以後逐步由農業國發展為工業國，成為發達的資本主義國家。20世紀90年代以來，丹麥政府奉行經濟緊縮政策，實行了一系列經濟改革，使丹麥經濟進入穩定增長時期。現在，工業成為國民經濟的主體。漁業產量很高，為世界十大漁業國之一。

北歐的巴黎：哥本哈根

哥本哈根是丹麥首都，北歐最大城市，也是北歐著名的古城，是丹麥經濟、文化中心和交通樞紐。人們讚譽哥本哈根為「北歐的巴黎」，就是因其有許多與巴黎相似之處。哥本哈根有許多宮殿、城堡和古建築，最著名的是克利斯蒂安堡。作為文化中心，哥本哈根有20多個可供人們參觀的博物館。在丹麥眾多的文化設施中，最有名的「海濱公園」是遊客必到之處。

冰島

ICELAND

Ísland

冰島為歐洲西北端的國家，位於北極圈南面，扼北大西洋咽喉，戰略位置十分重要。其位置正好處於北美洲與歐洲大陸板塊的斷裂帶上，有大約200座火山和無數的溫泉和間歇泉。冰島以前是丹麥的領土，1944年取得獨立。冰島國旗上的紅白十字源於丹麥國旗的十字圖案，以表示冰島在歷史上與丹麥的特殊關係。大部分冰島人生活在冰島沿岸，沿岸的港口是不凍港。冰島已進入北極圈，向來被人們稱為「冰與火之島」。

國家檔案

全名	冰島共和國
面積	10.30萬平方公里
首都	雷克雅維克
人口	33萬〔2016年3月〕
民族	冰島人占絕大多數，屬日耳曼族
語言	冰島語為官方語言，英語為通用語
貨幣	冰島克朗
主要城市	雷克雅維克、阿克雷里

歷史文化

冰島有著悠久的歷史，曾是歐洲最古老的共和國之一。11世紀到19世紀，冰島先後被挪威和丹麥統治，1904年丹麥承認冰島內部自治。第一次世界大戰和第二次世界大戰對冰島的影響很大，最終，冰島於1944年6月17日宣布獨立。丹麥對冰島的殖民統治及掠奪嚴重阻礙了冰島經濟、文化等各方面的發展。在長期的反壓迫反侵略的抗爭中，冰島發展了自己的文化。

自然地理

冰島版圖呈不規則的橢圓形，是一塊火山高原台地。沿海一帶地勢較低；中部地勢較高且寒，廣無人居。境內多火山、溫泉、間歇泉，有活火山30座。雖近北極圈寒冷地帶，卻因受暖流影響，冰島氣候並不像其他同緯度地方那樣冷。極晝極夜的現象十分奇特，夏季全天是白晝，冬季全天是黑夜。

冰島境內海灣眾多，據考察，這是由於斷層和第四紀冰川的作用形成的。

蘭湖

從雷克雅維克向東南方向驅車1個小時左右，就到達了冰島著名的地熱溫泉：蘭湖。有些遊客慕名而來，更有甚者在冰島轉飛機的幾小時中也要乘車到蘭湖來享受一番。蘭湖是露天的溫泉。由於泉水溫度較高，即便是在雪花飄飛的冬季，遊客仍可以泡在溫融融的水中浸浴，充分享受大自然的恩賜。冰島是多火山國家，而蘭湖正是建在一座死火山上，地層中有益的礦物質沉積在湖底，水性好或運氣好的人，在挖到「白顏色」的泥時會歡呼不已，因為這種泥美顏健體，其衍生出的美容產品在北歐國家銷路非常好。

🏛 主要城市

冰島的都市基本上分布於西南沿海一帶，人煙稀少，其最大的城市人口也不過11.6萬人，應該用「鎮」來形容冰島的城市。在冰島，可以強烈地感覺到不同的自然環境給不同的城市帶來的影響，這裡的各個城市呈現出迥然不同的風貌。冰島擁有豐富的漁業資源和水力、地熱資源，其他資源則十分貧乏。

首都雷克雅維克

雷克雅維克是冰島的首都，也是冰島第一大城市。它位於冰島西南部法赫薩灣的塞爾蒂亞納半島上，是世界上最北的首都。雷克雅維克是一座風景優美的海港城市，市區附近地勢較平坦，氣候溫和濕潤。雷克雅維克及其附近地區集中了全國大部分工業企業。附近多溫泉，水氣瀰漫，城市名稱即「煙灣」之意。市內住宅和公共建築由四周溫泉通過管道供應暖水。

左 ｜ 雷克雅維克布局均勻，無摩天大樓，居民住房小巧玲瓏，大多是兩層小樓，風格各異，色彩也各不相同。

右 ｜ 二戰後，獲得獨立的冰島逐步實現了漁船隊和捕撈設備的現代化，促使漁業迅速發展，圖為冰島的高桅橫帆船。

立陶宛

LITHUANIA
Lietuvos Respublika

立陶宛位於波羅的海東海岸，與拉脫維亞、白俄羅斯、波蘭和俄羅斯聯邦的加里寧格勒州接壤。地勢多平坦，有很多湖泊、荒原和沼澤。立陶宛是歐洲湖泊最多的國家之一，最長的河流為尼曼河，所有河流均注入波羅的海。國界線總長1,846公里，其中陸地邊界長1,747公里，海上邊界長99公里。屬海洋性向大陸性過渡氣候。

國家檔案

全名	立陶宛共和國
面積	6.53萬平方公里
首都	維爾紐斯
人口	285萬〔2017年1月〕
民族	立陶宛人占83.5%，波蘭人占6.7%，俄羅斯人占6.3%，其他還有白俄羅斯、烏克蘭、猶太等民族
語言	官方語言為立陶宛語，少數居民懂俄語
貨幣	立特
主要城市	維爾紐斯、考那斯、克萊佩達

以合作求發展的經濟

立陶宛根據自身的特點，揚長避短，著重發展工業，大力實現農牧業的集約化，現已基本完成向市場經濟的轉軌。電子、紡織和食品加工業較發達。但是，立陶宛對外市場依賴程度嚴重，獨立以前某些重要的原材料和能源基本上靠蘇聯市場提供。獨立以後，立陶宛力求改變這種不利局面，推行對外開放政策，吸引外資，展開對外合作，特別是與波羅的海國家的經濟合作。立陶宛、愛沙尼亞和拉脫維亞三國打算建立波羅的海三國統一市場，這會在一定程度上緩解各國的經濟困難。

典型的文化古都：維爾紐斯

立陶宛首都維爾紐斯城區由老城和新城兩部分構成。老城地處市中心，為一個小丘，丘上屹立著格基明納斯紅色八角形古堡，古堡上有一座三層樓高的古塔。在地勢微微起伏的城市四周，幾條河流蜿蜒流淌。老城區薈萃了100多座不同時代、不同風格的古建築，其中最有代表性的是聖安娜教堂，該教堂布局勻稱，色調和諧，被譽為「哥德式建築藝苑中的明珠」。新城是環繞著老城發展起來的，用白磚建造的思塔卡列尼斯、日爾姆納斯和拉茲季納伊等新區緊緊簇擁著市中心。隨著新城區的發展，現在市中心已移到內里斯河左岸。

極富特色的民族服裝

立陶宛民族服裝豐富多彩。婦女服裝的特點是色彩鮮豔、式樣眾多。她們的服裝是繡花或織花的白色長袖短衣，佩帶漂亮的坎肩和豔麗的寬圍裙；男子服裝多是鑲有花紋的亞麻布白襯衣和有條紋的或方格的長褲，襯衣外面有時候套著短衣或背心，花腰帶和花領帶是男子服裝上不可缺少的附件。

愛沙尼亞 *ESTONIA*

Eesti Vabariik

愛沙尼亞位於波羅的海東岸，西、北臨里加灣、波羅的海和芬蘭灣，東同俄羅斯接壤，南與拉脫維亞為鄰。其國土東西寬350公里，南北長240公里，南部為丘陵地帶。海岸線長3,749公里，地表平坦，多沼澤，部分由森林覆蓋，有1,500多個島嶼，礦產資源相當豐富。境內多河流和湖泊，主要河流有納爾瓦河、派爾努河等；最大的湖泊有楚德湖和沃爾茨湖。全境屬溫帶海洋性氣候，年降水量600毫米～700毫米，較濕潤，冬季最冷的1月～2月平均氣溫零下5℃，夏季最熱的7月平均氣溫16℃。

國 家 檔 案

全名	愛沙尼亞共和國
面積	4.53萬平方公里
首都	塔林
人口	131.3萬〔2015年〕
民族	愛沙尼亞人占總人口的67.9%，其他有俄羅斯、烏克蘭、白俄羅斯等民族
語言	官方語為愛沙尼亞語。英語、俄語、芬蘭語、德語亦被廣泛使用
貨幣	愛沙尼亞克朗
主要城市	塔林、塔爾圖

具中世紀格調的首都：塔林

塔林始建於1248年丹麥王國統治時期，1991年成為愛沙尼亞首都。塔林市位於愛沙尼亞西北部，瀕臨波羅的海，歷史上曾一度是連接中、東歐和南、北歐的交通要衝，被譽為「歐洲的十字路口」。

塔林城三面環水，景色秀麗古樸，是一座海濱城市，也是北歐唯一保存有中世紀外貌和格調的城市。塔林分為老城和新城兩部分。13世紀中葉，塔林老城被分為上城和下城。上城是上流社會、宗教階層和封建權貴的聚集地，這裡坐落著著名的城堡：托姆別阿；下城是商人和手工藝者的居住地，這裡有拉科雅廣場。在廣場市政大樓八面稜體的塔樓頂端，屹立著威武的老湯瑪斯守護神，它是塔林的城市象徵。

新城的中心有維盧廣場敞坐，由此通往老城的是一條大街。塔林是全國經濟、文化中心，也是全國主要的工業中心。其工業產值占全國工業產值的45%。機械製造、造紙、木材加工、食品和輕工業較發達。所生產的電機、儀器儀錶、電子產品、自動化車床都比較先進。塔林生產的紙張、鋼琴、滑雪板和乳製品也很有名。古城的四周，則是本市和外商雲集的商業區。在這裡，古城風貌和現代化的商業中心形成了鮮明的對比。

上 | 亞歷山大教堂是中世紀建築風格的代表，其古樸典雅的構造處處透露著那個時代的人們對藝術的獨特詮釋。

下 | 愛沙尼亞人保存的蘇聯徽章。

拉脱維亞  *LATVIA*

歐洲

Latvijas Republika

拉脱維亞位於波羅的海東海岸愛沙尼亞和立陶宛之間，東面與俄羅斯、白俄羅斯接壤。國界線總長1,862公里，其中陸地國界線1,368公里，海岸線494公里。國名是以民族名命名的。整個國家處在一個較低的平原，沒有任何地方高於海拔300公尺。1991年拉脱維亞獨立並取得莫斯科的承認。農業和與國防相關的工業在經濟中起著重要的作用。

國家檔案

全名	拉脱維亞共和國
面積	6.46萬平方公里
首都	里加
人口	196.6萬〔2016年〕
民族	拉脱維亞人占人口58.2%以上、俄羅斯人占29.2%，其餘為烏克蘭和白俄羅斯人等
語言	拉脱維亞語為官方語言，通用俄語
貨幣	拉特
主要城市	里加、道加瓦皮爾斯、利耶帕亞

以丘陵和平原為主的地形

拉脱維亞地勢低平，東部和西部為丘陵。國界線總長1,862公里，平均海拔87公尺，地貌為丘陵和平原，土壤以灰化土為主，約一半以上土地為可耕地。森林覆蓋率為44%。主要河流是道加瓦河和涅曼河，境內所有河流均注入波羅的海，水流較為平緩，河道蜿蜒而曲折。境內多湖泊和沼澤。

漫長的獨立歷史

西元前2世紀，拉脱維亞的先人拉特加爾人、尚爾人等進入拉脱維亞的土地並排擠或同化當地人。10世紀拉脱維亞民族開始形成，在1795年被俄羅斯徹底征服前，曾受過德國和瑞典的統治。1918年成立拉脱維亞蘇維埃社會主義共和國並加入蘇聯。1990年改國名為拉脱維亞共和國，1991年8月22日正式宣布獨立。同年9月6日，蘇聯國務委員會承認拉脱維亞獨立。9月17日，拉脱維亞加入聯合國。拉脱維亞的教育比較發達，國民受教育程度高，實行九年制義務教育，允許私人辦學校。在反對異族統治中發展起來的民族文學是拉脱維亞人民寶貴的財富。

左｜里加城內有許多著名古建築，聖彼得大教堂按巴洛克式風格改建。
右｜拉脫維亞是一個有著豐富民族文化傳統的國家，每到民間節日時，孩子們穿得漂漂亮亮，興高采烈地參加慶祝活動。

天然港都：里加市

由於歷史原因，拉脫維亞的城市大多早期被別國占領，獨立後才歸其所有。1198年里加首次出現在歷史文獻中。里加曾是重要的港口城市、貿易和手工業中心，作為要塞，其軍事地位十分重要。13世紀～16世紀，里加是立陶宛的一個重要城市；17世紀屬波蘭，之後又屬瑞典；18世紀屬俄羅斯帝國，後為蘇維埃社會主義共和國聯盟的一個共和國首府城市。

1991年，拉脫維亞共和國宣布成立，里加成為拉脫維亞共和國的首都。里加市還是世界主要旅遊中心之一，吸引遊人的是里加市豐富的歷史文化遺產。名勝古蹟主要有：里加大教堂、聖彼得教堂、聖雅格布教堂、聖約翰教堂、火藥儲備堡壘、自由紀念碑、瑞典門、古城區

等。此外還有眾多的博物館和畫廊。里加城外風景秀麗，有占地5,000公頃的森林公園，里加灣是一個天然浴場和避暑勝地，每年來此渡假和療養的人甚多。

經濟狀況

拉脫維亞工業較發達，在波羅的海沿岸3個共和國中居首位，農業居第二位。20世紀90年代以來，由於蘇聯解體，拉脫維亞經濟受到不利影響。目前，拉脫維亞政府採取了「經濟上推行私有化，取消集體農莊，全面放開物價，迅速向市場經濟過渡」的經濟發展戰略，經濟略有回升。主導產業是加工工業，占工業產值的90%。機械製造業和金屬加工業是拉脫維亞兩大經濟支柱。拉脫維亞的交通運輸主要有鐵路和海運。全國各大城市之間均有鐵路相連，其中電氣

化鐵路長247公里。由於瀕臨波羅的海，拉脫維亞的海運十分重要，主要港口城市有里加、文茨皮爾斯和利耶帕亞。文茨皮爾斯是波羅的海沿岸最大的石油出口港。拉脫維亞的主要貿易對象有俄羅斯、烏克蘭、白俄羅斯和芬蘭等國。目前拉脫維亞的經濟正處於穩步發展的過程中。

拉脫維亞境內丘陵和低地相互交替，為數眾多的形狀奇異的小湖面、茂密的草地構成了風景如畫的自然景觀。

俄羅斯

RUSSIA

Российская Федерация

俄羅斯位於歐亞大陸的北部，是世界上國土最遼闊的國家，全境大體呈長方形。海岸線長達3.38萬公里，瀕臨三大洋的12個海。俄羅斯陸疆與14個國家接壤，即挪威、芬蘭、愛沙尼亞、拉脫維亞、立陶宛、波蘭、白俄羅斯、烏克蘭、喬治亞、亞塞拜然、哈薩克、中國、蒙古、北韓。北瀕北冰洋，東臨太平洋，西北連波羅的海芬蘭灣，中俄邊界線長達4,300公里。隔海還與日本相望，北部領土中36%在北極圈內。

國 家 檔 案

全名	**俄羅斯聯邦**
面積	1,707.54萬平方公里
首都	莫斯科
人口	1億4,600萬〔2015年〕
民族	是一個多民族的國家，境內共有130多個民族，其中俄羅斯人占79.8%
語言	官方語言是俄語
貨幣	盧布
主要城市	莫斯科、聖彼得堡、下諾夫哥羅德、伏爾加格勒、莫曼斯克

🌐 自然地理

俄羅斯以平原為主，東歐平原和西西伯利亞平原是兩大著名平原。葉尼塞河與勒拿河之間自然地理 的中西伯利亞高原是俄羅斯最大的高原。俄羅斯山脈眾多，大部分分布在邊緣地區。境內河流、湖泊眾多。氣候複雜多樣，大部分地區冬季漫長。

上 ｜ 勘察加半島上有頻繁活動的火山，其中海拔4,750公尺的克留切夫火山是歐亞大陸上最高的火山。

左 ｜ 俄羅斯是世界上國土最為遼闊的國家，其國土包括廣闊的平原和眾多的河流與湖泊。

到處是無邊無際的沼澤，平坦潮濕。西西伯利亞平原儲藏著大量的石油和森林資源。這裡有著名的秋明油田和廣闊的原始森林。

中西伯利亞高原

中西伯利亞高原位於北亞的中部，界於葉尼塞河與勒拿河之間，北部到北西伯利亞低地，南部到貝加爾湖及其以西的薩彥嶺。中西伯利亞高原有相當穩固的地質構造，平均海拔約500公尺～700公尺，間或有一些隆起的台地，總面積約有150萬平方公里。中西伯利亞高原河流眾多，水力資源非常豐富。這裡有水量龐大的葉尼塞河，也有世界上最深的淡水湖貝加爾湖。

俄羅斯森林中經常有貓頭鷹出沒。

西西伯利亞平原

西西伯利亞平原位於亞洲西北部，介於烏拉山脈與葉尼塞河之間，是亞洲最大的平原。北邊是北冰洋的喀拉海，南邊是哈薩克丘陵，面積大約260萬平方公里，大部分地區海拔在50公尺～150公尺之間。地勢低平開闊，鄂畢河縱貫全境。地形單一，

向日葵是俄羅斯的國花。象徵著團結、向上和友好。

貝加爾湖位於西伯利亞南部，是世界上最深的湖泊，最深處達1,620公尺。其淡水總量相當於北美五大湖的總量。

歐洲第一大河：
伏爾加河

伏爾加河位於俄羅斯歐洲部分。發源於莫斯科西北的瓦爾代高地，源頭海拔228公尺。東流至喀山附近轉向南流，到伏爾加格勒折向東南，後注入裏海。全長3,690公里，流域面積138萬平方公里。約有200條支流，其中最主要的支流是奧卡河及卡馬河。伏爾加河為平原型河流，比降小，流速慢，河道彎曲，多沙洲淺灘，河漫灘上多弓形湖。上游流經冰磧區，連接一系列小湖；奧卡河匯入後為中游，流域面積增大，河谷寬、水量多；伏爾加格勒以下為下游，分出一條汊河：阿赫圖巴河，

與幹流平行流到河口地區，然後分許多條汊河注入裏海。河水夾有大量泥沙，沉積在河口，形成面積1.9萬平方公里的三角洲。伏爾加河建有許多座水利樞紐工程，其中包括雷賓斯克、薩拉托夫伏爾加河的內河航道，享有「俄羅斯母親河」之稱。幹流通航里程3,256公里，並有70多條支流可通航，內河貨運量占全俄羅斯的2/3，旅客運量占全俄羅斯的一半以上。

頓河

頓河是俄羅斯在歐洲部分的一條大河，發源於俄羅斯丘陵，由北向南注入亞速海。頓河的河道非常曲折，

支流眾多。它的河水主要由雪水來補充，因此，在積雪

地跨歐亞兩洲

俄羅斯位於歐亞大陸的北部，領土橫跨歐洲的東半部和亞洲北部大部分地區。俄羅斯在歐洲的領土稱為俄羅斯的歐洲部分，在亞洲的領土稱為俄羅斯的亞洲部分。俄羅斯雖然地跨歐亞兩洲，但它是公認的歐洲國家，歐洲部分是俄羅斯民族和俄羅斯國家的發源地，並且從古至今一直是俄羅斯的政治、經濟和文化中心。俄羅斯的首都位於俄羅斯的歐洲部分，大部分人口和工業也集中在歐洲部分。

融化的春天，靜靜的頓河就進入了汛期，變成一條咆哮的河流。頓河河水每年要往大海裡排放近700萬噸的礦物質，因此水裡含有豐富的營養物，浮游生物很多，滋養了大量的魚蝦。

鄂畢河

鄂畢河由發源於阿爾泰山的比亞河和卡通河匯合而成。自南西伯利亞山地曲折向西北流去，縱貫西西伯利亞平原，注入北冰洋喀拉海的鄂畢灣。鄂畢河自托木河入口以上為上游，河水不深，兩岸主要是山地和丘陵；從托木河口到額爾齊斯河口是中游，水量很大，河谷的寬度也增加到40公里左右；從額爾齊斯河口到入海口為下游，河面寬，河水深。由於近海口地勢低平，水量很大，形成了一個4,000多平方公里的三角洲。鄂畢河是俄羅斯一條重要的水上運輸線，在解凍期內是上好的航道。同時它縱貫西西伯利亞平原的南北，可以將俄羅斯南面的貨物直接運抵北冰洋。鄂畢河流域的發電量可達到2.5億千瓦，現在大多還沒有開發。

大洋之弟：葉尼塞河

葉尼塞河是俄羅斯大河之一，位於亞洲的北部，全長4,130公里。由源出東薩彥嶺和唐努烏拉山的大、小葉尼塞河匯合而成，沿中西伯利亞高原西側曲折北流，注入北冰洋喀拉海的葉尼塞灣是俄羅斯水量最大的河流。沿岸有米努辛斯克、杜金卡、葉尼塞斯克、伊加爾卡等城市。葉尼塞河兩岸風光秀麗，曾為許多著名作家和畫家所讚譽，有「西伯利亞軸心」、「大洋之弟」等美稱。

世界最深的湖泊：貝加爾湖

貝加爾湖是俄羅斯最大的湖，也是世界上最深和蓄水量最大的淡水湖。它位於東西伯利亞高原的南部，外形像一彎新月，素有「月亮湖」之美稱；總面積3.15萬平方公里，蓄水量很大，達2.3萬立方公里，占整個俄羅斯淡水儲量的4/5，地球表面淡水（河流、湖泊）總量的1/5。貝加爾湖周圍地區大陸性氣候很強，被群山環繞，冷空氣吹不進來，另外它自身龐大的水量也使它可以調節周圍的氣溫。因此，這裡的氣溫要比周圍其他地區的氣溫溫和得多。貝加爾湖的水質非常優良，人們在岸邊可以看清楚水下40公尺左右的魚群。同時，這裡還有600多種植物和1,200多種動物，其中有3/4都是貝加爾湖特有的種類。

俄羅斯境內有很多河流和湖泊，涅瓦河從聖彼得堡蜿蜒而過。

🏛 歷史文化

斯拉夫民族在9世紀建立了基輔羅斯，奠定了俄羅斯國家的基礎。在以後的人類歷史中，俄羅斯民族扮演了重要的角色。這是一個災難深重的民族，曾經有著歐洲最殘酷的農奴制；這是一個偉大的民族，曾經建立了世界上第一個社會主義國家。但是，這一切都已成為往事。面臨新的世紀，世界上許多人正關注著它的發展變化。

穿過鍍金穹頂，後面就是高高聳立在冬宮廣場上的亞歷山大圓柱。

俄羅斯國家的形成與發展

斯拉夫族是歐洲最大的部族之一。6世紀的時候，他們主要分布在遼闊的歐洲東部，後來逐漸分為三支，在中歐的一支稱為西斯拉夫人，在巴爾幹半島的一支稱南斯拉夫人，還有一支是東斯拉夫人，他們就是俄羅斯人的祖先。9世紀末期，東斯拉夫人歷史文化 建立了以基輔為中心的古羅斯國家，即「基輔公國」或「基輔羅斯」。這個封建制的國家在1240年被蒙古統治者所占領，一直到1840年冬天他們才徹底擺脫蒙古人的統治。1917年的「十月革命」勝利，開闢了人類歷史的新紀元。

沙皇統治下的俄國

1533年，伊凡四世即位。他於1547年宣布自己為「沙皇」，沙皇俄國誕生。1612年，貴族們選舉羅曼諾夫家族的米哈伊爾·羅曼諾夫為沙皇。羅曼諾夫王朝的統治長達300多年。在此期間，出現了俄羅斯歷史上銳意改革的沙皇彼得一世，他對國內的經濟、政治、軍事、文化等各個方面進行了一系列改革，使俄羅斯成為歐洲列強之一。1762年，葉卡捷琳娜為女皇。她在位期間俄國的領土擴大了很多。1861年，俄國沙皇亞歷山大二世廢除了農奴制，加速了俄國資本主義的發展，到19世紀末20世紀初的時候，俄國進入了帝國主義階段。

近代俄國

19世紀下半期，俄國的工人階級開始登上歷史舞台。1905年，俄國爆發了第一次資產階級民主革命，沉重打擊了沙皇在俄國的統治。1917年11月17日，俄國取得社會主義革命的勝利，建立了俄羅斯蘇維埃社會主義共和國。該共和國隨後加入了蘇聯。

俄羅斯聯邦的獨立

1985年3月戈巴契夫當選為蘇共中央總書記，開始對整個蘇聯社會的政治、經濟等進行「徹底的改革」。1991年的12月，俄羅斯首腦同蘇聯另外10個共和國首腦在阿拉木圖舉行會晤，宣布蘇聯解體。俄羅斯聯邦成為獨立的主權國家。獨立之初的俄羅斯開始進行了「休克療法」的激進的經濟改革，

此後，俄羅斯的政局動盪不安，一直到1994年才逐漸穩定下來。目前，雖然擺在俄羅斯面前的政治、經濟問題還有很多，但是其強大的軍事力量、豐富的自然資源仍然使它在國際上有著巨大的影響力。

迎接貴客的麵包和鹽

和許多歐洲國家一樣，俄羅斯也有用麵包和鹽迎接貴客的習慣。「麵包和鹽」是指在鋪著繡花面巾的托盤上放的大圓麵包和麵包上的一小紙包鹽。用麵包和鹽迎接客人，是因為歷史上鹽很昂貴。在9世紀～11世紀的羅斯，即使在大公舉行的宴會上，也只有貴賓席才有鹽。如果在國宴上客人沒能品嘗放了鹽的湯，或者喝湯時沒有鹽碟，就是受到了冷落。現在俄羅斯人捧出「麵包和

鹽」來迎接客人，是向客人表示最高敬意和最熱烈的歡迎，通常在隆重的場合才這樣做。

上 ┃ 17世紀俄羅斯的金屬工藝有了長足的發展，這件以鋼、黃金、珍珠、寶石製成的頭盔，工藝精湛，是該時期的代表作之一。

下 ┃ 伊薩基輔大教堂是聖彼得堡最為著名的教堂，高達102公尺，是聖彼得堡最高的建築物。教堂內部全是價值連城的壁畫，每件聖物都是藝術珍寶。

俄羅斯人酷愛鮮花，鮮花是俄羅斯人日常生活中的最好禮物。

鮮花是最好的禮物

俄羅斯人酷愛鮮花，無論生日、節日還是平時迎候客人，都離不開鮮花。贈送鮮花時少則一枝，多則幾枝，但必須是單數，因為俄羅斯人認為，單數吉祥，偶數不吉利。送花還有講究：三八婦女節時，給女友送相思花；送給男人的花必須是高莖、顏色鮮麗的大花；只有在對方有人去世時，才送雙數的鮮花，即2枝或者4枝。一般送康乃馨和鬱金香。

經典的芭蕾舞藝術

俄羅斯的芭蕾舞藝術具有獨特的風格，歷來享有很高的國際聲譽。克里姆林宮是俄羅斯的象徵，設在克里姆林宮內的芭蕾舞劇院是克里姆林宮內的無數奇珍異寶之一。這個劇院擁有眾多優秀的俄羅斯古典芭蕾舞藝術家，他們都是來自莫斯科和聖彼得堡兩地舞蹈院校的高材生。其中的獨舞演員更是全俄羅斯的佼佼者。這是一個薈萃了全俄羅斯芭蕾舞群星的劇院，是一個繼承傳統、奔向未來的優秀藝術團體。這些舞蹈藝術家頻繁地出現在世界各國的文藝舞台上，給人們留下了雍容華貴、輕盈曼妙的舞姿。各國輿論界稱讚該團是克里姆林宮裡一顆永放光芒的璀璨明珠。

種類繁多的博物館

俄羅斯領土跨越歐亞兩大洲，自然而然地融合了東西方兩種文化。俄羅斯重視發展文化事業，大量出版圖書和報刊，建立了許多圖書館、博物館、文化館、俱樂部等群眾性文化設施。俄羅斯還重視對博物館珍品和歷史建築文物的保護，擴建和新建了許多博物館。在俄羅斯共有各類博物館1,000多座。俄羅斯的博物館除了供老百姓和外國客人參觀以外，還進行大量科研教育工作。俄羅斯的博物館按照專業可以分為革命歷史博物館、地質博物館、自然博物館、藝術博物館、專業博物館以及其他博物館。著名的大型革命歷史博物館有俄羅斯中央革命博物館、國家歷史博物館、克里姆林宮博物館、中央海軍博物館等。較大的藝術博物館有莫斯科科列季亞克夫國家繪畫陳列館。

上 | 俄羅斯的傳統手工藝品套娃，製作精美，模樣小巧玲瓏，經常被人們當作紀念品收藏。

下 | 伊普希金及其夫人的銅像。

《伏爾加河縴夫》是列賓所作，他用強烈且震撼的筆法，描繪出俄國農奴制下縴夫們的悲慘命運。

世界藝術的寶庫：冬宮

冬宮坐落在聖彼得堡宮殿廣場上，原為俄國沙皇的皇宮，十月革命後闢為聖彼得堡國立艾爾米塔期博物館的一部分。它是18世紀中葉俄國巴洛克式建築的傑出典範，與美國的大都會、法國的羅浮宮並稱為世界三大博物館。第二次世界大戰期間，冬宮遭到嚴重破壞，戰後經過修復。19世紀中葉，當時的俄國有一項特別的法律規定，聖彼得堡市所有的建築物，除教堂外，都要低於冬宮。冬宮內珍玩收藏極其豐富且價值連城。展覽線路加起來有30公里長，因而有「世界最長藝廊」之稱。曾有人統計，遊人如果對冬宮裡的每件藏品都看上一分鐘，則需要8年的時間才能欣賞完整個冬宮。

俄羅斯文學的太陽：普希金

普希金（1799～1837）是俄國積極浪漫主義詩歌的主要代表，也是俄國現實主義文學的奠基人。在他39年的短暫生命中，曾經創作了800多首抒情詩和十幾篇敘事詩。這些詩歌深刻地表達了那個時代俄羅斯青年的心聲。小說也是普希金創作的重要部分，《別爾金小說集》是俄羅斯短篇小說的典範，其中《驛站長》以深厚的同情心描寫了貧民階層「小人物」的生活和命運。果戈里曾經這樣評價普希金：「他像一部辭書一樣，包含著我們語言的全部寶藏、力量和靈性。」可以說：「只有從普希金開始，才有了俄羅斯文學，因為在他的詩歌裡跳動著俄羅斯生活的脈搏。」

文學巨匠：列夫·托爾斯泰

列夫·托爾斯泰（1828～1910）出身於貴族家庭，1844年入喀山大學東方語文系和法律系學習，1847年退學，1851年參軍，參加過克里米亞戰爭。托爾斯泰的許多作品都帶有自傳性質，這突出表現在他的中篇小說《少年》、《青年》中。在這些作品中托爾斯泰表現了對自己的不滿和反省，作品洋溢著貴族莊園生活的牧歌情調，也表現了一定的民族傾向。托爾斯泰最主要的作品是《戰爭與和平》、《安娜·卡列尼娜》、《復活》。在這些小說中，他以特有的概括的廣度創造了史詩體小說，塑造了一系列真實的藝術形象。他的人物形象塑造和人物心理刻畫達到了既自然渾成而又不露痕跡的藝術境界。

列夫·托爾斯泰是俄國著名的現實主義作家，他的著作豐富了俄國文學和世界文學。

📷 主要城市

俄羅斯的城市很多，約有1,100餘座，城市型市鎮2,300餘個。城市居民占總人口的70%以上。俄羅斯最大的城市是莫斯科，其次是聖彼得堡。此外，人口超過100萬的大城市還有下諾夫哥羅德、新西伯利亞、葉卡捷琳堡、伏爾加格勒等。俄羅斯的城市大多歷史悠久，名勝古蹟眾多，許多城市都是著名的旅遊勝地。

首都莫斯科

莫斯科是俄羅斯的首都，也是全國的政治、經濟、科學文化以及交通中心，地處俄羅斯歐洲部分中部，跨莫斯科河及其支流亞烏扎河兩岸。莫斯科始建於12世紀中期，至今已有800多年的歷史。初建時莫斯科是一座木頭構築的小城，後來在其周圍逐漸形成若干商業、手工業和農業村落。莫斯科是俄羅斯最大的工業中心，工業總產值居全國首位。許多科研機構和近百所高等院校設在這裡，其中包括科學院、列寧農業科學院、教育科學院、醫學科學院以及歷史最久、規模最大的國立莫斯科大學。市內還有各種劇院30多座，最著名的有大劇院、小劇院、莫斯科藝術劇院等。有博物館80多座，其中國立特烈季亞科夫繪畫陳列館聞名世界。國立列寧圖書

莫斯科地處俄羅斯歐洲部分中部，跨莫斯科河及其支流亞烏扎河兩岸。

館是世界上最大的圖書館之一。

十月革命的搖籃：聖彼得堡

聖彼得堡原名列寧格勒，是俄羅斯第二大城市，位於波羅的海芬蘭灣東岸，涅瓦河河口。1712年，彼得堡成為俄國的首都，在此後200多年的時間裡，它一直是俄國政治、經濟和文化的中心。聖彼得堡的名勝古蹟眾多。斯莫爾尼宮是一座外觀典雅的三層建築，建於1906年～1908年，原是沙俄貴族

女子學校，現為聖彼得堡政府所在地。「阿芙樂爾號」巡洋艦是俄羅斯著名的有革命紀念意義的軍艦。1917年艦上官兵在彼得堡投身於十月革命，打響了進攻的第一炮，揭開了十月革命勝利的序幕。

海參崴

海參崴是俄羅斯聯邦濱海邊疆區的首府，遠東地區第二大城市。這裡原是中國領土，1860年根據中俄《北京條約》割讓給沙俄。沙俄改名「符拉迪沃斯托克」，意

譯即為「控制東方」的意思。海參崴地理位置非常重要，位於烏蘇里江之東，日本海的彼得大帝灣之畔，距北韓僅160公里，距日本北海道也只有640公里，是俄羅斯太平洋上唯一的不凍港口。俄羅斯實力強大的太平洋艦隊基地就在這裡。第一次世界大戰期間美軍曾借用此港，第二次世界大戰期間此港對蘇軍更是意義重大。

上 ｜ 克里姆林宮是莫斯科的「心臟」，20多座塔樓參差錯落地分布在三角形宮牆邊。巍峨、雄偉、壯觀的克里姆林宮已經成為俄羅斯的象徵。

下 ｜ 彼得宮（夏宮）大宮殿內的舞廳曾是皇家貴族聚會的地方，整個大廳顯得高貴、典雅而又莊重。

伏爾加格勒

伏爾加格勒是伏爾加格勒州首府，位於莫斯科東南1,000公里處，坐落在伏爾加河下游的平原上，是伏爾加河流域最大的工業中心。伏爾加格勒風景秀麗。在列寧大街兩側，樓房林立、綠樹成蔭。大小公園、街心花壇穿插於市內。市中心的烈士廣場上有一座第二次世界大戰期間的無名戰士墓，墓上聳立著高大的尖塔，上面燃燒著長明的火炬。

北極圈內最大港市：莫曼斯克

莫曼斯克是俄羅斯聯邦莫曼斯克州首府，北極圈內最大的港口城市。第一次世界大戰期間，德國對沙皇俄國的波羅的海艦隊實行封鎖，俄國開始以莫曼斯克為出海口。1916年鐵路修到這裡，建成軍港，市政機構開始建設。十月革命後，該市

規模越來越大，市容面貌日新月異。現在的莫曼斯克已成為俄羅斯乃至世界最大的軍港之一，也是俄羅斯最大的漁港和北方最大的商港；同時它還是北冰洋考察站的前進基地和北方諸島的後方基地。由於墨西哥灣暖流自北美橫渡大西洋，穿過挪威海，沿柯拉半島海岸消失於北冰洋，因此在寒冬，柯拉灣依然碧水融融。地處柯拉灣的莫曼斯克便成為俄羅斯北方唯一的不凍良港。該港在對外貿易和國內海運方面具有重要作用，它是與歐美各國進行貿易的新興大港，船隻由此通往世界各地170個港口。

油都：秋明

秋明是俄羅斯最大的油都，城市附近擁有世界上最大的油田和天然氣田，儲量是美國阿拉斯加、德克薩斯、加利福尼亞三大油田總和。石油開採還在不斷向北部擴延，直至北冰洋沿岸。秋明100年前只是幾個荒村，是沙皇尼古拉二世的皇家領地。西伯利亞大鐵路從這裡跨過鄂畢河，秋明才逐漸發展起來。秋明是西伯利亞最西邊的一座城市，由中國去莫斯科的西伯利亞大鐵路經過這裡。因為氣候寒冷，又多沼澤地，石油運輸很不容易，需要鋪設直徑達122公分～142公分的油管，將石油和天然氣輸送到全國各地。

經濟

俄羅斯原先是蘇聯經濟實力最強的共和國，目前也是世界經濟大國。蘇聯解體後，俄羅斯全盤接受美國等西方國家推薦的經濟改革方案，推行以大規模私有化和全面自由化為核心的激進經濟改革，導致經濟連年下滑。2000年俄羅斯總統普京推行社會經濟穩定政策，開展「能源外交」，俄羅斯經濟逐漸好轉。

地鐵是莫斯科一道獨特的風景，車站的設計獨特而新穎，設計形式多種多樣。

完整的工業體系

俄羅斯已經形成了以九大工業部門為中心的完整的工業體系。無論從經濟實力的基礎情況來看，還是從工業、科技區域布局來考察，俄羅斯占有了蘇聯工業的絕對優勢。能源工業是俄羅斯發展潛力最大的產業部門，在工業中占有突出的地位。石油工業是俄羅斯起步較早、發展較快、地位日益重要的部門，不僅是國內能源的主要供應部門，而且是出口創匯的主要商品。俄羅斯煤炭資源豐富，其中開採量最大的煤田是庫茲巴斯煤田和伯朝拉煤田。黑色冶金工業即鋼鐵工業是俄羅斯十分發達的工業部門。俄羅斯也是世界上最大的鋼鐵生產國之一。

不斷發展的農牧漁業

農業是俄羅斯國民經濟中的一個重要部門。長期以來俄羅斯對農業實行粗放式經營，生產效益低下，從20世紀60年代中期開始向集約化經營轉變，即主要依靠提高勞動生產率和提高單位面積產量來發展農業。通過集約化俄羅斯農業有了很大發展，但仍不如工業那樣發達。畜牧業是俄羅斯一個非常重要的農業部門，其產值占農牧業產值的60%左右。俄羅斯為促進畜牧業的發展，在育種和飼料方面進行了大量科技開發。俄羅斯具有發展漁業的有利條件，海岸線長，境內江河縱橫、湖泊密布，魚類資源十分豐富。

國立百貨商店是莫斯科的商業中心，經營品種齊全，是國內商品供應和銷售的「視窗」。

白俄羅斯

BELARUS

Рэспубліка Беларусь

俄羅斯是位於東歐平原西部的內陸國家，西北與立陶宛和拉脫維亞交界，南接烏克蘭，西鄰波蘭，東鄰俄羅斯聯邦。它於1991年8月25日宣布脫離蘇聯獨立。白俄羅斯地形以平原為主，屬溫和大陸性氣候。境內河流湖泊眾多，資源豐富。多姿多彩的民風民俗，增添了它的嫵媚；獨特的民間傳統節日更為白俄羅斯增添了一層濃厚的民族氛圍。

國家檔案

全名	**白俄羅斯共和國**
面積	20.76萬平方公里
首都	明斯克
人口	950.5萬〔2016年〕
民族	共有100多個民族，其中白俄羅斯人占81.2%，其他的少數民族有俄羅斯人、波蘭人、烏克蘭人等
語言	白俄羅斯語和俄羅斯語同為官方語言
貨幣	盧布
主要城市	明斯克、戈梅利

歐洲東部的內陸國

白俄羅斯地處歐洲東部，沒有出海口，是個典型的內陸國。其邊境線全長2,969公里。地形以平原為主，間有丘陵和高地。白俄羅斯山呈東北 —— 西南走向，橫貫中北部（最高點海拔346公尺），是波羅的海與黑海水系的分水嶺。白俄羅斯河網密集，湖泊眾多，有130多個水庫，水利資源豐富。最長的河是第聶伯河，最大的湖為納拉奇湖。屬溫和濕潤的大陸性氣候。年降水量為500毫米～700毫米。

眾多的河流湖泊

白俄羅斯河流湖泊分布很不均勻，西北部較多，東南部較少。湖泊大多分布在北部 —— 白俄羅斯湖泊低地、和其南部地區 —— 白俄羅斯森林低地。白俄羅斯大自然真正的珍珠是納拉奇湖，眾多的河汊將它與米亞斯特羅湖、巴托利諾湖、別洛耶湖及其他湖泊連在一起。境內最長的河流是第聶伯河，可以通航和灌溉；第二大河是西德維納河。各河流都有很長的河段可以通航，河上已建起了一些發電站。白俄羅斯著名的運河有第聶伯 —— 布格運河、第聶伯 —— 涅曼運河和別列津納運河。

20世紀90年代獨立的國家

白俄羅斯作為真正獨立的國家在歷史上存在的時間比較短。在國家剛剛形成之初就不斷遭到異族入侵，在中世紀一直處在異族統治之下，而在近代則又淪為俄羅斯帝國的附庸，直到蘇聯時代，仍舊沒能擺脫俄羅斯的控制和影響。其最近的獨立也不過是10多年前的事情。白俄羅斯文化是在白俄羅斯人同立陶宛人、波蘭封建主和天主教牧師們的民族和宗教的壓迫的尖銳爭鬥中形成的。其科學技術和文學發展較快，但教育一直發展較慢。

在街上隨處可見具有民族特色的白俄羅斯建築和藝術，圖為明斯克風車坊附近一個很有趣的禁止通行的路標。

改革、穩中求進，擯棄全盤私有化和休克療法，建立強有力的國家政權和可調控的面向社會市場經濟體系。經濟得到持續增長。但從總體上看，產業結構不合理、企業效益不高、資金嚴重匱乏、通貨膨脹居高不下等問題依然十分突出，擺脫危機尚需時日。

白俄羅斯發展模式

蘇聯解體後，白俄羅斯經濟曾一度下滑，但由於政府採取了一系列反危機措施，近年經濟形勢出現好轉。2002年2月，盧卡申科總統提出「白俄羅斯發展模式」，強調以民為本、漸進

以加工業為主的工業

白俄羅斯的工業以機械製造、化工、電子、輕工業和食品加工為主，其中機械製造和加工業很發達，是工業的支柱產業，占全國工業產值的30%左右，主要生產拖

拉機和載重汽車等。白俄羅斯的農牧業機械是出口外匯的主要產品，拖拉機出口到世界許多國家和地區。化學工業、無線電及電子工業也具有較高的發展水準，但是能源工業較為薄弱。

首都明斯克

首都明斯克地處白俄羅斯心臟地帶，坐落在別列津納河的支流斯維斯洛奇河畔，是全國的政治、經濟、文化中心，也是全國的鐵路和航空樞紐。明斯克市歷史悠久，在12世紀時成為當時明斯克公國的中心。第二次世界大戰中，明斯克曾經被納粹德國占領長達三年之久，城市幾乎被夷為平地。現在的建築都是在當年的廢墟上建設起來的。

上 | 1941年～1945年蘇德戰爭期間，白俄羅斯被德國法西斯占領。圖為一名男子在猶太人紀念碑前為被納粹殺害的猶太人獻花圈。

左 | 明斯克歷史悠久，二戰中遭到嚴重破壞，重建後的明斯克是白俄羅斯最大的工業和文化中心，交通運輸比較發達。

烏克蘭 *UKRAINE*

Україна

烏克蘭位於歐洲東部，黑海、亞速海北岸，北鄰白俄羅斯，東北接俄羅斯，西部與波蘭、斯洛伐克、匈牙利相連，南同羅馬尼亞、摩爾多瓦毗鄰。東西長1,316公里，南北寬893公里。最大山系為西部的喀爾巴阡山，最高峰戈爾維拉峰海拔2,061公尺。最長河流第聶伯河發源於俄羅斯，流經烏克蘭河段長981公里。烏克蘭在1917年12月成立蘇維埃政權，1922年成為蘇聯的加盟共和國，1991年烏克蘭重新成為一個獨立的國家。

國家檔案

全名	烏克蘭共和國
面積	60.37萬平方公里
首都	基輔
人口	4,263萬〔2016年〕
民族	共有110多個民族，烏克蘭人約占70%，其他為俄羅斯、白俄羅斯、猶太等民族
語言	烏克蘭語為官方語言，通用俄語
貨幣	格里夫納
主要城市	基輔、哈爾科夫、奧德薩、頓涅茨克

🌍 自然地理

烏克蘭地貌以平原為主，地勢起伏平緩。東北半壁多為平原、低地；西南半壁多為丘陵與低山。全境大部分屬於溫帶大陸性氣候，僅克里米亞山自然地理 南麓沿海為地中海式氣候。1月平均氣溫零下7.4℃，7月平均氣溫19.6℃。大部分地區年降水量為450毫米～500毫米。

20世紀20年代，烏克蘭的戲劇和電影取得了較高的藝術成就。今天的烏克蘭劇院和影院仍是人們休閒娛樂的主要場所。

克里米亞

克里米亞位於黑海和亞速海之間。地勢南高北低，北部和中部是平坦的草原，而南部是三條平行的克里木山脈。克里米亞屬於溫帶海洋性氣候，冬暖夏涼，沿海地區景色迷人，是著名的旅遊區和療養勝地。（*編按：克里米亞自治共和國於2014年宣布脫離烏克蘭，成立克里米亞共和國，且於當年實行公投，決定加入俄羅斯。）

第聶伯河

第聶伯河是烏克蘭的母親河，是斯拉夫文化的發源地。它滋潤了烏克蘭這片「歐洲糧倉」，也孕育了「歐洲城市之母」：基輔。它將烏克蘭分成兩半，並從基輔市中心穿過。第聶伯河豐富的水力資源對烏克蘭的經濟發展具有重要意義。

🏛 歷史文化

烏克蘭作為真正獨立的國家在歷史上存在的時間比較短。1240年基輔被蒙古人征服；烏克蘭的格薩克人後來被立陶宛、波蘭統治；在近代烏克蘭又淪為俄羅斯帝國的附庸；一直到蘇聯時代，仍舊沒能擺脫俄羅斯的控制和影響。直到1991年烏克蘭才完全獨立。烏克蘭具有光輝燦爛的民族文化，並不斷發展自己獨特的民族藝術。

裝飾藝術

烏克蘭歷史悠久，文化藝術有著鮮明的民族特色。最有特色歷史文化的是它的裝飾藝術。烏克蘭人很注意住宅的裝飾，房間內外都畫上色彩鮮豔的彩色壁畫。更有趣的是，人們經常把爐灶也刷上鮮豔的色彩，這是烏克蘭典型的民間造型藝術。另外，城鄉居民至今還保留著用手工刺繡的花巾、家織的地毯和掛毯裝飾房間的習俗。烏克蘭除了藝術裝飾畫、刺繡、編織等傳統的裝飾藝術外，後來又產生了一些民間藝術，如陶瓷彩繪、民間線條畫等。烏克蘭民間藝人的優秀作品行銷世界許多國家和地區，充分顯示了烏克蘭人民的藝術特色和成就。

烏克蘭的手工藝品

獨立後的烏克蘭

1991年「8·19事件」使烏克蘭的局勢發生變化，8月30日一直執政的烏克蘭共產黨被迫宣布停止活動。1991年8月24日烏克蘭宣布脫離蘇聯獨立。1991年12月1日烏克蘭舉行全民公投，90%的選票贊成烏克蘭完全獨立。12月8日烏克蘭與俄羅斯、白俄羅斯就成立「獨立國家聯合體」達成協定。12月21日烏克蘭與蘇聯其他10國一起簽署「阿拉木圖宣言」，加入獨立國家聯合體。

烏克蘭的歌曲不僅流行，而且被其他民族的音樂愛好者用烏克蘭語演唱。街頭老人美妙的琴聲吸引了大量遊客駐足聆聽。

主要城市

烏克蘭60%以上的人口居住在城市。烏克蘭大城市很多，而且城市大多歷史悠久、經濟較發達。烏克蘭是東歐現代產業發展較早的地區，在俄國產業革命過程中，走在全俄工業化的前列。烏克蘭獨立後，政府採取一系列措施發展經濟，進行產業結構的調整。2002年烏克蘭經濟顯著增長，產業結構調整初見成效，加工工業增長超過採掘業。

首都基輔

基輔是烏克蘭的首都，全國第一大城市，也是政治、經濟、文化中心。歐洲第四大河第聶伯河穿流其中。全市森林覆蓋率在40%以上，環境優美，是歐洲有名的旅遊城市之一。烏克蘭衛國戰爭歷史博物館坐落在第聶伯河畔，藏有萬件展品。

黑海沿岸最大港口：奧德薩

奧德薩是烏克蘭最美麗的城市之一，馳名世界的旅遊和療養勝地，也是黑海沿岸最大的港口城市和工業中心。先後開闢的伊利喬夫斯克和格里戈里耶夫斯克兩個新港在其附近，以分擔奧德薩港的部分運輸任務。

療養和旅遊勝地：雅爾達

雅爾達是烏克蘭的克里米亞上的城市，瀕臨黑海和亞速海，是黑海重要的出海口，也是一座旅遊勝地，素有「克里米亞明珠」之稱。雅爾達還是一座歷史名城，有大作家契訶夫的故居，有屹立在海邊峭壁上的土耳其

聖索非亞大教堂內部裝飾體現出當時的建築風貌，是具有烏克蘭民族特色的建築藝術。

古堡「燕子堡」。1945年2月，史達林、羅斯福、邱吉爾曾在這裡的白廳舉行了具有歷史意義的雅爾達會議。

塞瓦斯托波爾

塞瓦斯托波爾位於克里米亞西南端，面積約為770平方公里，它是烏克蘭的兩個直轄市之一，還是烏克蘭重要的海軍基地，烏克蘭黑海艦隊的司令部就駐紮在這裡。塞瓦斯托波爾在歷史上原屬於土耳其帝國的領土，1783年併入俄羅斯帝國後才建設為軍用港口。1854年9月，英國、法國、土耳其組成聯軍，攻打這座港口要塞，俄國士兵在這裡進行了349天的頑強戰鬥。

第二次世界大戰中，塞瓦斯托波爾曾被德軍攻占，1944年5月9日蘇聯紅軍解放了這座城市。塞瓦斯托波爾的碼頭分布在9個海灣中，周圍群山環抱，地形隱蔽，避風條件優越，是天然的良港。塞瓦斯托波爾有4個劇院，11個文化宮，10個博物館，4個體育場和3個遊艇俱樂部。塞瓦斯托波爾的支柱產業是漁業、機械製造和釀酒業等。

克里米亞的「燕子堡」建在一塊懸崖上，奇特的景觀使這裡成為著名的旅遊勝地。

捷克  CZECH

歐洲

Česká republika

捷克是歐洲中部的內陸國，東連斯洛伐克，南鄰奧地利，西接德國，北毗波蘭，其形狀像一個橫臥的桃核。全境屬海洋性向大陸性過渡的溫帶氣候。1989年捷克斯洛伐克的「天鵝絨」革命導致政權和平更迭。1993年捷克斯洛伐克聯邦共和國和平解體，分裂成捷克共和國和斯洛伐克共和國兩個獨立的國家。捷克較斯洛伐克資源更為豐富，農業與食品加工業都很發達。

國家檔案

全名	捷克共和國
面積	7.89萬平方公里
首都	布拉格
人口	1,064萬〔2016年7月〕
民族	90%以上為捷克人，其他有斯洛伐克人、德意志人族
語言	捷克語
貨幣	捷克克朗
主要城市	布拉格、布爾諾、奧斯特拉瓦、皮爾森

🌐 自然地理

捷克由捷克、摩拉維亞和西里西亞三個部分組成，處在三面隆起的四邊形盆地上，土地肥沃。北有克爾科諾謝山，南有舒馬瓦山，東部和東南部為平均海拔500公尺～600公尺的捷克－摩拉維亞高原。盆地大部分地區在海拔500公尺以下，由拉貝河平原、皮爾森盆地、厄爾士山麓盆地和南捷克湖沼地帶組成。

美麗的自然風光

摩拉維亞岩洞是捷克著名的風景保護區，位於南摩拉維亞州，地形複雜，溝壑縱橫，懸崖峭壁，地下河流奔湧，風光極美。洞內石筍林立，鐘乳石多姿多彩。耶塞尼科山是捷克著名的療養和旅遊勝地，位於捷克共和國北部的山脈中。那裡群山蜿蜒起伏，有侵蝕很深的峽谷，有冰斗、冰崖和石海等奇觀。山上布滿雲杉林，並有很多原始森林。山間瀑布奔流，水力資源豐富。

查理大橋

查理大橋是東歐最古老的石橋，1406年完工。中世紀時，查理大橋是伏爾塔瓦河上唯一的橋梁，在布拉格居民的生活中扮演著重要的角色。它不僅是兩岸經濟和交通的命脈，也是公眾裁決和處刑的場所及防禦工事。516公尺長、9.4公尺寬的查理大橋全部用石頭砌成，橋面兩側有對立的石人、石獸雕塑30座，頗為引人注目。如今橋上只允許行人通過，車輛不可進入。查理大橋是布拉格重要的觀光景點之一。

岩洞內的鐘乳石多姿多彩。

📖 Travel Smart

自帶餐具赴宴

捷克人喜歡吃豬肉、牛肉、雞肉等菜肴。他們口味清淡，不喜油膩，偏愛酸甜微辣。常喝紅酒、咖啡、可可、橘子水、蜜酒等飲料。主食中喜愛加雞蛋和奶油的麵包。有趣的是，每家的餐具都不多，如果有人結婚在家中設宴請客，往往都要在請柬中注明上「請自帶碟子刀叉」。

🏛 歷史文化

　　歷史上捷克和斯洛伐克兩個國家聯繫緊密。1918年成立捷克斯洛伐克共和國；1989年由於政局動盪，捷克斯洛伐克共和國解體；1993年捷克成為獨立的主權國家。捷克在反剝削反侵略的抗爭中發展了本民族燦爛的文化，有發達的教育事業、歷史悠久的科學、馳名世界的音樂和源遠流長的文學。

捷克知名作家：伏契克

　　伏契克（1903～1943）是捷克人民和文學運動的驕傲。他出生於布拉格一個工人家庭，18歲加入捷克斯洛伐克共產黨。由於生活所迫，做過短工和街頭廣告員，後擔任報刊編輯。一生為反對反動派統治進行了不屈的抗爭。1942年他被法西斯逮捕，在獄中寫下了不朽之作《絞刑架下的報告》，揭露了法西斯的殘暴罪行，表現了共產黨人視死如歸的凜然正氣和對祖國、對人民的熱愛。此書被譯成多種文字，出版了157種版本。

除了顯示時間，這個天文鐘還能準確地模擬地球、太陽與月球的軌道。大圓顯示一天24小時的時間，藍色為白晝，紅色為夜晚；另一小圓則顯示該時間太陽落在哪一個星座。

斯美塔那是捷克著名作曲家，他的作品具有強烈的民族特徵。圖為以他的名字命名的音樂廳。

音樂盛事：「布拉格之春」

　　布拉格是藝術愛好者的天堂，不論任何季節，都會舉行各種各樣的音樂、戲劇表演活動。「布拉格之春」是布拉格每年一度的知名音樂盛事，也是歐洲目前規模較大的音樂節之一。自1946年起，每年的5月12日至6月2日間，「布拉格之春」音樂節都會吸引全球的音樂愛好者前往，名流薈萃使音樂節具有較高的藝術水準。另外，除了世界知名的音樂家及團體演出外，還有歌劇、芭蕾舞等表演。

今天的布拉格已成為中歐現代化的大都市，是全國政治、經濟和文化中心，也是國內和國際交通樞紐。布拉格在市政建設中，既注意保持古城風貌，又注意提高現代化程度。此外，布拉格還是著名的旅遊城市。

啤酒城：皮爾森

西捷克州首府皮爾森不僅是捷克重要的機械製造業中心，而且還盛產享譽世界的「皮爾森」啤酒。皮爾森地區有著悠久的釀酒歷史。1842年推出的皮爾森啤酒，是用皮爾森地區優良的水質、當地種植的麥芽、風味獨特的啤酒花、先進的設備及專業人才和多種不為人知的獨家祕方共同打造出來的優質產品，100多年來獲得無數啤酒大展的金牌獎章。

礦泉城：卡羅維瓦利

卡羅維瓦利是捷克著名的療養勝地，位於捷克首都布拉格以西120公里處，一向有「礦泉城」的美稱。特普拉河沿著山谷穿過卡羅維瓦利的市區，把城市一分為二。這座城市景色秀麗，是理想的療養勝地。

布拉格是一座著名的文化城市，國家博物館是最有代表性的建築，其內部裝飾、雕刻是捷克人民智慧的體現。

🏢 主要城市

捷克有「中歐花園」的美稱。其城市大多歷史悠久，古老的傳統建築與現代化的建築風格相結合，再加上依山傍水的自然環境，使其城市風景別具一格。捷克是一個中等發展水準的工農業國家。1989年捷克政府開始改變國內的計劃經濟體制，推行較積極的經濟改革政策，由計劃經濟向市場經濟過渡，並實施了大力推進私有化「投資券」這一獨特的無償分配形式。20世紀90年代後期以來，捷克政府力求完善企業管理機制，改革金融體制，合理調整稅制，經濟出現穩定增長。

金色的布拉格

布拉格是一座美麗而古老的山城，人們都稱之為「金色的布拉格」。城市依山傍水，有許多保留完好的中世紀以來的各種建築。國家重點保護的歷史文物達2,000多處。布拉格分為老城區、新城區、城堡區和小城區四個區。新城區是繁華的商業區，這裡有著名的瓦茨拉夫廣場、德沃夏克博物館等。另外，還有保留著中世紀風貌的小城區，這裡有許多以巴洛克式風格為主的宮殿式建築。

布拉格素有「千塔之城」的稱號。城中高塔林立。

斯洛伐克

SLOVAK

Slovenská republika

斯 洛伐克是歐洲中部的內陸國，南與匈牙利和奧地利接壤，北連波蘭，東與烏克蘭毗連，西臨捷克，南部低地正對著沿波羅的海邊界延伸的喀爾巴阡山脈。斯洛伐克屬海洋性向大陸性氣候過渡的溫帶氣候，全國年平均氣溫9.8℃，最高氣溫36.6℃。斯洛伐克是具有中等發展水準的工農業國家，1918年原捷克斯洛伐克共和國成立後，工業迅速發展。1993年1月1日起，斯洛伐克共和國獨立。

國家檔案

全名	斯洛伐克共和國
面積	4.90萬平方公里
首都	布拉迪斯拉瓦
人口	542萬〔2015年12月〕
民族	斯洛伐克人占85.8%，其他有匈牙利族、捷克族、吉普賽族等
語言	斯洛伐克語為官方語言
貨幣	斯洛伐克克朗
主要城市	布拉迪斯拉瓦、科希策

🌍 自然地理

斯洛伐克主要是由斯洛伐克山地和多瑙河中游平原組成，地勢東北高，西南低，80%的領土海拔在750公尺以上。北部為西喀爾巴阡山，平均海拔1,000公尺～1,500公尺，南部為多瑙河平原。主要河流有多瑙河、瓦赫河、赫龍河、博多羅克河等。主要山脈有大、小塔特拉山。

塔特拉山

塔特拉山是中歐中部橫跨波蘭、斯洛伐克邊界的山脈。塔特拉山景色十分優美，被譽為「大自然的明珠」。這裡有水晶般的岩石構成的懸崖峭壁，有冰磧和冰成湖，有茂密的森林和幽深的峽谷，還有條件極好的滑雪場，是旅遊和冬季運動的理想場所。最高峰格爾拉赫峰下的斯德勒伯斯基湖十分清澈，可泛舟遊覽。

斯洛伐克天堂

斯洛伐克有一個風景保護區，被稱為「斯洛伐克天堂」。它位於塔特拉山東麓，面積達141平方公里，建於1964年。斯洛伐克天堂其實是一個由石灰岩和白雲岩構成的大高原，並被深而窄的峽谷切割成一系列的岩溶高原，地形複雜而獨特。峽谷中溪流急瀉而下，形成許多瀑布，最高的達60公尺。最吸引人的是這裡的冰洞，洞中石筍、石柱林立，鐘乳石倒懸洞中，數目眾多，景色令人流連忘返。

首都布拉迪斯拉瓦中心廣場的拿破崙雕像。

多瑙河中游平原是斯洛伐克最遼闊的地域。

市政廳大廈是18世紀時的巴洛克式建築，原為主教宮，1850年拿破崙與奧皇法蘭西斯二世在此簽訂和約。

🏛 歷史文化

在捷克斯洛伐克共和國成立前，斯洛伐克也經歷了動盪、分裂與被侵略被奴役的歷史。1918年後捷克斯洛伐克作為一個主權國家存在，直到1990年國家解體。1993年，斯洛伐克共和國獨立。在共同的歷史進程中，斯洛伐克發展起與捷克一樣燦爛的文化。

劇變與獨立

1989年下半年，捷克斯洛伐克發生劇變。12月，由捷克斯洛伐克共產黨占據領導地位的國家政治體制發生變化，多黨議會民主制最終為人們所接受。1990年3月改國名為捷克和斯洛伐克共和國，同年4月20日又更改為捷克和斯洛伐克聯邦共和國。1990年6月舉行第一次大選，斯洛伐克的「公眾反對暴力」組織內部發生分裂，以梅恰爾為主席的「爭取民主斯洛伐克運動」取代該組織，成為斯洛伐克的執政黨。1992年6月的議會選舉中對立的捷克和斯洛伐克兩派在選舉中獲勝。1992年7月，捷克和斯洛伐克兩個執政黨的領導人，達成把捷克和斯洛伐克分為獨立的兩個國家的協議。自1993年1月1日起，斯洛伐克共和國成為獨立的主權國家，並於1月19日成為聯合國的正式成員國。

傳統的冬至狂歡節

在斯洛伐克農村，每年冬至這一天會非常熱鬧。人們舉行各種各樣的慶祝活動，其中以戴面具表演最為精彩，這是慶祝活動的第一個節目。人們戴著動物面具，唱著歡樂的歌。不同地區的人們戴的面具不同，有的是為慶祝豐收而戴的草編面具，有的是為祛除自然災害而戴的野牛面具。據說野牛面具是從古代傳下來的。古時候野牛到處破壞莊稼，成為自然災害的象徵，為了祈求豐收，農民便會在節日向野牛獻禮，讓它別去破壞莊稼。另外，在狂歡節中還有許多有趣的活動。

傳統的生活習慣

斯洛伐克是一個喜愛音樂、舞蹈和啤酒的民族。在斯洛伐克，孩子們從小就受到音樂的薰陶。現在的青年人普遍喜歡聽流行歌曲，而且喜歡跳舞，如迪斯可、華爾滋舞和探戈等，而且擅長邊唱邊跳，場景十分吸引人。啤酒不僅是人們生活的需要，現在已經變成一種交際手段。更令人吃驚的是，在斯洛伐克，啤酒已經不被看作是酒，而是被當作清涼飲料，受到人們的歡迎。

主要城市

　　與捷克一樣，斯洛伐克的城市也是古典與現代的結合體。首都布拉迪斯拉瓦位於多瑙河畔，地理位置十分重要。斯洛伐克是具有中等發展水準的工農業國家，經濟結構不合理仍是阻礙經濟發展的最主要因素。獨立後政府逐步推行市場經濟，加強宏觀調控，調整產業結構，經濟得到恢復和發展。特別是1999年以來政府採取緊縮經濟政策，在一定程度上減少了國家財政赤字，縮小了外貿逆差，宏觀經濟環境有所改善。

這是布拉迪斯拉瓦的卡爾頓旅館，它位於市中心，布局整齊而合理，是為發展旅遊業的需要而建造的。

首都布拉迪斯拉瓦

　　布拉迪斯拉瓦位於斯洛伐克西南部多瑙河畔、小喀爾巴阡山山麓，是多瑙河航線上最大港口之一，是斯洛伐克經多瑙河通往黑海的門戶。布拉迪斯拉瓦不僅是全國的經濟文化中心，還是一座文明古城。該城歷史悠久，古代曾是羅馬帝國要塞。8世紀時斯拉夫人部落在這裡定居，後來屬於摩拉維亞王國，1291年成為自由城。以後長達數百年的歷史上，曾被德國和匈牙利王國交替侵占。1918年正式回歸捷克斯洛伐克共和國。布拉迪斯拉瓦是全國的經濟文化中心，主要工業部門有化學、造船、機械和電子工業等。另外，斯洛伐克科學院和許多大學均設在這裡。城內還有許多城堡和古建築。

古城：特倫欽

　　特倫欽是特倫欽州首府。市中心特倫欽古堡所在的石山上有一塊石碑，用拉丁文書寫著頌揚1世紀羅馬帝國軍隊在此取得勝利的碑文，這是捷克斯洛伐克境內最古老的石碑。古堡建於1761年，氣勢雄偉，四周有高大的城牆和城樓。古堡山腳下的卵形廣場及其周圍建築為老城部分。主要建築有建於14世紀的教堂和堡壘，建於15世紀的哥德式骨灰堂和市政鐘樓、建於1712年的震亂紀念柱、皮亞利斯特教堂、巴黎教堂等。皮亞利斯特教堂內部裝飾精美，有18世紀的雕刻和壁畫。

普雷紹夫

　　普雷紹夫是斯洛伐克東部的城市，位於托里薩河畔。這座城市有著悠久的歷史，有文字記錄的歷史可以追溯到12世紀。普雷紹夫是斯洛伐克的鐵路和公路樞紐，市內有大量12世紀到18世紀的古典建築。

布拉迪斯拉瓦是一座歷史文化古城，是一座景色優美、具有中古氣息的城市。

波蘭

POLAND
Rzeczpospolita Polska

波蘭位於歐洲中部，西與德國為鄰，邊界線長460公里；南與捷克、斯洛伐克接壤，邊界線長1,310公里；東鄰俄羅斯、立陶宛、白俄羅斯、烏克蘭，邊界線長1,244公里；北頻波羅的海，海岸線長528公里。1989年社會主義政權結束後，波蘭進行了許多社會、經濟和政治方面的改革，目前它的經濟正在快速增長。波蘭全境屬海洋性向大陸性氣候過渡的溫帶闊葉林氣候。

🌐 自然地理

波蘭位於中歐東北部，從北部波羅的海平原逐漸延伸到南部，與捷克及斯洛伐克交界上的塔特拉山脈，整體地勢較低，東西寬689公里，南北相距649公里。波蘭處於東西歐之間，戰略位置十分重要。

國家檔案

全名	**波蘭共和國**
面積	31.27萬平方公里
首都	華沙
人口	3,843萬〔2016年〕
民族	波蘭人占98%，此外還有烏克蘭、白俄羅斯、立陶宛等少數民族
語言	波蘭語為官方語言
貨幣	波蘭茲羅提
主要城市	華沙

喀爾巴阡山區位於波蘭的南部，它的最高山脊是橫跨波蘭、捷克、斯洛伐克，海拔超過2,000公尺的塔特拉山。

波蘭有許多巴洛克時期的建築,西里西亞大學就是其中的代表。

以低地平原為主的地形

波蘭地勢南高北低,中部下凹,大部分為低地和平原,北部和中部低地占全國總面積的3/4。全國地形可分為沿海區、濱湖區、中波蘭低地、山麓高原區、北喀爾巴阡地區和喀爾巴阡山區等6個地貌帶。海拔超過2,000公尺的塔特拉山是喀爾巴阡山的最高山脊,而海拔2,499公尺的塔特拉山峰雄踞波蘭境內。境內多河流和湖泊。

維斯瓦河

維斯瓦河是波蘭境內最大的河流,全長1,068公里,源頭諸多支流大都發源於喀爾巴阡山,自南向北縱貫波蘭全境。在波蘭境內,維斯瓦河的流域面積達19.4萬平方公里,占全國面積的一半以上。在中世紀時,該河是波蘭物資運輸的大動脈,波蘭南方著名鹽礦生產的鹽就是沿這條河運送到華沙和北方各地。20世紀以來,維斯瓦河已不用於航運。

🏛 歷史文化

波蘭是一個歷史悠久的國家,屬西斯拉夫系,自古就在維斯瓦河、奧得河和瓦爾塔河流域居住。15世紀後半葉~16世紀前半葉,是波蘭發展的「黃金時代」。1569年波蘭和立陶宛組成波蘭貴族共和國,波蘭進入歷史上的「全盛時期」。17世紀以後,波蘭貴族共和國逐漸衰落,18世紀末遭列強瓜分,以後波蘭的歷史命運十分悲慘,前後被身邊的列強瓜分達4次之多。但波蘭是一個自強不息的民族,在反抗列強的抗爭中,還發展了燦爛的科學文化。

波蘭王國的形成

波蘭起源於西斯拉夫人中的波蘭、維斯瓦、西里西亞、東波美拉尼亞、馬佐夫舍等部落的聯盟。10世紀中期,梅什科大公在奧得河和維斯瓦河間開創波蘭歷史上的第一個王朝:皮雅斯特王朝。10世紀末,勇者波列斯拉夫基本上完成了國家的初步統一。1320年,波蘭統一國家開始形成。德意志人的擴張威脅著波蘭和立陶宛的安全,1385年,兩國實現王朝聯合,創建波蘭歷史上的第二個王朝:雅蓋洛王朝。

弗龍堡是波蘭著名的旅遊勝地，14世紀在這裡興建的大教堂內有偉大天文學家尼古拉‧哥白尼的墓地，室內還有哥白尼紀念館。

慘痛的瓜分歷史

俄、普、奧三國分別在1772年和1795年兩次簽訂瓜分波蘭的協議，占領波蘭的大部分領土。瓜分喚起了波蘭人整頓共和國的願望，但是反動權貴反對鞏固國家制度的憲法，導致1793年俄、普兩國再次瓜分波蘭，共占領波蘭30.8萬平方公里的領土。到1795年波蘭被瓜分完畢，國家滅亡，人民被異族長期奴役，時間長達120多年，直至第一次世界大戰後才復國。1939年9月，德國奇襲波蘭，波蘭在1個月的時間裡便亡國了。

鋼琴詩人：蕭邦

蕭邦（1810～1849）是波蘭最偉大的作曲家和世界最偉大的鋼琴曲作曲家之一。1829年畢業於華沙音樂學院，1831年離別祖國僑居巴黎。他創作的《C小調鋼琴練習曲》體現了一顆對異族壓迫堅決反抗的心。他給波蘭和世界音樂留下了豐富的遺產，其中包括上百首各種形式的波洛涅茲舞曲、馬前奏曲、幻想曲、敘事曲等優秀作品。他的音樂是獨特的，其創造性在於把波蘭民間音樂的格調和民族特色，用高度國際化的音樂語言表現出來。他不僅改進了鋼琴音樂的形式，更開創了音樂史上的民族學派，對西方音樂有著深遠影響。

在傳統民族音樂的影響下，波蘭人民也編排出具有民族特色的鄉村舞蹈。

哥白尼和居禮夫婦

16世紀，波蘭的自然科學達到了歐洲的最高水準，天才人物尼古拉·哥白尼（1473～1543）的不朽著作《天體運行論》，沉重地打擊了封建教會所宣稱「地球是宇宙的中心，太陽和一切行星都圍繞地球運轉」的地心說，在天文學中建立了現代日心說的基礎。19世紀後半期，儘管波蘭的自然科學因缺乏資金和物質條件而發展緩慢，但在某些學科上還是取得了不少進步。瑪麗·居禮（1867～1937）和她的丈夫彼埃爾·居禮（1859～1906）發現了釙和鐳等放射性元素，為現代原子科學奠定了基礎，並榮獲了諾貝爾獎。

🏛 主要城市

波蘭的城市相對於今天的歐洲來說，都不算很大，但都充滿了濃郁的歷史氣息，別具特色。在波蘭的城市裡，能清晰地感受到波蘭的歷史，它們大多經過戰爭的洗禮，是具有反侵略精神的城市。

圖為華沙市中心繁華的大街，這裡車水馬龍，卻整齊有序。

首都華沙

華沙建於13世紀，位於歐洲北部平原心臟地帶，歷史上一直是波蘭的政治、行政中心，現為國家首都和馬佐夫舍省的省會。1280年馬佐瓦亞公爵建立華沙，修建城堡以控制維斯圖拉河渡口，這是華沙城開始發展的標誌。1596年，波蘭王城從克拉科夫遷移至華沙古城，從此華沙成為波蘭的政治文化中心。今天的華沙市依然保持著老城和新城分立的布局。各種歷史紀念物、名勝古蹟大都集中在老城區。在新城區，現代化的高樓大廈一幢連著一幢，各種商店、飯館、旅店、賓館比比皆是。

第二次世界大戰中許多建築被毀壞，重建起來的舊城區廣場上有文藝復興式和巴洛克式的建築物。

華沙在第二次世界大戰中遭到嚴重的破壞，重建後的華沙逐漸發展為一個現代工業化城市，新城區的城市建築整齊而合理。

歷史文化名城：克拉科夫

克拉科夫位於波蘭南部離華沙約300公里的維斯瓦河畔，是波蘭最大的文化、科學、工業與旅遊中心，是波蘭古蹟最集中的地方，也是波蘭最大的旅遊城市之一。10世紀起，克拉科夫就已經存在。如今的克拉科夫城內滿布古舊典雅的建築物，鵝卵石街道、傳統的粉色房子到處可見，有人甚至稱為「永恆之城」，讚美它千百年來不變的面貌。1978年「聯合國教科文組織」把克拉科夫列為第一批世界文化遺產。

造船中心：格但斯克港

格但斯克港位於波羅的海沿岸，濱海省省會，是波蘭北部最大的城市，也是波蘭最大的海港。格但斯克是波蘭重要的造船、石油化工、機械和食品加工工業中心。同時還是重要的科學、文化、藝術、高等教育和博物館學中心，海洋旅遊和娛樂業發達。位於該市的「維斯泰爾普拉泰」英雄半島，是二戰時德國法西斯入侵波蘭放第一槍的地方，現在島上仍保留著當年激戰的遺跡。

古都：波茲南

波茲南有著悠久的歷史，有不少古建築，其中有波蘭

格但斯克是波蘭古蹟建築最齊全的地方之一，城市在二戰中幾乎全部遭到破壞，後又重建，現在構成了5個單獨的建築群。圖為古城區，這裡集中了文藝復興時期的建築，優美而又古色古香。

第一座天主教堂：聖彼得和帕韋爾教堂，還有1434年建立的哥德式聖瑪利亞教堂，和1732年建立的巴洛克式大主教宮。在瓦爾塔河西岸古城區，有王宮城堡、古市場和市政廳。市政廳遭1536年大火後，由哥德式改建為文藝復興式，是中歐文藝復興時期最美麗的建築之一，現已闢為博物館。現在，波茲南已發展成為波蘭第四大工業中心。自1921年起，每年這裡都舉辦國際貿易博覽會。該市也是波蘭西部地區重要的科學和文化教育中心。

🪙 經濟

第二次世界大戰前，波蘭是個依附於外國資本的經濟落後的農業－工業國。二戰期間，波蘭經濟遭到嚴重破壞。20世紀80年代波蘭經濟處於危機之中，之後雖進行體制改革取得了一定成效，但由於受西方制裁等國內外多種因素影響，經濟持續下降，加之又發生了兩次大規模罷工，經濟嚴重困難。自1989年推行私有化以來，波蘭經過幾年的動盪，其經濟現在已經走上正軌，成為中東歐地區經濟增長速度最快的國家之一。

頗有基礎的工業

波蘭工業以採煤、造船、機械、鋼鐵、煉鋼、化工等為主。在過去幾年中，波蘭工業在國內生產總值的比重呈緩慢而穩定的下降，但經濟效益和產品品質有明顯提高。出現這種情況是服務業和貿易快速發展以及工業結構從重工業向消費品工業轉移的結果。波蘭工業正在進行大規模的結構和技術調整，對國家經濟特別重要的部門，如燃料與能源、鋼鐵、國防、重型化工、製藥、紡織服裝及一些高科技工業實現了體制改革，以使其取得國際品質認證。

旅遊業

波蘭國內旅遊業比較發達，國際旅遊業歷史較短，20世紀70年代才有較快的發展。主要旅遊勝地有華沙、沿海城市格但斯克、格丁尼亞、索波特和什切青，以及南方的克拉科夫、扎科帕內等地。

郵電事業

波蘭是歐洲較早發展郵電事業的國家之一，早在1830年就建成了第一條電報電纜。第二次世界大戰後，波蘭首先制定並實施了郵電和電子工業綜合發展計畫，為郵電事業的現代化奠定了發展的基礎。如今，波蘭已建成四通八達的郵電網。

左 | 格但斯克造船業發達，其他工業都同海洋運輸和燒結礦的需求密切相關，這些帶給城市不可避免的污染。

右 | 華沙老城區二戰中90%被毀，戰後重建的城區依然保留了原有的古典風格。

匈牙利  **HUNGARY**

Magyarország

匈牙利是歐洲中部的內陸國，位於喀爾巴阡山盆地。東鄰羅馬尼亞、烏克蘭，南接斯洛維尼亞、克羅埃西亞及塞爾維亞，西與奧地利為鄰，北同斯洛伐克接壤，邊界線長2,246公里。歷史上匈牙利就是一個世界文化中心，實行市場經濟後匈牙利經濟增長較快，國家更加繁榮，對西方國家的開放程度越來越大。進入21世紀，匈牙利經濟正逐步與國際接軌。

🌐 自然地理

匈牙利大部分地區為平原和丘陵，平均海拔200公尺以下，屬多瑙河中游盆地，盆地周圍高山環抱，丘陵在海拔200公尺～400公尺之間。流經的河流主要有多瑙河和蒂薩河，最大的湖是巴拉頓湖，面自然地理 積596平方公里，是中歐最大淡水湖。匈牙利屬溫帶大陸性氣候，氣候較溫和。

國家檔案

全名	匈牙利共和國
面積	9.30萬平方公里
首都	布達佩斯
人口	980萬〔2016年〕
民族	98%為匈牙利人即馬扎爾人，少數民族有斯洛伐克、羅馬尼亞、塞爾維亞等
語言	匈牙利語為官方語言
貨幣	福林
主要城市	布達佩斯、密什科爾茨、德布勒森、塞格德

巴拉頓湖

巴拉頓湖是中歐最大的湖泊，有「匈牙利之海」的美稱。巴拉頓湖位於多瑙河流域的巴科尼山東麓，是一個淺水湖，氣候宜人。湖光山色，令人賞欣悅目。更為優美的是深入湖心的蒂哈尼半島。在半島上，古木參天，並且從半島頂端可以眺望湖區全景。巴拉頓湖的南北兩岸分布著許多古老的羅馬式、哥德式和巴洛克式建築，那裡有11世紀～13世紀修建的寺廟和城堡遺址。在湖的北面每年的7月都要舉行「安娜」舞會，這是當地的一種風俗，舞會中要選出最漂亮的姑娘作為無悔的「皇后」，所有的人都要向「皇后」獻「金蘋果」，這一風俗每年都會吸引許多遊客。現在該湖區已成為國家公園。

阿吉特勒克石灰岩溶洞

阿吉特勒克石灰岩溶洞位於匈牙利和斯洛伐克的邊界。1995年匈牙利與斯洛伐克一同提出將這個洞穴列入《世界遺產名錄》。從地理、古生物、動物、建築及歷史價值方面來看，阿吉特勒克石灰岩洞群絕對是世界上最有意義及最具有代表性的石灰岩洞之一，是地下天然博物館。25公里長的巴拉德拉－多明加洞穴系統是該區域中最長的一段，最美最值得欣賞的部分都在匈牙利境內，洞穴內的鐘乳石和石筍是世界上同類型洞穴中最長、鐘乳石最多的一個；洞內的「天文台」石筍是世界上最大的石筍之一；洞內的「巨人廳」是歐洲最宏偉、最壯觀的洞穴大廳之一。奇景渾然天成，巧奪天工。

匈牙利盛產葡萄酒，托卡伊城是著名的葡萄酒產地。

國家歌劇院在多瑙河東岸佩斯區，在戰爭中幾經毀壞後又修復，雖然已經失去了古典主義的原貌，但卻是匈牙利歷史上最漂亮的浪漫主義建築之一。

🏛 歷史文化

早在8世紀，馬扎爾人就開始生活在現在的匈牙利國土上。16世紀～17世紀，這塊土地一直處於奧地利的統治之下，直到1867年成立奧匈帝國為止。第一次世界大戰後奧匈帝國解體。匈牙利先建立了蘇維埃共和國，後被顛覆，恢復了君主立憲政體。第二次世界大戰中匈牙利加入了同盟國。1949年匈牙利人民共和國成立。隨後，匈牙利經過制度更迭，於1989年10月改國名為匈牙利共和國。匈牙利是至今仍保留東方文化痕跡的一個獨具特色的歐洲民族，有優秀的文化傳統，在藝術和音樂也有較高的水準。

匈牙利與匈奴人

馬扎爾人是來自歐亞大陸中部的遊牧部落，這一點似乎已成定論。但馬扎爾人更早起源於何地，起源史上同哪些民族更接近，則是令史學家們一直爭論不休的問題。有人根據匈牙利與中國史書上記載的匈奴都有「匈」字，進而認為他們之間有必然的聯繫，甚至認為現在的匈牙利人就是匈奴王阿提拉征服歐洲時率領的匈奴部族的後裔。但據歷史學家考證，馬扎爾人起源於伏爾加河流域一帶，在烏拉山脈至伏爾加河之間遊牧。在西元5世紀時，可能是受到匈奴人的入侵而開始了長達幾個世紀的遷徙。

Travel Smart

凱凱什峰

凱凱什峰是匈牙利最高山峰，海拔1,015公尺，位於北部馬特拉山。凱凱什峰山頂建有療養院，四周被樹林包圍，從山頂可看見馬特拉山，蒼峰如海。南面是一望無際的大平原，延綿千里。這裡夏季涼爽，秋季和冬季晴朗，是著名的旅遊勝地。冬季來這裡，還可以去全國最大的冬季運動場滑雪。

匈牙利和東方文化

匈牙利族是至今保留東方文化痕跡的一個獨具特色的歐洲民族，例如匈牙利農民在春夏之交用大魚擺在地上祭祀，這是黃河流域匈奴人的習俗，而在歐洲沒有；匈牙利人的姓名與中國人一樣，姓在前，名在後，而歐洲民族的習慣則是名在前，姓在後；近年來還發現，匈牙利民歌與中國甘肅省肅南裕固族自治縣的部分民歌旋律、配詞幾乎一模一樣，而且馬扎爾語中有一些詞語和蒙古語十分相似，甚至個別單詞和漢語的西北方言接近，如稱父親為「阿爸」，稱母親為「阿娘」，稱狗為「狗犬」。這可能是蒙古大軍西征匈牙利時，有一部分人留居在匈牙利所致。這些說明了匈牙利人與東方有千絲萬縷的聯繫。

建後的國家歌劇院內部建築依然富麗堂皇。

71

布達皇宮為一組新巴洛克式的古老建築群，御花園中聳立著1686年解放布達時的軍事司令歐仁尼大公的騎馬雕像。

匈牙利事件

1956年10月23日，震驚世界的「匈牙利事件」爆發，成千上萬的學生、工人、市民上街遊行。遊行隨後演變成對執政黨和公安部門的武裝進攻。匈牙利政府實行了改組，由剛獲釋出獄的伊姆雷·納吉任政府總理。納吉把政府由一黨制改為多黨制，並退出華約，解散保安部隊。在此情況下，蘇聯出動軍隊，用武力平息了此事件。卡達爾·亞諾什成為國家最高領導人。卡達爾上台後，逐步實行了一系列改革，國家出現了新的生機，農村改革成效顯著。城

布達佩斯街頭賣藝的老人。

鄉供應充足，糧食富裕，市場經濟活躍，一度被稱為「匈牙利模式」，受到世界的矚目。

愛國詩人裴多菲

「生命誠可貴，愛情價更高，若為自由故，兩者皆可拋。」提起這首百年來在全世界廣為傳誦的詩篇，人們便會想起它的作者——匈牙利詩人裴多菲。他是1848年歐洲革命中的英勇鬥士。他的詩作也為全世界被壓迫民族留下了極其寶貴的精神財富，他奠定了匈牙利民族文學的基石，被譽為「是在被奴隸的鮮血浸透了的、肥沃的黑土裡生長出來『一朵帶刺的玫瑰』的」。

音樂天才李斯特

李斯特（1811～1886）是天才的作曲家、鋼琴家、指揮家和音樂活動家，也是西洋音樂史上重要的浪漫主義音樂家。李斯特將鋼琴的技巧發展到了無與倫比的程度，極大地豐富了鋼琴的表現力，在鋼琴上創造了管弦樂的效果。他還首創了背譜演奏法，也因此被譽為最偉大的鋼琴家。

🏛 主要城市

匈牙利的城市大多歷史悠久，大部分被戰爭破壞後又重建，既有古老的歷史氣息，又不乏現代都市的繁華風韻。城市依山傍水，風景秀麗，水陸交通都很方便，布達佩斯、佩奇、塞格德等都是著名的旅遊勝地。

英雄廣場位於布達佩斯的人民共和國街東端、城市公園入口處，廣場寬敞肅穆，布局渾然一體。矗立在廣場中央的「千年紀念碑」是雕塑家扎拉·捷爾吉的作品，碑為圓柱形，高達36公尺。

多瑙河是布達佩斯的靈魂，而布達佩斯是匈牙利的驕傲。多瑙河邊的國會大廈是一座哥德式的建築，在藍色的多瑙河的掩映下，更顯得風格獨特，巍峨壯麗，它是布達城的著名建築。

多瑙河名城：布達佩斯

作為匈牙利的首都，布達佩斯是全國政治、經濟和文化中心，也是歐洲著名古城。它風光秀麗，景色如畫，被人們譽為「多瑙河畔的明珠」。歐洲的第二大河多瑙河將匈牙利的首都一分為二，由北向南流去。布達佩斯風光旖旎，被視為當代最美麗的國際性城市之一。「聯合國教科文組織」早已將布達佩斯的多瑙河兩岸列入了《世界遺產名錄》。正因為有了布達佩斯，使得匈牙利成為世界上最著名的旅遊國之一。

布達佩斯還是匈牙利的文化中心，匈牙利科學院及許多高等院校都設在這裡。過去的幾個世紀裡，布達佩斯一直是奧匈帝國的中心。今天這座美麗的城市在連接東西方的過程中發揮著重要作用，這完全符合城市的風格。多瑙河流到這裡，才只走了全程的1/3。在這裡多瑙河折向東南，向布達佩斯和它舊日的榮耀致敬。離開岸邊無數的宮殿和橋梁，多瑙河似乎要放棄已成為歷史的一切，義無反顧地去那個仍有待探索的世界裡徜徉。

太陽城：塞格德

塞格德是瓊格拉德州首府，全國第四大城市，位於蒂薩河和毛洛什河的交匯處。這兩條河歷來在塞格德的生活中起著重要作用。穆列什河是古羅馬人運鹽的主要通道，蒂薩河則一直在商業活動中扮演著重要角色，塞格德把東喀爾巴阡山和匈牙利南部連接在一起，為匈牙利南部經濟、文化中心，被譽為「蒂薩之花」。這裡日照時間年平均2,000小時，又有「太陽城」之稱。內城，即古城，坐落在蒂薩河右岸，與左岸的現代化新城隔河形成鮮明對比。

歷史名城：德布勒森

德布勒森是匈牙利歷史名城，全國第三大城市，也是蒂薩河以東匈牙利的最大城市，人口最稠密的居民區之一。它是蒂薩河東部經濟、文化、行政中心和匈牙利古老的學都，城市的歷史可以追溯到10世紀，但構成今天市容的則是19世紀和20世紀的主要建築。中世紀時建的一座大教堂擋住了城市寬廣的交通幹線。現在的德布勒森已發展成為匈牙利的工業中心，這兒不僅有龐大的軸承工廠，還能生產醫療設備，並且有食品工業和發達的紡織業。早在1985年，德布勒森就建立了匈牙利的原子能研究中心。它已成為匈牙利東部集科學、文化和工業於一體的重要城市。

仔細觀察馬加什教堂，可以發現這個外觀屬新哥德式的教堂，其實蘊含了匈牙利民俗、新藝術風格和土耳其設計等多種色彩，特別是一旁的白色尖塔和彩色屋頂，為整個教堂增添了許多趣味性。

🎯 經濟

匈牙利是一個具有中等發展水準的工農業國家，現在的匈牙利經濟正在進行著成功的轉軌，其經濟目標是建立以私有制為基礎的福利市場經濟。1997年，匈牙利向市場經濟體制轉軌大體完成。1998年上半年，匈牙利的私有化工作也已基本結束。目前匈牙利國內生產總值的3/4來自私營企業的收入。到1999年，總體經濟水準首次突破了1989年的水準。當年引進外資10億美元，累計吸引外資超過230億美元。匈牙利經濟正逐步與國際接軌，尤其同歐盟關係日益密切，並在2004年5月1日正式成為歐盟成員國。

得天獨厚的農業

位於多瑙河和蒂薩河畔的匈牙利，沃野萬里，而溫和的氣候、充沛的雨量都給匈牙利農業創造了優越的自然條件。目前，匈牙利全國可耕地占國土面積的2/3，糧食作物以小麥和玉米為主，飼養業主要是養豬和家禽。匈牙利的糧食完全自給，並能出口。人均糧食產量居世界前列，人均肉產量也很高。現在匈牙利的農業生產已實現了機械化、電氣化，並已從過去的集體化和自留地並存的生產體制，過渡到全部私有化和個體化的農業資本主義模式，農產品逐步實現了商品化和市場化。

上 ｜ 聖安德列的東正教主教大教堂內有紅色大理石聖壇、洛可可式講壇和主教座等。

下 ｜ 匈牙利服務業發展迅速，這種環境幽雅、服務周到的咖啡廳在國內隨處可見。

工業

　　匈牙利的工業主要以加工業為主，工業中占主要地位的是機械工業、化學工業、輕工業和食品工業。二戰時，匈牙利的主要工業是輕工業和採礦業。重工業在共和國成立後才開始受到重視，其發展速度緩慢的原因是國內市場狹窄、能源和原料供應不足。從20世紀60年代起，政府加強產業結構的調整，引進先進的設備，工業得到逐步發展。90年代以來，匈牙利又進一步調整產業結構，重點發展採礦工業、電力工業和化學工業。

左 ｜ 布達佩斯的漁人堡因建在中世紀漁業市場和漁村的遺址上而得名，為新羅馬式和新哥德式的混合建築。

右 ｜ 匈牙利鐵路和公路運輸發達，已形成以首都為中心、通向全國和鄰國的鐵路和公路網。鐵路總長為7,685公里，公路總長30,808公里。

摩爾多瓦

MOLDOVA

Moldova

摩爾多瓦位於歐洲大陸東南部，屬內陸國家。北部、東部和南部與烏克蘭相鄰，西部與羅馬尼亞交界。普魯特河是摩爾多瓦與羅馬尼亞的界河。境內丘陵和平原相間分布，中部地勢較高，南部是遼闊的草原。最高山巴拉涅什特山，海拔430公尺。有肥沃的牧場和長滿樹木的山坡，宜於種植葡萄等釀酒作物。德涅斯特河和普魯特河是兩大河流，小河眾多。地下水資源豐富。森林覆蓋率占40%，2/3的土地為黑鈣土。礦產以磷鈣石、褐煤等為主。屬溫帶大陸性氣候，夏季漫長、炎熱；冬季短促、溫和，降雪較多。年平均氣溫為8℃～10℃，年平均降水量北部地方為560毫米，西南部地區為300毫米。

國家檔案

全名	摩爾多瓦共和國
面積	3.38萬平方公里
首都	基希訥烏
人口	406萬〔2015年〕
民族	摩爾多瓦人占65%，俄羅斯人占13%，烏克蘭人占13%，其他民族占9%
語言	官方語言為摩爾多瓦語，亦通用俄語
貨幣	摩爾多瓦列伊
主要城市	基希訥烏、蒂拉斯波爾

首都基希訥烏

基希訥烏是摩爾多瓦首都，位於德涅斯特河支流貝克河畔，現有人口79萬人，是摩爾多瓦的政治、經濟、文化中心。中世紀老城建在貝克河谷地，有凱旋門、東正教堂、鐘樓等古蹟；新城建在沿河階地上，街道呈棋盤狀布局，有許多白色高大建築物；市郊綠野田疇，是重要的葡萄產地。其經濟在全國占有舉足輕重的地位，建有20個機械廠以及電視機生產廠，主要生產量具、拖拉機、機床和水泵等工農業機械。此外，基希訥烏市的葡萄酒和罐頭生產馳名世界，化學工業也很發達，主要生產人造革和橡膠製品。

葡萄種植和葡萄酒生產

摩爾多瓦的葡萄酒釀造業歷史悠久，生產的葡萄酒品牌多、口感純正、品質上乘、價格低廉，在國際市場上極具競爭力，可與法國生產的葡萄酒媲美。葡萄酒生產業是摩爾多瓦經濟的一個極為重要的部門，在國家經濟中的地位舉足輕重。全國共有葡萄酒廠約150家，從業人員1萬餘人，全年產酒約35萬噸。產值占工業總產值的18%，葡萄酒出口額占總出口額的25%，國內生產總值的9%，國家財政收入的8%。

葡萄種植面積為12萬公頃，平均年產葡萄約95萬噸，其中鮮食葡萄20萬噸，加工葡萄75萬噸。所有歐洲葡萄品種在摩爾多瓦都有種植。用於釀酒的主要品種有：釀製白葡萄酒的阿里賈德、卡多耐里、施威釀；釀製紅葡萄酒的黑彼諾、梅諾、卡波耐特、搭布林等。摩爾多瓦所種葡萄屬歐亞種群，其特點是含糖量高，含酸量適當，故品質相對較高，可釀造出各具特色的葡萄酒。

保加利亞

BULGARIA

Република България

保加利亞位於歐洲巴爾幹半島東南部，西鄰塞爾維亞與馬其頓，南部分別與土耳其、希臘接壤，北鄰羅馬尼亞，東瀕黑海，海岸線長378公里。北部屬溫帶大陸性氣候，南部為地中海型氣候。1月平均氣溫零下2℃～2℃，7月平均氣溫23℃～25℃，年降水量500毫米～700毫米，山區可達1,000毫米以上。

國家檔案

全名	保加利亞共和國
面積	11.10萬平方公里
首都	索菲亞
人口	797萬〔2016年〕
民族	保加利亞人占85%，土耳其人占10%，其餘為吉普賽人等
語言	保加利亞語為官方語言和通用語言，土耳其語為少數民族語言
貨幣	保加利亞列弗
主要城市	索菲亞、普羅夫迪夫、瓦爾納

保加利亞的伊斯克河發源於里拉山，長達368公里，流域面積也很廣，達8,646平方公里。它流經薩莫科夫和索菲亞兩個盆地，形成風景如畫的河岸景觀。

加利亞崗巒起伏、形態多變的山林中散落著許多建築物。

🌐 自然地理

保加利亞境內平原、丘陵、山地相間分布，山地和丘陵占國土面積的70%，平原占30%。巴爾幹山脈橫貫中部，以北的多布羅加平原是多瑙河下游平原的一部分，以南為中央低地和羅多彼山脈。西南部自然地理的穆薩拉峰海拔2,925公尺，為巴爾幹半島最高峰。

維托沙山

維托沙山位於首都索菲亞以南10公里左右，素有「小索菲亞」之稱。「維托沙」意即「雙峰山」。維托沙山的主要景點有「金橋」、「馬蹄」山岩、「黑峰」等。「金橋」是泥石流形成的一條「石河」，無數巨大渾圓的岩石從山頂排到山底，石下泉水潺潺。「黑峰」是維托沙山的最高峰。

貝洛格拉奇克石群

貝洛格拉奇克石群位於保加利亞西北部小城貝洛格拉奇克的北面。在這裡，各種石岩姿態萬千，有的像身穿法衣的修道士，有的像騎士策馬賓士，有的如牧童驅羊而奔，有的似少女亭亭玉立於清晨薄霧之中。

保加利亞最大的修道院：里拉修道院，位於里拉山區，始建於10世紀中期。歷史上曾多次被毀，現在所見的是1834年～1860年重建的。

🏛 歷史文化

色雷斯人是保加利亞最古老的居民。在悠悠歷史長河中，保加利亞有持續近5個世紀被異族統治的歷史，保加利亞人有反對法西斯統治而武裝抗爭的英雄事蹟。歷史總是使人難忘，而保加利亞的民族傳統文化也同樣令人難忘，保加利亞人一直沿襲著、傳承著。

保加利亞近代史

保加利亞人的祖先是從中亞遷來的古保加利亞人。1876年保加利亞人民舉行反對土耳其統治的起義，遭到鎮壓。1878年保加利亞獲得獨立。在第一次世界大戰中，保加利亞同德、奧匈和土耳其結成軍事同盟。1944年9月蘇聯紅軍進入保加利亞，保加利亞人民在共產黨的領導下舉行武裝起義，在紅軍幫助下，推翻了法西斯政權，成立了祖國陣線政府。1946年10月組成新的祖國陣線政府，成立保加利亞人民共和國。

具濃郁民族特色的服裝

在巴爾幹半島諸國中，保加利亞傳統的民族服裝最富變化，而且非常漂亮。男人們平日裡穿全套的黑色服裝，配上繡有金邊的背心。女性的傳統服裝被稱為「斯庫曼」和「莎亞」。「斯庫曼」是無袖或有袖的及膝外衣，黑色或深藍色的布料上飾有華麗的刺繡，再配有長裙。「莎亞」是開前襟的及膝外衣，內穿襯衫，再配上裙子。

「玫瑰王國」的玫瑰節期間，生產能手要舉行化裝遊行，充分表達了花農們驅趕邪惡、祈禱上帝保佑玫瑰豐收的願望。

玫瑰王國的玫瑰節

　　每年6月的第一週，保加利亞政府都要組織玫瑰節慶祝活動。慶祝活動開始後，國家領導人登上主席台，「玫瑰姑娘」向領導人獻花環，然後向周圍的群眾拋玫瑰花瓣。此後，舞會開始，一群頭戴面具、身穿奇特服裝、腰繫銅鈴的「老人」在「玫瑰姑娘」的陪伴下，排成兩行，跳起歡快的舞蹈。化裝舞蹈之後是民族舞，姑娘們身著民族服裝，手捧裝滿玫瑰花瓣的花籃，伴著悠揚的風笛聲，跳起歡快的民族舞。

索菲亞市以九‧九廣場為中心，大體形成3個區，分別為東南部文化區、北部的工業區以及中部的商業和行政區。圖為古建築眾多的文化區街道。

🏛 主要城市

　　保加利亞的城市規模都不大，主要分布在河流沿岸、風景如畫的山谷盆地或黑海岸邊。人口在百萬以上的城市只有首都索菲亞，其他城市人口都在40萬以內，人口在10萬以上的城市有10座。保加利亞大多數城市都有悠久的歷史，工業化形成的都市較少見。各大城鎮名勝古蹟很多，所以每座城市都是重要的旅遊景點。

花園城市：索菲亞

　　索菲亞位於索菲亞盆地南緣的伊斯克爾河階地上，是保加利亞最大城市和經濟、文化、交通中心。索菲亞市區所有街巷、廣場、公園等，都掩映在一片蔥綠叢中。漫步市區，幾乎處處都能聞到撲鼻的花香，整個城市猶如一朵盛開的鮮花，加上那一幢幢白色或淡黃色的房舍，索菲亞顯得格外美觀優雅。城市中新穎的現代化建築群比比皆是，筆直寬廣的馬路縱橫交錯，新老輝映的住宅區毗連成片。在全市600多處街心公園、馬路公園以及大小公園裡，聳立著許多精雕細琢的塑像和紀念碑。市區和郊區還有許多溫泉，泉水喝起來有一絲淡淡的甜味，許多居民長年飲用溫泉水。這些被譽為「長壽水」的溫泉水，也為遊客們所喜愛。

圖爾諾沃是保加利亞著名的歷史名城，城內許多的小胡同仍然保持著原來的風貌。

羅夫迪夫殘破的羅馬劇場。

文化古都：普羅夫迪夫

　　普羅夫迪夫是保加利亞文化古都，位於保加利亞南部馬里查河上游、弗拉基平原中部，坐落在7個山丘之上，是全國第二大城市和重要工業中心。城市地處中南部最富庶的農業區，馬里查河蜿蜒流過。城內的許多小胡同保持過去的風貌，居民每層外部都用斜拱承托，一層一層凸出，遠看像是座座白色鳥籠，居民從樓上開窗可以握手。城中主要古蹟有雕花祭壇和階梯式古鐘樓的馬利尼教堂、陳列古羅馬帝國石刻的歷史博物館和2,000年前的古城牆等。

無水不秀的奈賽巴

　　奈賽巴位於保加利亞黑海港口城市瓦爾納以南約120公里的黑海岸邊，小島和陸地間用一道幾百公尺長的石堤連接起來。在陸地一側的山崖上俯瞰，磚紅屋頂的奈賽巴宛如鑲嵌在蔚藍大海中的紅寶石，明麗奪目。這裡布滿大大小小近10座教堂，這些歷經千年的建築，在藍天碧海的襯托下，令人賞心悅目，遐思萬千。由於人口稀少，更增添了這裡寧靜安詳的悠悠古意。小鎮的民居卻是風格迥異，這些具有典型保加利亞民族風格的建築，大多有上百年的歷史，卻保存完好。周圍是石頭鋪成的高低迂迴的小巷、教堂、水井，整個小鎮就像一座古代拜占庭建築與保加利亞民間建築的博物館，這一獨特的文化寶藏，已被聯合國教科文組織列入了《世界遺產名錄》。

18世紀～19世紀，保加利亞文化和美術的中心是修道院和村莊，以此為基地興起了形形色色的美術流派。這是一幅修道院裡的壁畫，整個畫面以幾何圖形為「骨架」，別具一格。

保加利亞許多城市歷史都比較悠久，城內古建築物隨處可見。古老的羅馬式建築散落在高聳的現代化樓群中，人們可以在享受現代生活的同時感受到歷史的氣息。

大海港：瓦爾納

瓦爾納是保加利亞海濱城市和全國最大海港，位於保加利亞東北部的黑海瓦爾納灣北岸。市區由南向北伸展，呈「Ｓ」形。「Ｓ」形的底部是老城部分。建築風格嚴謹整齊，街道寬闊，經緯分明。坐落城邊的是狹長的海濱公園，長滿各種副熱帶植物。「Ｓ」形上半部，依山濱海之處，多為大型旅館。瓦爾納還是著名的療養地，有幾個特色不同、美麗別緻的避暑、療養地。「金沙灘」長4公里，這裡沙粒細膩鬆軟，淺海區域寬闊，海底平坦乾淨，是理想的海濱浴場。浴場附近，還設有按摩、水療、泥療、日光浴等醫療設施。有供遊人乘坐觀賞海景的海濱慢速遊覽車，有供參觀和休憩的綠陰、花園、迴廊。

玫瑰城：卡贊勒克

卡贊勒克坐落在保加利亞中部的「玫瑰谷」中，故稱「玫瑰城」。卡贊勒克是在中世紀克倫要塞的基礎上發展起來的。17世紀發展成玫瑰油製造中心。城內設有玫瑰和芳香植物研究所，培養出大量的油用和觀賞性玫瑰新品種；有玫瑰博物館，館內存放著古代煉製玫瑰油用的器械等工具供人觀賞。卡贊勒克和玫瑰谷為保加利亞贏得了「玫瑰之邦」的美名。卡贊勒克是古代色雷斯文化的中心，卡贊勒克陵墓已被列為「聯合國教科文組織」世界遺產委員會首批57項世界文化和自然遺產之一。

Travel Smart

笑城：加布洛沃

歐洲「笑城」加布洛沃的居民極富幽默感，善於編笑話嘲笑自己或諷刺別人。因為那裡土地貧瘠，生計艱難，當地人以經商為主，逐漸形成精打細算的風尚。因此加布洛沃人的笑話內容幾乎都與精打細算、善於節省的人有關。加布洛沃城內有一座建築物專門陳列世界各國幽默諷刺作品。每年一度的幽默節在五六月份舉行，屆時全城男女老少以幽默風趣的打扮走上街頭，參加狂歡和遊行演出，他們的幽默表演不僅給人以藝術享受，還富於教育意義。全世界的幽默與諷刺大師們在這裡歡聚一堂，舉辦攝影、繪畫、雕刻、面具等各類展覽。

甘奇亞河和羅波塔默河匯流而成的三角洲上，長滿蘆葦。蘆葦很有經濟價值，其稈可作紙、人造棉、人造絲的原料，也可供編席、簾等用；花絮可做掃帚；根狀莖可入藥，稱「蘆根」。

🎱 經濟

1989年以前，保加利亞國民收入的90%靠進出口貿易來實現。1989年底，逐步向市場經濟過渡，在平等的條件下發展包括私有制在內的多種所有制經濟。1991年2月，在世界銀行的協助下開始實施「休克療法」經濟改革。市場供應緊急的狀況得到緩解，但同時也帶來了生產嚴重衰退、失業人數驟增和人民生活水準急劇下降等後果。近幾年，保加利亞經濟出現了緩慢的恢復性增長。

現代化發展的農業

隨著國民經濟的發展，特別是農業機械化程度的不斷提高，保加利亞農畜產品的產量有了大幅增長。與此同時，由於新品種和新技術的廣泛應用，農作物單產和畜禽產量也在不斷提高。素有「巴爾幹的果園、菜園、花園」之稱的保加利亞是大量出口蔬菜、果品、玫瑰油的傳統國家。保加利亞的蔬菜、水果和葡萄的人均占有量在世界上名列前茅。蔬菜的生產和出口在保加利亞經濟中占有重要地位，出口產品主要有番茄、辣椒、洋蔥等，其中玫瑰油的出口量占世界第一位。

保加利亞崇拜酒神薩西厄斯。傳說中他將天使遣往人間，帶來了葡萄大豐收。

📖 Travel Smart

玫瑰谷之玫瑰油

「玫瑰谷」是保加利亞著名旅遊勝地。包括相毗連的卡贊勒克谷和卡爾洛沃谷兩個山谷。是一個東西長130公里、南北寬15公里的狹長地帶。「玫瑰谷」北面以巴爾幹山高峰為屏障，擋住北來寒風；斯特列瑪河和相登薩河流貫谷內；地中海暖流從南部穿峽沿河而過，吹進了濕潤空氣，給玫瑰的生長提供了理想的條件。相傳從17世紀起，這裡從小亞細亞開始引種玫瑰。

現在，「玫瑰谷」平均每畝土地可產玫瑰花瓣100千克，約3,000千克～3,100千克玫瑰花才煉出1千克玫瑰油，其價值為1.52千克黃金。玫瑰谷的玫瑰花有700多種，能煉油的卻只有4種，以粉紅色和白色兩種玫瑰花含油量最大。相傳數百年前，喀什米爾有一美女喜愛玫瑰花的香味，洗澡時即把玫瑰花撒入池內。有一種玫瑰花中有含油花瓣，水上便漂著油滴，濃香經久不散，從此，人們便發現可從含油的玫瑰花中煉取玫瑰油的祕密。

發達的旅遊業

保加利亞旅遊業比較發達。2005年接待外國遊客409萬人次，其中來自馬其頓、德國、塞爾維亞和希臘的遊客占大多數。保加利亞風景如畫，名勝古蹟眾多。主要旅遊景點大致分布在3個地區：首都索菲亞及其周圍地區、黑海沿岸的旅遊療養勝地、圖爾諾沃和普羅夫迪夫及其周圍地區。另外，巴爾幹山脈南側的「玫瑰谷」一帶，每年5月～6月，一片花海，芳香滿溢，甚為誘人。保加利亞國營旅行社——巴爾幹旅行社，可以為遊客提供國際、國內旅遊和交通等服務；還可以向遊客提供住宿、用餐、租車、貨幣兌換和導遊及其他事宜的服務。

羅馬尼亞

ROMANIA

România

羅馬尼亞位於歐洲東南部的巴爾幹半島北部，東南瀕黑海，東北部和東部與摩爾多瓦和烏克蘭相鄰，南部與保加利亞為鄰，西南與塞爾維亞交界，西北與匈牙利接壤。羅馬尼亞所處地理位置十分重要，是西歐同黑海、中東相連的主要通道之一，是波羅的海同巴爾幹和地中海相連的中心點，又是中亞各國同歐洲進行管道油運輸的必經之地。

🌍 自然地理

羅馬尼亞境內平原、丘陵、山地各占1/3。喀爾巴阡山脈呈弧形盤踞中部，弧內為特蘭西瓦尼亞高原。摩爾多韋亞努峰為全國最高點，海拔2,543公尺。南部為多瑙河下游平原。東北部和東南部分別為摩爾多瓦高原和多布羅加丘陵。主要河流有多瑙河及其支流錫雷特河、奧爾自然地理 特河等。境內湖泊以黑海沿岸的拉齊姆湖、錫諾耶湖等組成的湖泊群面積最大。

國 家 檔 案

全名	**羅馬尼亞共和國**
面積	60.37萬平方公里
首都	布加勒斯特
人口	2,224萬〔2016年〕
民族	羅馬尼亞人占89.5%，匈牙利人占6.6%，羅姆人占2.5%，日耳曼族占0.3%，其餘民族占1.1%
語言	官方語言為羅馬尼亞語，主要民族語言為匈牙利語
貨幣	羅馬尼亞列伊
主要城市	布加勒斯特、布拉索夫、康斯坦察

多瑙河三角洲

多瑙河三角洲位於羅馬尼亞東部，多瑙河的入海口附近。它是由多年來多瑙河每年挾帶的數億噸泥沙逐漸堆積而成的。在三角洲的腹地有一個巨大的「浮島」，這也是三角洲的一個奇景。「浮島」表面上生長著茂盛的植物，有各種動物，但下面卻是一片汪洋，是魚兒的避風港。「浮島」的總面積約為10萬公頃，厚度一般在1公尺左右。浮島在水中隨風飄浮，時時改變著三角洲的面貌。其實，多瑙河三角洲中陸地面積只占13%，但蘆葦覆蓋了三角洲2/3以上的面積，占世界蘆葦總產量的1/3以上。羅馬尼亞也因此被稱為「蘆葦之鄉」。

多瑙河三角洲面積達6,000平方公里，大面積濕地分布於羅馬尼亞與烏克蘭邊境，是歐洲現存最大的天然濕地。這裡風光絢麗，資源豐富，被譽為「歐洲最大的地質、生物實驗室」。

🏛 歷史文化

羅馬尼亞人的祖先為達契亞人。106年，達契亞人被羅馬帝國征服後，逐漸與羅馬人共居融合，形成羅馬尼亞民族。經過多次的合併與獨立，羅馬尼亞終於形成統一的民族國家，發展了本民族豐富多彩的文化。

羅馬尼亞簡史

羅馬尼亞人認為西元前4世紀的達契亞人就是他們的祖先。106年達契亞國被羅馬帝國征服；1877年5月羅馬尼亞宣布獨立；1918年12月，特蘭西瓦尼亞和羅馬尼亞聯合，羅馬尼亞成為統一的國家；1944年羅馬尼亞向德國宣戰；1947年12月30日，宣告成立羅馬尼亞人民共和國；1965年通過新憲法，改稱為羅馬尼亞社會主義共和國；1989年12月30日，改國名為羅馬尼亞。

鄉村博物館

羅馬尼亞博物館眾多，其規模懸殊，內容迥異。其中最具特色的是布加勒斯特赫洛斯特勒烏湖畔的鄉村博物館。它是一座專門介紹羅馬尼亞各地農村建築藝術、民間藝術和農民生活習俗的露天博物館。值得一提的是，這裡的每個院落，包括房間布置，完全保持不同地區的建築特點和原來的樣式、風格，並且展出水磨風車、木刻、刺繡、彩陶等3萬件實物原件，供遊人參觀。

喀爾巴阡山在歐洲與阿爾卑斯山齊名，在羅馬尼亞境內分東、西、南喀爾巴阡山，東喀爾巴阡山北部較高，越往南越低。圖為由北向南過渡的山間谷地。

羅馬尼亞各大小城市大多都有教堂建築，其內部各種裝飾壁畫風格也不同，但大多以人物為主。圖片中的壁畫是人物幽默畫。

絢麗多姿的舞蹈

羅馬尼亞民間舞蹈絢麗多姿，集體舞蹈最為流行，有貝利尼察舞、霍拉舞、騎士舞等。其中貝利尼察舞最有趣，眾人圍成一圈，當舞曲響起時，一名舞者就走進圈裡舞動手帕，按節拍邊繞圈邊舞邊挑選異性舞伴。選中後將手帕套到對方的後頸上，請對方走到舞場中央。起跳人把手帕鋪在地上，雙方跪在上面，互親雙頰。然後，被請進圈裡的人撿起手帕，再去尋找新的舞伴，繼續跳下去。圍觀的人則拍手助興。

雕塑

羅馬尼亞的雕塑藝術大多用於裝飾君王和地主的府邸，或者用於手工製作的寓意圖案來裝飾墓碑。

多彩的民間婦女頭飾

羅馬尼亞農村婦女的頭飾各種各樣，從不同的頭飾也可以看出她們是否出嫁。未婚姑娘都把頭髮梳成辮子，再配上絹花和彩色串珠等飾物；已婚婦女則常常用絲織的繡花長頭巾把頭髮遮蓋起來。然而，各地婦女的包紮方法和配用的飾物也有所不同。布拉索夫地區的婦女用兩根金屬簪子固定頭巾；巴納特地區的已婚婦女不用長頭巾，而用金絲銀線織成的髮帽並戴彩絲做成的流蘇。

民間樂器

羅馬尼亞民族樂器多種多樣，能夠演奏許多優美的樂曲，有的配合舞蹈，更能顯出其民族特色。在其眾多的樂器中最突出的是二三公尺長的「大號角」：布丘姆，這是羅馬尼亞最古老的樂器。具體做法是，把松木削成片後做成圓箍，然後連結成長長的管子，其表面塗有油漆並繪有各種各樣的花紋。布丘姆的聲音能在山谷裡迴響，餘音不絕，古代常利用它的迴響來傳遞資訊。

羅馬尼亞的民間服飾絢麗多彩，在許多方面仍保留著祖先達契亞人服飾的基本特點，這種特點在壁畫中被表現得淋漓盡致。

上 ｜ 羅馬尼亞古老建築物的四周牆壁油漆已剝落，斑駁滄桑。

右 ｜ 羅馬尼亞布加勒斯特宮殿的柱子。

雕塑家卡爾·斯托揚爾克（1826～1887），是第一位創作了著名藝術作品的人。他的學生揚·喬爾傑斯庫，更是青出於藍勝於藍，布加勒斯特的格奧爾基·拉澤爾塑像以及雅西的格奧爾基·阿薩基塑像等肖像藝術作品皆出自他的雙手。雕塑家迪米特里·帕丘雷亞（1875～1932）是羅馬尼亞又一位偉大的藝術家，極具雄偉的浪漫主義氣魄。他把拜占庭繪畫與雕塑藝術結合起來，創作了大量藝術作品。其中最著名的是《巨人》和《聖母入睡》。

主要城市

隨著工業化的發展，羅馬尼亞的城市發展很快。有些城市雖然人口不多，但頗具特色。或是工業生產基地，或是文化中心，或是歷史名城，或是旅遊勝地，但它們都擁有共同的特點：每座城市都擁有許多歷史文化古蹟。這樣的共同點，根植於羅馬尼亞多層面而悠久的歷史。

首都布加勒斯特

布加勒斯特是羅馬尼亞政治、經濟、科學、文教中心和最大的城市。據歷史記載，布加勒斯特已有500多年的歷史，1659年起成為羅馬尼亞公國首都，1862年成為統一的羅馬尼亞國家首都，1877年5月9日羅馬尼亞在此宣布獨立。布加勒斯特是全國最大的工業中心，工業產值約占全國的13%，有300餘家工業企業，主要工業部門有：機器製造、飛機製造、化工、冶金、電氣、電子、精密機械、建材、木材加工、輕工和食品等。布加勒斯特市也是重要的交通樞紐，有國際、國內機場，四通八達的鐵路和公路網（包括120公里長的地鐵）。20世紀70年代以來，首都興建了大批住宅和現代化建築。頗具代表性的建築有：凱旋門、議會宮、新聞大廈、展覽中心、國家藝術博物館、國家大劇院、音樂廳、世界貿易中心和洲際飯店等。

羅馬尼亞大多數村莊的宅院沿公路一字擺開，多是獨門獨院。

黑海明珠：康斯坦察

康斯坦察港是黑海第二大港，羅馬尼亞的第二大城市，最大的造船中心，同時也是羅馬尼亞最大的夏季旅遊中心和渡假勝地，被稱為「黑海明珠」。康斯坦察歷史悠久，它最初是希臘人在黑海殖民地的據點，後來被羅馬人、拜占庭人據有，其

羅馬尼亞西部最大的城市：蒂米什瓦拉，這裡的居民一向喜歡吸收新事物，這也是自愛迪生發明電燈炮而使用電燈照明的第一個歐洲城市。街上的老人正在專心閱讀報紙。

名字也是在拜占庭時期確定的。由於許多強大的民族曾在這裡活動，所以康斯坦察有很多歷史遺跡。最著名的是西元前的古羅馬人的建築群，其地板使用了馬賽克材料，這座古建築面積達2,000平方公尺，是歐洲此類型古建築中最珍貴的文物。

這裡還有6世紀時熱那亞人建成的雄偉的古燈塔、拜占庭人的古城堡遺址、土耳其人的清真寺、天主教徒的大教堂，融會了多種文化的絢麗色彩，給人無盡的歷史遐思。康斯坦察現在是羅馬尼亞最大的海港，其對外貿易的60%以上是經過這裡進行的。港口區十分開闊，是終年不凍的天然良港。港區總面積為700公頃；碼頭總長達16公里；港內有80多個泊位，其中6個是油輪泊位；港區平均水深12公尺，最深處可達21公尺，可停靠20萬噸級的巨型油輪。

工業中心：阿拉德市

阿拉德市位於羅馬尼亞西部，與匈牙利接壤，市區人口50萬。阿拉德市是從西歐入境羅馬尼亞的主要樞紐，沿途有4個海關出入境口。阿拉德國際機場可直飛布加勒斯特市，機場距市內很近。市內交通十分發達，公共有軌交通網覆蓋96公里，其中67公里在阿拉德市，有軌線路達250公里，在高峰期間，有96條有軌電車線路處於運輸狀態。阿拉德市的歷史源於16世紀末、17世紀初土耳其人占領期間，在穆列什河岸建立的阿拉德城堡，後來成為一個重要的戰略要衝及遠近聞名的貿易中心。

羅馬尼亞東北部歷史文化名城：雅西，自古以來文化就很發達，被譽為羅馬尼亞「精神文明之都」。羅馬尼亞的第一座科學院和第一所大學都在這裡成立。圖為街上二手書市掠影。

1834年，阿拉德城堡被宣布為「皇家自由城」繼續發展，它包括現在中心地區的核心：帕尼瓦、西嘎、蓋和墨爾塞區等。第二次世界大戰後，阿拉德市成為一個重要的工業中心，有成千上萬的工業單位出現。現在，阿拉德市經濟比較發達，工業門類比較多，主要有鐵路機車及車輛製造業、精密機械製造、精密鐘錶業、木材加工業、家具製造、輕工紡織、成衣、鞋類工業、貿易和服務業及旅館業等。

霓虹燈閃爍的夜晚，首都布加勒斯特流光溢彩，絢美至極。

經濟

羅馬尼亞的工業在國民經濟中占主導地位，農業是國民經濟的基礎部門。按人口平均計算，工業部門某些種類的產量已達到或接近已開發國家水準，如電力、鋼、卡車、電視機、合成纖維等。部分農作物產量居世界前列，如小麥、玉米等。

農業是羅馬尼亞國民經濟的基礎部門，農業種植面積非常廣大。

發達的葡萄種植業

羅馬尼亞的葡萄種植業特別發達。羅馬尼亞諺語說：「大地上有了人，也就有了葡萄酒。」早在5,000年前，羅馬尼亞就有了葡萄種植業和釀酒業。據說，羅馬尼亞的葡萄種植面積過去曾在歐洲大陸居首位。現在，全國共有30多萬公頃葡萄園，種植面積在全世界44個葡萄種植園中僅次於西班牙、義大利、法國、葡萄牙等，居第七位。羅馬尼亞不斷擴大葡萄種植面積，利用丘陵地區等不適宜種植糧食作物的貧瘠土地大力發展葡萄種植業。在海拔100公尺～200公尺山坡陽面修建層層梯田，並改良土壤，在沙地上試驗種植葡萄。

橫貫羅馬尼亞的喀爾巴阡山是其著名旅遊勝地。夏季，遊客可以爬山，在森林中觀賞各種植物，消暑夏夏；冬季，可在這裡滑雪，觀賞雪景。羅馬尼亞還專門成立了喀爾巴阡山旅行社，統管山區旅遊站和旅遊景點。

得天獨厚的旅遊資源

羅馬尼亞風景秀麗，名勝古蹟很多，還有大量的天然礦泉，是旅遊、休養的好地方。羅馬尼亞很重視發展旅遊業，並有計劃地統一開發旅遊資源，旅遊點遍布全國，主要有：布加勒斯特、黑海海濱、多瑙河三角洲、摩爾多瓦北部和中、西喀爾巴阡山山區等。

上｜用羅馬尼亞優質木材製作而成的家具。

左｜羅馬尼亞的民間服飾絢麗多彩，服裝的剪裁和圖案花樣具有其獨特性。這些服裝大多是由手工紡織而成，很受當地人們的喜愛。

緊跟潮流的服裝加工業

服裝加工業是羅馬尼亞輕工業的重要部門，其產品總量的70%供出口，行銷世界60多個國家和地區，出口額居世界第15位。羅馬尼亞的出口服裝在布料選擇、顏色搭配、款式設計和縫製工藝方面緊跟世界潮流，並且能做到適銷對路。現在每年生產的數萬種式樣的服裝中，有一半是新設計的產品。50%～65%的出口服裝銷往德國、義大利、加拿大、美國、法國等。布加勒斯特、克拉約瓦、錫比烏、布勒伊拉等地均設有高級服裝加工廠。

交通運輸

羅馬尼亞以公路、鐵路運輸為主。鐵路總長度為1.1萬公里，其中電氣化鐵路3,965公里；公路總長度為7.9萬公里，其中國家級公路1.5萬公里，縣級公路6.4萬公里；內河貨運量為1,653.2萬噸，客運量21.8萬人次；海運貨運量為650萬噸，康斯坦察港現有100多個泊位，是黑海第二大港；空運已開闢連接首都和國內17個城市、歐洲大多數國家以及美國、中國、泰國、新加坡等世界40多個城市的航線，主要航空公司為羅馬尼亞航空公司，有5個國際機場，最重要的是布加勒斯特的奧托佩尼機場。

法羅群島 *FAROE ISLANDS*

Føroyar

法羅群島遠離大陸和其他島嶼，位於挪威、蘇格蘭和冰島之間的北大西洋中，由18個小島（其中17個有人定居）組成，俗稱「漂浮在大西洋中的群島」，是西北歐到冰島航線的中途站。海岸線總長為1,117公里。平均海拔高度為300公尺，全境屬於溫帶海洋性氣候。法羅群島的居民主要是法羅人，人口到2002年為止有4.7萬。首府是托爾斯港。（＊編按：人口至2016年為4.9萬。）

孤獨的群島

在這塊面積約1,399平方公里的土地上分布著18個小島，它們像一座座半掩在浩瀚的北大西洋中的群山，分布在碧波萬頃的洋面上。島與島之間被狹窄、深邃的海峽隔開，各島相距不遠，海岸線曲折。較大的島嶼有斯特勒姆、東島、南島等。一些島嶼周圍是高達100公尺，甚至是800多公尺的陡峭懸崖，像一支支利劍直插天空，更顯得這些島嶼的孤獨與荒涼。離法羅群島最近的居民區是設德蘭群島，相距300多公里。這裡距宗主國丹麥約1,320公里，距冰島450公里。除首府托爾斯港和個別城鎮外，居住在邊遠島嶼上的居民，由於交通不便，幾乎與世隔絕。

終獲自治權

約650年，愛爾蘭僧侶移居法羅群島。9世紀末挪威人遷入；1035年～1380年屬挪威；1397年作為卡爾馬聯盟的組成部分，受丹麥管轄；二戰期間受英國控制；1948年獲得自治，成為丹麥的自治區，直到如今。法羅群島上的人民為自己島上豐富的傳統文化遺產而自豪。1998年，丹麥政府與自治政府簽署新的經濟關係協議，同意自治政府自行處理經濟和金融事務。

右 ｜ 由於頻繁的暴雨和強風，樹木無法生長，所以法羅群島沒有森林，稀少的植物與歷史的遺跡構成這裡獨特的風景。

左 ｜ 法羅群島的居民建築。

Travel Smart

法羅群島捕豚節

法羅群島每年的6月初都要舉行捕豚節。每逢捕豚節這天，漁民們首先要舉行盛大的捕豚競技比賽，其熱鬧緊張的程度堪比西班牙的鬥牛。這一天，當第一批海豚群出現的時候，早已等待著的人們便立即把海豚趕進預先布置好的海灣，把出口堵住，然後吹響海螺，通知全島居民去參加盛會。捕捉海豚被法羅群島的人們視作一項有趣的娛樂活動。

德國

GERMANY
Bundesrepublik Deutschland

德國位於歐洲中部，是東西歐往來的必經通道，又是南北歐交流的陸上捷徑，獨具歐洲陸上交通的十字路口的地理位置，素有「歐洲的心臟」之稱。它北瀕北海和波羅的海，南靠阿爾卑斯山脈，陸疆與9個國家交界，它們是丹麥、波蘭、捷克、瑞士、奧地利、荷蘭、比利時、盧森堡和法國，另外還隔北海與英國相望。北海的北弗里西亞群島、東弗里西亞群島、黑爾戈蘭島和迪訥島，波羅的海的費馬恩島也都是德國領土。

國家檔案

全名	**德意志聯邦共和國**
面積	35.7萬平方公里
首都	柏林
人口	8,210萬〔2015年12月〕
民族	主要是德意志人，有少數丹麥人和索布族人。有732萬外籍人，占人口總數的8.9%
語言	通用德語
貨幣	歐元
主要城市	柏林、漢堡、慕尼黑、科隆、法蘭克福

🌍 自然地理

德國地形複雜，有島嶼、平原、丘陵、山地、台地、盆地、高原等多種地形。阿爾卑斯山脈從德國南部穿過。而波德平原肥沃的土地又孕育了發達的農業。萊茵河提供了便利的內河航道，沿河風景秀麗、物產豐富，兩岸高聳的古堡使其成為一條觀光旅遊的重要路線。

德國與9個國家接壤，瀕臨北海和波羅的海，海岸線長1,333公里，在沿海形成許多優良的港口。

沼澤密布的北海沿岸

北海是大西洋的邊緣海，潮汐鮮明，波濤洶湧，對北海沿岸的地形形成產生了很大影響。北海沿岸一帶為沙質地區，地勢低而平坦，漲潮時被海水淹沒，形成一片15公里～30公里寬的海邊淺灘地帶。現在這裡築有大堤來排水，根據日照少、濕度大的氣候特點，種植多汁的牧草，發展畜牧業。淺灘地帶的外部邊緣由東弗里西亞群島、北弗里西亞群島構成，這些點綴在近岸海中的狹長島嶼，曾經是形成海岸線的一道沙丘屏障，後由於海平面高度的變化和潮汐的作用，沙丘被海水沖蝕，形成了今天的一連串沙島。

波羅的海沿岸

德國沿波羅的海的整個海岸線均沉沒於水中。海岸犬牙交錯，有寬敞的海灣和很好的天然港，弗倫斯堡、基爾和盧貝克都是賴此而形成的港口城市。但由於海水鹽度低，因而易於凍結，多數港口有封凍期。這裡最大的島嶼是呂根島，面積有926平方公里。離岸不遠的費馬恩島與海岸隔海相望。波羅的海是大西洋伸入歐洲大陸的內海，高低潮差距很小，因此，日德蘭半島東面的波羅的海沿岸，雖然地勢低平，卻缺少海邊淺灘和沼澤地帶。海岸的一部分是平坦的沙地，另一部分是陡峭的岩石。許多低矮的峭壁點綴在海岸邊緣，一些蜿蜒狹長的海灣穿過峭壁，有的深入到離海岸約40公里的內地。再向東則是一片肥沃的、波浪起伏的帶狀冰磧低地，有許多冰蝕的湖和沼澤。

易北河是歐洲主要河流之一，流域貫通德國，全長1,165公里。易北河河水清澈如碧玉，岸邊岩石隱約於蔥郁的樹林間，景色宜人。

阿爾卑斯山地是真正的高山地形，山中有古老的城堡，是迷人的旅遊勝地。

萊茵河兩岸有許多古城堡，是德國一條重要的旅遊路線。

北德平原

北德平原又稱北德低地，位於北海、波羅的海沿岸和中部山地邊沿之間。北德平原係中歐平原（又稱波德平原）的西部，地形單一，一般海拔在50公尺～100公尺之間。它形成於冰河時期，因此冰川遺跡很多。由於冰川作用，它的表面經歷了很大的侵蝕。大致以易北河為界，分為西南和東北兩部分。東北部屬於新冰川區，西南部屬於老冰川區。易北河以西，冰磧地貌不明顯，地勢低平，北海沿岸海拔不及20公尺，有相當大的面積在海平面以下。其南部地勢稍高，但土壤貧瘠。靠近海濱及易北河、威悉河、埃姆斯河三河河口灣，有許多經築堤排水後開闢出來的圍墾地。這些地方土壤非常肥沃，水質也好，適於發展畜牧業。在圍墾地及其附近的砂礫地之間是大片沼澤，地面平坦。易北河與埃姆斯河之間有一片地勢稍高、比較荒涼的砂礫地帶，通稱「呂內堡荒原」。北德平原的最高點在不來梅以東的威爾塞德山，海拔169公尺。

西南部萊茵斷裂谷地區

萊茵河上游南起瑞士的巴塞爾，北至西德的美因茨，流經著名的萊茵斷裂谷地區，這是一條南北走向的地塹帶，位於孚日山脈與黑森林之間，長300餘公里，河谷寬10公里～12公里。其成因除了造山運動的作用之外，主要是由於萊茵河的流貫。斷裂谷兩側是較高的山地，谷壁陡峭，景色壯麗。萊茵河谷地南段為狹窄而肥沃的上萊茵低地，河谷中氣候溫暖，日照充足，宜發展農業和園藝業，是德國重要的農業區。東面聳立著陡峭的黑森林，德語意為「黑色的森林」，之所以如此稱呼，是因為該山地森林茂密，看上去黑漆漆一片。

湖光山色迷人的阿爾卑斯山地帶

阿爾卑斯山是德國南部的天然屏障，也是著名的風景遊覽區。德國境內的阿爾卑斯山東起貝希特斯加登，西至博登湖，全長不過200公里～300公里。位於德奧交界處的楚格峰為德國的最高峰，海拔2,963公尺，是冬季滑雪和夏季登山運動的中心。東北坡海拔720公尺的加米施－帕滕基興是旅遊勝地，建於1928年～1930年，長約19公里的空中索道由此通往海拔2,645公尺的施內費爾豪斯。西坡埃布湖附近有建於1960年～1962年的空中索道直抵山巔。峰頂有氣象站和旅館，還有供遊人賞景的平台。山峰北面被冰雪覆蓋，一片銀裝素裹。在山峰南面可以望見通往奧地利的峽谷，明媚的陽光下濃綠蒼翠，令人流連忘返。

德國擁有雄厚的經濟實力和豐富的旅遊資源，不僅名勝古蹟眾多，城市風光也很優美。

哈爾茨山區

從18世紀起，哈爾茨山就是德國著名的遊覽勝地。德國著名詩人海涅曾揮筆題贊它綺麗的自然風光。布羅肯山是哈爾茨山區內的最高峰，海拔1,142公尺。據說山上居住著「布羅肯女妖」，傳說中這些女妖騎著長柄掃帚和糞叉飛來飛去，披散著頭髮，她們常常搞些惡作劇或者幫助人們做些好事。哈爾茨山區有一座最古老的城鎮，即魁德林堡。它於500年的墨洛溫王朝時代建成，後來經過不斷的修整、改建和擴建，成為全國最重要的軍事要塞之一。鎮內的規劃很特殊，只有幾條大街，其餘多是迂迴曲折的窄巷。鎮內的建築多是二三百年前的木製房屋，這些木屋具有濃厚的德國建築風格。

🏛 歷史文化

「鐵血宰相」俾斯麥走上德國的政治舞台之後，德國的經濟和軍事力量有了很大的提高，進而強烈要求和英法等國一起瓜分海外殖民地。德國與奧匈帝國等國一起發動了第一次世界大戰。一戰德國的失利為日後第二次世界大戰的爆發埋下了導火線。二戰的一個直接後果就是德國分裂成了兩個國家，這種狀況一直維持到了1990年10月3日民主德國正式併入聯邦德國，德國實現統一為止。

德意志民族向來以嚴於律己而著稱，這是一個崇尚秩序與紀律的國家。德國將自己的浪漫與熱情深深地紮根於它燦爛的文化與藝術上，貝多芬的音樂直到今天還催

第二次世界大戰期間被德國納粹煽動起來的狂熱的法西斯黨徒們。

促人們投入火熱的生活之中；歌德的作品把人們帶領進入世的滄桑與浮沉之中，留給每個人深深的思考；而狂歡節和慕尼黑的啤酒節也將德國人的熱情表露無疑。當然，沒有人會忘記那些為人類的文明做出巨大貢獻的科學家與哲學家們。愛因斯坦、康德、馬克思、黑格爾的名字無論在什麼時候都讓人覺得如雷貫耳。

圖為紀念德國統一的城市雕塑。

德意志早期封建國家的形成

德意志民族的祖先是古代日耳曼人。到西元前50年，大部分日耳曼人部落定居在萊茵河東、多瑙河以北和北海之間的廣大地區。486年左右法蘭克帝國建立。843年，法蘭克帝國一分為三，東法蘭克帝國就是後來德意志國家的核心。東法蘭克帝國由5個公國組成，其中，薩克森公國最大。919年，薩克森公爵亨利一世取得東法蘭克帝國政權，正式建立了德意志帝國，開始了薩克森王朝在德意志的統治。

神聖羅馬帝國的興衰

961年，亨利一世的兒子奧托一世幫助羅馬教皇鎮壓了羅馬貴族的反抗。次年，他授意教皇在羅馬為他加冕，稱「羅馬人的皇帝」。此後的840多年，德意志帝國便被稱為「神聖羅馬帝國」，即第一帝國。1268年，神聖羅馬帝國皇帝康斯坦丁在義大利戰敗被俘，上了斷頭台。自此帝國皇帝改由諸侯選舉。1525年～1871年，德國逐漸向資本主義社會轉變，但仍然四分五裂。由於各諸侯國的紛爭和歐洲各國間的矛盾而引起的1618年～1648年的30年戰爭，使德國的社會經濟倒退了200年。1789年法國大革命後，德意志各邦加速向資本主義發展。在封建割據的德

德國聖杜魯修道院的聖餅盤。

意志境內，布蘭登堡邦國迅速發展成為普魯士王國。

從德意志帝國到威瑪共和國

1826年，俾斯麥出任普魯士首相。他著手進行軍事改革，建立了一支強大的軍隊。1864年普魯士戰勝丹麥；1866年戰勝奧地利，確立了在德意志各邦中的霸主地位；1871年，普魯士在普法戰爭中獲勝。通過這三次王朝戰爭，普魯士統一了德國，成立德意志帝國，即第二帝國。德國統一後，很快過渡到帝國主義階段，並走上軍國主義道路，迫切要求重新瓜分殖民地。1914年挑起第一次世界大戰，1918年戰敗，帝國崩潰。國內發生十一月革命，但革命果實被壟斷資產階級代理人竊取。1919年初在威瑪召開國民議會通過憲法，建立威瑪共和國。

希特勒專政和德國的分裂

1933年1月30日，希特勒出任德國總理，年底又登上總統寶座並建立了法西斯獨裁專制政權，史稱「第三帝國」。從1938年3月起，德國相繼吞併奧地利和捷克斯洛伐克。1939年9月1日，德軍大舉進攻波蘭，發動了第二次世界大戰。1941年6月22日侵略蘇聯。1945年5月8日戰敗投降。第二次世界大戰後，蘇、美、英、法四國根據雅爾達協定和波茨坦協定，分區占領德國，首都柏林也由四國分區管制。最後，德國分裂為蘇聯支持下的民主德國和美、英、法支持下的聯邦德國，史稱東德、西德。

德國的重新統一

1961年8月13日東德修築柏林圍牆，封鎖了一切交通往來。東德1968年通過的新憲法規定，在平等基礎上建立和維護兩個德國的正常關係和合作，是德意志民主共和國的一項要求。但是西德堅持兩德互不為外國，不承認有兩個德意志民族。20世紀七八十年代，東、西德雙方敵視和對峙的狀態有所緩和。1990年8月23日，東德人民議院特別會議通過10月3日併入聯邦德國的提案。1990年10月3日，東、西德實現統一。

慕尼黑的啤酒店一般都很大，每當到啤酒節時，這裡就會人山人海，熱鬧非凡。

Travel Smart

布蘭登堡門

布蘭登堡門是德意志聯邦共和國著名的紀念性建築，這個象徵勝利的門，是為慶祝普魯士王國經過7年戰爭最終獲得德意志聯邦國家的統一而修築的。門頂雕塑著4匹飛躍的駿馬拉著兩輪戰車向前疾駛，車上站立著勝利女神。象徵統一的布蘭登堡門一度卻成了德國分裂的標記。前民主德國建起柏林圍牆時，布蘭登堡門成了柏林圍牆的一部分。

啤酒節

啤酒節是世界上規模最大的民間慶典之一，地點在慕尼黑。節日從每年9月份掀起序幕，9月的最後一週進入高潮，至10月的第一個星期結束。為了迎接這個節日，慕尼黑的居民們很早便開始準備，入9月，市中心的黛麗絲廣場便煥然一新，彩色氣球點綴著廣場，各種廣告林立，各式貨攤遍布。啤酒商們搭起了節日帳篷，準備好充足的啤酒，保證使慕名前來的各地遊客一飽口福。啤酒節的開幕式由慕尼黑市長主持。中午12點整，市長在12響禮炮聲中，打開第一桶啤酒，宣告節日開始。接著，身著傳統服裝的女郎川流不息地將啤酒送至

來客面前。人們歡聚一堂，開懷痛飲，盡情享受。街道上車水馬龍，到處是當地大酒廠的遊行隊伍。啤酒供應一般到晚上10點半為止，屆時樂隊奏曲催促人們回家。每年有數百萬來自德國和世界各地的遊客參加啤酒節的慶祝活動。

喜歡清靜的性格

德國的居民不大喜歡喧鬧的城市，許多人雖然在城裡上班，但卻把家安置在離城幾十公里的郊區小鎮。風格多樣的二三層小樓散落在山岡、田野、林間或河邊，許多沿襲數百年的居住式樣依然可見。住宅配有別緻的小花園，種有各種花卉，五彩繽紛，賞心悅目。即使在城裡居住，也非常注意住宅周圍有無噪音。為了保持居住環境的安靜，規定下午1時至3時、晚上8時以後音響設備的音量要放小；下午1時至3時、以及晚上8時以後至第二天早上8時之間不能彈奏樂器，以免影響他人休息。

德國狂歡節

狂歡節是德意志民族自古就有的傳統節日，發源於萊茵河兩岸地區，每到葡萄豐收的時候就舉行一次長時間的化裝舞會，從每年的11月11日11時起，一直延續到來年的復活節前的40天為止。德國的狂歡節與歐洲其他國家有所不同，除了持續的時間比較長之外，還具有與眾不同的民間傳統和現代文化風貌。狂歡節的時候，各地都要選出「狂歡王子」和「狂歡公主」來主持狂歡活動。在狂歡節結束前的最後一個星期日，整個狂歡達到高潮，因為那一天是「女人節」。在女人節期間，男子們要對婦女畢恭畢敬，惟命是從。

德國的狂歡節表現了德國人性格的另一面，在他們嚴謹、刻板的外表下也並不缺乏熱情。

偉大音樂家貝多芬

近代最偉大的音樂家之一的貝多芬（1770～1827），出生於德國波昂。他很早就顯露出了音樂天才，18歲開始登台演出。創作了大量具有時代氣息的優秀作品，如交響曲《英雄》、《命運》，序曲《愛格蒙特》，鋼琴奏鳴曲《悲愴》、《月光》、《暴風雨》、《熱情》等。他一生坎坷，沒有建立家庭。26歲時開始耳聾，晚年全聾，但孤寂的生活並沒有使他沉默和隱退，在一切進步思想都遭禁止的封建復辟年代裡，他依然堅守「自由、平等」的政治信念，為共和理想奮臂吶喊，寫下了不朽名作《第九交響曲》。其作品具有

這是不來梅市政府前的樂隊銅像，取材於童話《不來梅的音樂隊》，講述了驢狗貓雞來到不來梅全成了音樂師的故事。

鮮明的個性，較前人有很大的發展，幾乎涉及當時所有的音樂體裁，大大提高了鋼琴的表現力，使之獲得交響性的戲劇效果，又使交響曲成為直接反映社會變革的重要音樂形式。他集古典音樂之精華，又開闢了浪漫音樂的道路。

人才輩出的哲學界

中世紀的德國封建城邦分割林立，人的自由也受到較多的限制，在歐洲諸國之中，德國的經濟一直處於比較落後的地位。但近代德國哲學一直走在歐洲前列。德國向來以嚴謹的思維和深邃的哲學思辨著稱於世，德國哲學人才輩出，為人類哲學的發展做出了極大的貢獻。

康德（1724～1804）是18世紀後半期德國哲學家、德國哲學革命的開創者、德國古典哲學的奠基人。主要著作有：《純粹理性批判》、《實踐理性批判》、《道德形而上學探本》、《法學的形而上學原理》、《實踐觀點的人類學》等。

黑格爾（1770～1831）是德國古典哲學的集大成者，是一位傑出的辯證法學家。主要著作有《邏輯學》、《基督教的實證法》、《德國憲法》、《歷史哲學講演錄》

等。「絕對精神」或「絕對觀念」是黑格爾哲學的基本概念。他認為歷史發展的最終原因是世界精神，偉大的英雄人物則是「世界精神的代理人」。

馬克思主義誕生於19世紀40年代，馬克思和恩格斯在批判地繼承了人類先進思想和19世紀優秀成果的基礎上，闡明了自然、社會和思維的發展規律，揭示資本主義生產方式的固有矛盾和資本主義社會的特殊運動規律，認為資本主義制度被社會主義所替代是歷史的必然。

貢獻巨大的德國科技

20世紀前半葉，科學史上的兩座豐碑：相對論和量子論，一座完全由愛因斯坦建立，另一則是普朗克的思想基石，由愛因斯坦豎起。愛因斯坦（1879～1955）是德國著名的物理學家，1905年發表的論文《關於光的產生和轉化的一個啟發性觀點》，有史以來第一次揭示了微觀客體的波粒二象性，解釋了光電效應。同年連續發表論文，建立了狹義相對論，開創了物理學的新紀元。同時他提出了質能關係，為原子能的應用提供了理論依據。1916年發表了《廣義相對論的基礎》一文，廣義相對論所預言的各種現象都得到了證明。同年發表了《論輻射的量子性》，為20世紀60年代雷射器的發明奠定了理論基礎。

普朗克是量子力學的創始人，他提出的能量子的概念，是近代物理學中最重要的概念之一。普朗克第一次把能量不連續的思想引入物理學，使經典物理學中碰到的許多難題迎刃而解。在量子化概念的引導下，微觀物理學迅速發展為20世紀物理學的主流。

別具特色的婚嫁習俗

女孩子訂婚在德國被視為是十分慎重的大事。訂婚時，女孩的父母喜歡像做廣告一樣把訂婚啟示寫在精美的請束上，左面寫的是女方訂婚的條件，右面空白處是留給未來女婿填寫訂婚條件的。如果某位男子收到請束並接受女方的條件，他就在右面填上自己的心願，然後身穿禮服、頭戴禮帽、手裡捧著鮮花前往女方家裡做客。雙方接觸後如果互相滿意便交換訂婚戒指，先戴在左手，結婚後再換到右手。德國有一顆古老的橡樹很有名，因為它能為青年男女聯姻搭橋。傳說在600多年前，一位美麗的女郎救了一位王子，王子為了報答女郎的救命之恩便與她結成良緣，並在森林裡種下了一顆橡樹。從此以後這棵橡樹便成了人們傳遞情書的橋梁，老橡樹的名氣也因此而越來越大。

巴赫（1685～1750）是著名的古典作曲家，他的宗教作品突破了教會音樂的規範，具有豐富的世俗情感和大膽的革新精神。

德國人的衣著服飾民族特點並不鮮明，只有少數地方的服飾，風格比較獨特。圖為穿歐洲傳統服飾的德國人。

極為注重社交禮儀

德國人的性格往往因地區不同而略顯差異，但是大部分德國人的基本禮節是一樣的。初次見面，如果需要第三者的介紹，作為介紹人要注意：不能不論男女長幼、地位高低而隨便把一個人介紹給另一人，一般的習慣是從長者和女士開始。西方人一般都講究遵守時間，德語中有一句話「準時就是帝王的禮貌」。德國人邀請客人，往往提前一週發邀請信或打電話通知被邀請者。在德國，官方或半官方的邀請信，往往還注明衣著要求，接受邀請之後如中途有變不能如約前往，應早日通知主人，如因臨時的原因，遲到10分鐘以上，也應提前打電話通知一聲，因為在德國私人宴請的場合，等候遲到客人的時間一般不超過15分鐘。客人遲到，要向主人和其他客人表示歉意。

西方第一台印刷機

1405年，德國人古騰堡發明了西方歷史上第一台印刷機，這一發明讓一位出版商在不到兩週的時間內就印刷出500本《聖經》，這在當時是一個十分驚人的數字。自從有了印刷機，知識廣泛傳播，普通老百姓也更方便地瞭解科學知識的發展與變化，這樣知識就不再掌握在少數貴族的手裡，人民大眾也能利用科學思想來戰勝愚昧，大大促進了人類文明的發展。

巴登－符騰堡是德國景色最具魅力的地區之一。就連酒吧的建築裝飾也顯得那麼精緻、唯美而耐人尋味。

花衣笛手節是德國傳統節日之一，在節日期間，人們化裝成笛手和老鼠，再現花衣笛手當年驅逐鼠疫、拯救全城的情景。

主要城市

德國是世界上城市化水準很高的國家，尤其是德國的西部地區，已經有4個州全部實現了都市化。第二次世界大戰期間，德國的許多城市都淪為一片廢墟，戰後，根據現代化工業、科學技術的發展和環境保護的要求德國人對城市進行了重建。德國城市規模都不大，以中小城市為主。百萬人口以上的城市只有柏林、漢堡和慕尼黑。

科隆大教堂是德國最大的教堂，它是中世紀歐洲哥德式建築藝術的絕佳代表作。

古老而又嶄新的都城：柏林

柏林是德國的首都和最大的城市，也是世界上著名的大都市之一。它位於德國東部，施普雷河注入哈弗爾河的洞口處。柏林重建後街道寬闊，綠蔭蔽天，森林占地3,149公頃，高樓大廈林立，公園、綠地遍布。直通威廉大帝廣場的庫菲斯泰丹大街是市中心最繁華的街道。街道兩旁商場、劇場、影院、飯店和各國商店、餐廳等鱗

柏林大教堂在第二次世界大戰中受到損壞，至今修復工作仍在繼續，教堂的拱頂吸收了梵蒂岡聖彼得大教堂的建築風格。

次櫛比，熱鬧非凡。柏林還有建於1861～1869年的綠色市政廳、800年歷史的聖母教堂、歷史悠久的洪堡大學等名勝古蹟。一批現代化建築也為市景增添了色彩，雄踞市中心的柏林電視塔比艾菲爾鐵塔還高出45公尺，頂端有旋轉餐廳，人們可在此一邊從容就餐，一邊欣賞柏林的風光。

柏林是歐洲的重要交通樞紐和河港，交通十分便利。有與世界各國和全德各大都市直通的密集的班機往返，市內交通也很發達，主要交通工具有地鐵、公共汽車、電車和計程車等。此外，還有遊覽車。

世界聞名的香水產地：科隆

科隆是德國第四大城市，位於波昂北面萊茵河兩岸，

屬北萊茵－威斯特法倫州，是該州的經濟和文化中心。科隆是舉世聞名的香水產地，在這裡研製成功了世界上最早的人工合成香精。「4711牌」古龍水飲譽世界，這種香水是大約200年前，由一位銀行家發明的。其註冊商標「4711牌」為當時香水廠所在街道的門牌號碼。最初，香水廠的規模很小，廠址在兩條小胡同的中間，前門門牌為47號，後門門牌為11號，廠主把兩個門牌號合在一起作為產品的商標，這個商標一直沿用至今。隨著古龍水的走俏，香水廠規模也逐漸擴大，發展成為世界上屈指可數的著名香水工廠之一。

古龍水問世以後的幾十年間，在國際市場上一直是英國香水的強有力的競爭對手，到科隆的遊客都把香水作為饋贈親友的禮物。

綠色都城：波昂

波昂位於萊茵河中游，在河的左右兩岸29公里長的地域內發展而成，北距科隆21公里，海拔55公尺，屬北萊尚－威斯特法倫州，是一座具有2,000多年歷史的文化古城。因扼萊茵河上游山地和下游平原的咽喉，形勢險要，歷史上為戰略要地。全市141平方公里的面積，有3/4是森林、公園和綠地。市區周圍有多達4,000公頃的森林，市內有大小公園1,200個，占地490公頃。其中「萊茵濱草公園」占地160公頃，園內種植數萬株各種花卉。市民人均公園綠地達16平方公尺，森林達140多平方公尺。此外，波昂的市民還家家養花，每年舉行一次花展，並在展覽地建造一座花園以作紀念。「萊茵濱草公園」就是1979年第15屆花展時建造的。從空中俯視，全城像一片綠色的海洋。在街頭漫步，並無一般都市常有的喧囂和嘈雜，而有鄉村小鎮田園般的清新和幽靜，因此被人們親切地稱為「綠色的都城」。

曾經滄桑的薩爾

薩爾位於德國西南部，是德國面積最小的州。它的名字來自摩澤爾河的一條支流薩爾河。薩爾河貫穿森林茂密、景色迷人的洪斯呂克山脈，下游為葡萄種植地區。

上 ｜ 波昂是德國的政治中心，1949年9月成為聯邦德國首都，是聯邦議會、聯邦參議院、聯邦總統府和聯邦政府各部門所在地。

左 ｜ 科隆大教堂內部建築和裝飾巧奪天工，十分精美。教堂四壁上開有10,000多平方公尺的花格窗戶，彩色玻璃全繪有《聖經》故事人物，當陽光斜射入室，金光閃爍，絢麗多彩。

薩爾的政治發展反映了20世紀德國歷史的興衰變遷。1920年，這個煤礦和鋼鐵廠眾多的地區從德意志帝國被分割出去，置於國際聯盟的管轄下。1935年薩爾地區公民投票，以大多數票決定政治上重歸德國。第二次世界大戰結束後，薩爾地區再次被分割出去。後經市民投票表決贊同歸屬德國。州首府索爾布呂肯是博覽會和會議城市，這裡的生活方式顯示了法國和德國文化的成功結合。如今該市已具有汽車、鋼結構製造、食品、電氣工業等門類眾多的工業部門。

📖 Travel Smart

葡萄園之路

德國不僅盛產啤酒，它的葡萄酒也是世界聞名的，萊茵蘭－普法爾茨州是全國最大的葡萄產地，該州東南部有一條蜿蜒伸展在萊茵河西岸的「葡萄園之路」。它南起德法邊界的小鎮施威根，北至巴特迪海姆，全長80公里。這一帶方圓上百里的地方，到處是翠綠的葡萄園，普法耳茨、萊茵河、摩澤爾河和阿爾河畔的葡萄收成占整個德國葡萄產量的2/3左右。在這裡，幾乎家家戶戶種葡萄，還有星羅棋布的大大小小的酒廠。

慕尼黑

慕尼黑是德國的第三大城市，位於阿爾卑斯山北麓前沿地帶的中部。多瑙河的支流從城邊流過，歷來是南歐通往中歐和北歐的交通要道。慕尼黑已經有800多年的歷史，是德國南部的政治、經濟、文化和交通中心，被稱為「德國非公開的首都」。慕尼黑以美術城和藝術城著稱，全市有43座陳列館、博物館和美術館。慕尼黑的工業也很發達，主要有電子電器、光學儀器、汽車製造、啤酒釀造、軍事工業等。電子工業的迅速發展使它獲得了「巴伐利亞矽谷」的稱號。同時，慕尼黑還是德國主要的啤酒釀造基地，每年一度的啤酒節吸引了全世界的遊客。

書城：萊比錫

萊比錫是個文化城，地處中歐的交通要道，位於阿爾斯特河與普萊瑟河的交匯處。詩人歌德稱讚它是「小巴黎」。自古這裡就是東西方的貿易中心，有5條大道交匯於此。圖書出版業是萊比錫最著名的行業，在萊比錫的大街上漫步，到處有書店，猶如置身於書海，是名副其實的「書城」。萊比錫擁有許多歷史悠久的出版社。由於圖書出版業的興盛和處於東西方貿易中心的樞紐位置，萊比錫自然而然地

成了國際書籍交流中心。自1914年舉辦國際書籍展覽會以來，每年定期舉行一次。在20世紀80年代，每年的萊比錫國際書展有近百個國家的書商和出版社參加。萊比錫國立圖書館是規模較大的圖書館，它收藏著1914年以來出版的所有德文圖書。

德國通向世界的門戶：漢堡

漢堡是德國最大的港口城市，也是歐洲最大的港口之一。位於易北河、阿爾斯特河與比勒河三河匯合處，距易北河注入北海的入海口約120公里，海輪可直達。漢堡的交通非常發達，是歐洲重要的交通樞紐。在水運方面，漢堡是歐洲最現代化的大港之一，港口面積達100平方公里，共有大小碼頭63個，碼頭全長約65公里，有500個泊位，每年迎送船隻1.8萬艘之多。

德國的許多建築在戰爭中被破壞，萊茵河邊重建後的電視塔給人一種很濃的現代感。

慕尼黑新市政廳建築宏偉、裝飾華麗，被認為是慕尼黑藝術工匠的垂世名作。

上｜法蘭克福位於商業通道交叉
點，是德國金融資本的大本營，也
是國際上重要的金融中心。

左｜法蘭克福是著名的商業城市，
又有許多名勝古蹟，是一個世界
性的大城市。圖為其熱鬧的城市
廣場。

💰 經濟

德國的統一為經濟的發展
提供了一個千載難逢的機遇
和平台。如今，德國已成為
世界上僅次於美國和日本的
第三大經濟強國，也是世界
上第二大貿易國（美國是第
一）。西門子股份公司、福
斯汽車公司以及BMW汽車
公司，早已成為世界上眾所
周知的企業。德國業已成為
了一個高度發達的工業化國
家，它的經濟已經成為歐洲
經濟的「火車頭」，帶動歐
洲大陸滾滾向前。

以金融業著稱的法蘭克福

法蘭克福是黑森州最大
的城市，位於中部萊茵河的
支流緬因河畔，海拔103公
尺，是德國的歷史名城，德
國金融資本的大本營，也是
國際上重要的金融中心。早
在17世紀～18世紀就在這

片商賈雲集的地方建立起了
世界著名的銀行體系。德國
的國家銀行、德意志聯邦銀
行、德意志銀行、和商業銀
行的總部，以及近150家德
國銀行和110家外國銀行的
總部，都設在法蘭克福，有
「銀行城」之稱。

漢堡是德國最大的港口城市，也是歐洲最大的港口之一。

增長率超過平均水準。其中的西門子股份公司和通用電氣——德律風根公司，是德國最大的電氣工業企業。魯爾區是全國最大的重型機械工業基地。主要中心有埃森、多特蒙德等。

世界高速公路密度之冠

德國的交通運輸業十分發達，是全國經濟的重要組成部分。公路運輸在德國的交通運輸體系中地位最為重要。各類公路總長約46.3萬公里，其中高速公路1.22萬公里，長度居世界第四。四通八達的各級公路把各地的城市和村鎮連接在一起。德國的公路網分為過境公路和地方公路兩種。過境公路包括聯邦高速公路、聯邦公路和州公路、區公路四類。地方公路則包括市、鎮內外的道路。

德國的山間高速公路高架在混凝土支柱上，工程師這樣設計是為了儘量減少對農田的破壞。

德國的「王牌工業」：機械工業

工業是德國的經濟支柱。2005年，工業總產值為6,023.1億歐元（不含建築業），占國內生產總值的26.8%。機械工業是德國最重要的工業部門，號稱「王牌工業」。其機床工業的產值居世界第一位。德國是世界第三大汽車出口國，僅次於美國和日本。因此，汽車工業是其國家的「經濟晴雨錶」。德國著名的汽車公司有福斯、戴姆勒－克萊斯勒以及BMW。電氣工業是德國引進國際技術最多的部門，

柏林的「歐洲中心」是集眾多商店、咖啡館和餐廳為一體的綜合商業建築，這裡的水鐘經常吸引不少遊人和顧客駐足觀賞。

汽車製造業是德國工業的主要支柱之一。

第二次世界大戰後新興的石油工業越來越發達，多家大型的化學煉油廠也逐步建立起來。

現代化的郵政電信事業

德國的郵政、電信業都實行國家所有制。德意志聯邦郵政是德國就業人數最多的國營企業，也是歐洲最大的服務性企業。20世紀80年代末開始，德國政府逐步實行電信業改革，開放電信經營市場。自此以後，德國又進行三步電信改革。1989年7月1日，是第一步驟，即把郵電事業從「官府」變成企業，按郵政、電信、郵政儲蓄銀行三大業務範圍分別組成3個公司；1995年1月1日改革進入第二步驟，主要是將國有公司變成股份公司；1998年1月1日為第三步驟，電信市場徹底開放，結果形成群雄逐鹿的競爭態勢。

能源工業

德國是自然資源較為貧乏的國家，除硬煤、褐煤和鹽的儲量豐富之外，在原料供應和能源方面很大程度上依賴進口，2/3的初級能源需進口。天然氣探明儲量約5,000億立方公尺，產量能滿足國內需求量的1/4；硬煤的探明儲量為2,300億噸，褐煤儲量約800億噸；其他礦藏的探明儲量為：鉀鹽約130億噸，鐵礦石16億噸，石油5,000萬噸。東南部有少量鈾礦。森林覆蓋面積為1,110萬公頃，占國土面積的31%。

畜牧業

德國的畜牧業在歐盟國家中已處於前列，並有「中歐第一畜牧國」之稱。畜牧業發展較快的主要誘因是：工業的發展和都市的擴大、以及居民收入的提高，引起對畜產品的需求不斷增長。同時，畜牧業生產的現代化和專業化使得勞動生產率大幅度提高，也推動了畜牧業的發展。畜牧業的機械化程度雖然比種植業低，但20世紀70年代以來，飼養奶牛的農戶幾乎家家有擠奶機。大型的現代化養豬場、養禽場和菜牛育種場等得到迅速發展。專業化程度也有提高，形成了以畜牧業為中心環節的農工綜合體，畜產品生產效率和自給程度都有了很大提高。

盧森堡 LUXEMBOURG

Lëtzebuerg

盧森堡位於歐洲西北部，東鄰德國，南毗法國，西部和北部與比利時接壤。盧森堡在歐盟中國土面積僅大於馬爾他，從南到北只有82公里，最大寬度為56公里。盧森堡的土質含鐵豐富，呈紅褐色，故又被稱做「紅土國」。其森林資源豐富，覆蓋率為34.8%，年產木材30餘萬立方公尺，素有歐洲的「綠色心臟」之稱。境內的河流有摩澤爾河、烏爾河和蘇爾河。其中，摩澤爾河全長550公里，是境內最大的河流。

盧森堡市

盧森堡市是盧森堡的首都，同時也是這個國家最大的城市和政治、經濟、文化、交通中心。市區內有很多古建築和文化遺跡，到處盛開著玫瑰花，有「花都」之稱。盧森堡市是歐洲歷史上第一個政治中心，許多國際組織設在該市。1952年，盧森堡市被定為歐洲煤鋼聯營（歐洲共同體的前身）總部所在地，歐洲共同體理事會每年都在這裡召開會議，歐洲法院、歐洲議會事務局及歐洲投資銀行都設在盧森堡市。盧森堡市是全國的工業中心，主要有鋼鐵、化工、機器製造和食品等部門。現在盧森堡的金融業很發達，市中心的皇家大道一帶是外國銀行和金融機構集中的地方，被稱為「盧森堡的華爾街」。盧森堡，小小城市，卻有100多座造型各異的大小橋梁在河谷之上，構成獨特的城市景觀，因而被冠以「橋梁之城」的美名，其中名氣最大的是女大公夏洛特橋、阿道爾夫橋、帕塞雷爾橋等。

國家檔案

全名	盧森堡大公國
面積	2,586.3平方公里
首都	盧森堡市
人口	58萬〔2016年〕
民族	盧森堡人約占61%，外籍人占39%
語言	法語、德語、盧森堡語
貨幣	歐元
主要城市	盧森堡市

高度發展的經濟

在歐盟成員國中，盧森堡是經濟高度發達的工業國。盧森堡素有「鋼鐵王國」和「國際金融中心」的美稱。鋼鐵工業、金融業和廣播電視業是盧森堡經濟的三大支柱。盧森堡的人均鋼鐵產量居世界首位。人均國內生產總值也位居世界第一位。但盧森堡市場小，經濟對外依賴性較大。

比利時

BELGIUM

België

比利時位於歐洲西部，北連荷蘭，東接德國，東南與盧森堡接壤，南和西南與法國交界，西北隔多佛爾海峽與英國相望。海岸線長66.5公里。比利時屬海洋性溫帶闊葉林氣候，天氣溫和，多數地區終年綠草如茵。冬季日照時間短，雨霧多；夏季涼爽。年平均氣溫10.8°C。年平均降水量約800毫米，阿登高原多達1,000毫米。

國 家 檔 案

全名	比利時王國
面積	3.05萬平方公里
首都	布魯塞爾
人口	1,140萬〔2016年〕
民族	弗拉芒族、瓦隆族
語言	荷蘭語、法語
貨幣	歐元
主要城市	布魯塞爾、安特衛普、列日、那慕爾、布魯日

比利時布拉班特地區森林茂密，鮮花遍布。

🌍 自然地理

比利時國土面積小，資源不多，只有煤炭和森林資源較豐富。其森林覆蓋率為20%。比利時的地勢自東南向西北傾斜：東南高，西北低。東南部為阿登高原，中部是丘陵地帶，西北部沿海為佛蘭德平原。高原約占比利時總面積的1/4，其餘3/4為丘陵和平原。

比利時歡慶傳統節日期間，布魯塞爾大街上會出現許多戴不同面具的人，引人駐足觀看。

西北部低地平原

比利時西北臨海有一條海岸沙丘帶，由於受近代海水侵襲而後退，致使一些古老的沙丘地層受到了破壞。從前，這些地方都是泥炭沼澤、潮濕的黏土區和湖泊。現在，大部分經過排水和治理已成了農田，土壤結構主要以砂土和黏土為主。

阿登高原

阿登高原在地質史上屬於古老的海西斷塊，約占比利時國土面積的1/4。它經過長年風吹雨打，已經嚴重風化，現在那裡已沒有高山奇峰，只有一些坡度不大的圓形山峰，高度一般不超過650公尺。阿登高原的高度一般在海拔200公尺～650公尺之間。阿登高原的東南霧少，氣溫高，多被森林覆蓋，那裡的森林面積約占比利時森林總面積的1/3。

中部丘陵

中部丘陵地區包括海拔50公尺以上的桑布林－馬斯窪以北、和默茲河以南的埃爾高原，即位於沙質平原與阿登山地之間的一片帶狀低矮丘陵高原。這個地區處在比利時的中央，是一塊微向西北傾斜、地面起伏不平的丘陵。該地海拔180～195公尺。這個地區的土壤主要由含有石灰質的土壤所構成，有砂土層和黏土層夾雜其間，其土壤有第四紀的洪積土，這對發展農牧業很有利。

🏛 歷史文化

比利時地理條件良好，周鄰強邦，因此中世紀以來就成為重要的工、商業中心。但也由於這個原因，使比利時多次成為國際紛爭的戰場，尤其是在兩次世界大戰中。動盪不安的歷史以至不同文化的滲入，造就了比利時豐富的藝術及建築遺產。這裡，中世紀建築隨處可見，這個國家本身就像個博物館。而教堂和美術館裡則更珍藏了許多無價的文化遺產。

連環畫：世界聞名的《丁丁歷險記》

在比利時，各個年齡段和各個社會階層的讀者都閱讀連環畫，它已成為比利時文化不可分割的一部分。在布魯塞爾有一座非常漂亮的「新藝術」大樓，這是比利時的連環畫博物館。比利時連環畫傳奇人物艾爾吉——丁丁的創造者，在全世界十分出名。年輕記者丁丁和他的小狗的歷險記被譯成了四五十種語言，畫冊迄今已銷售了1.72億本之多。

🏛 主要城市

比利時的城市在日新月異的發展與擴充中，儘量不損壞原有歷史風貌，所以每座城市的名勝古蹟，雖歷經滄桑，仍保存完好。在保持歷史風貌的同時，城市的擴充又比較均衡，不僅對全國經濟協調發展大有裨益，也可減少城市現代化過程中產生的諸多弊端。比利時是發達的工業化國家，工業是國民經濟最重要的組成部分。其經濟對外依賴程度很高，80%的原料靠進口，50%以上的工業產品供出口。比利時的農業以畜牧業為主，種植業發達。鐵路運輸業發達，其鐵路密度居世界前列。

首都布魯塞爾

布魯塞爾是比利時的首都，也是比利時的第一大城市，是全國的政治、經濟、文化中心和交通樞紐。人口101.9萬。布魯塞爾到處是鮮花、綠地和古老的建築，整個市區內種植了1,700公頃的樹林，是一座花園一樣的城市，被譽為「歐洲最美麗的城市」，有「小巴黎」之稱。歷史上布魯塞爾是歐洲著名的手工呢絨、掛毯、花邊的生產中心，現在是比利時最大的工業中心。比利時有1/4的企業設在布魯塞爾，機械、化學、皮革工業尤其發達。布魯塞爾擁有實力雄厚的第三產業，是歐洲第五、世界第八大金融中心，同時也是歐洲的商業中心。布魯塞爾也是國際活動中心之一，有958個國際機構與辦事處設在這裡，是北約和歐盟的總部所在地，所以布魯塞爾也被稱為「歐洲首都」。布魯塞爾每年舉辦

各種博覽會達30多個，每年在這裡召開的國際會議數以千計。布魯塞爾因其國際性，每四個人中就有一個外國人，是世界上外國記者最多的城市之一。

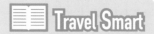
布魯塞爾廣場是世界上最大的長方形廣場之一，中心用鮮花鋪滿，被譽為最美麗的人造「鮮花地毯」。

小威尼斯：布魯日

布魯日位於比利時西北部，是一座風光旖旎的旅遊城市。9世紀時，布魯日開始成為比利時北方的貿易中心，13世紀時達到鼎盛，成為歐洲最大的貿易市場。15世紀時，布魯日衰落了，但布魯日人利用其獨特的自然環境，將城市逐漸建成為一個風景秀麗的旅遊城市。這是一個保存著中世紀建築風格的小城，也是比利時的藝術中心。布魯日是一個寧靜清幽的水上城市，到處是小橋、運河、渡船。城區有50多座橋梁連接，河渠如網，運河四通八達。作為古城，布魯日至今仍保留有很多哥德式建築。其中，聖母大教堂是布魯日最著名的中世紀建築，教堂內藏有許多名畫和珍貴的弗拉芒藝術品，其中最著名的當數米開朗基羅的《聖母與聖嬰》。因此，布魯日被稱為「比利時藝術聖地」。

安特衛普港是比利時最大的港口，擁有500多個泊位，有250多條航線與世界各國港口相通。

鑽石城：安特衛普

安特衛普是比利時第二大城市，位於斯海爾德河下游。1291年，城市初建，13世紀獲得發展，17世紀成為世界鑽石加工中心，現在已成為現代化程度較高的大海港。安特衛普擁有500多個泊位，是歐洲第三大港口，僅次於鹿特丹和漢堡，年吞吐量達1億多噸。安特衛普是比利時的第二大經濟中心，主要工業有造船、煉油、石化、機械、冶金和食品等，其鑽石加工業聞名世界，全世界每兩顆鑽石中就有一顆是在這裡加工而成的，每年大約加工1,600萬克拉的鑽石，重達3.2噸。安特衛普霍文尼斯街是最著名的鑽石加工地，被稱為「世界上最富有的街」。

布魯日城博物館般的城市景觀。

喜氣洋洋的比利時小姑娘。

荷蘭

NETHERLANDS

Nederland

荷蘭位於歐洲西北部、萊茵河三角洲一帶，東鄰德國，南與比利時接壤，西部與北部瀕北海。海岸線長1,075公里。荷蘭屬於溫帶海洋性氣候，夏季涼爽，無酷暑；冬季溫暖，無冰凍。四季溫差不大，年均氣溫在10℃左右。年平均降水量765毫米。荷蘭的天氣經常陰雨連綿，秋天尤甚，一年大約只有65天的日照時間。風車、鬱金香和木鞋是荷蘭享譽世界的三寶。

國家檔案

全名	荷蘭王國
面積	4.15萬平方公里
首都	阿姆斯特丹
人口	1,699萬〔2016年〕
民族	90%以上是荷蘭人，少數民族有弗里斯族等
語言	荷蘭語
貨幣	歐元
主要城市	阿姆斯特丹、海牙、鹿特丹、格羅寧根、萊頓

🌐 自然地理

荷蘭地勢低，平均海拔不到3公尺，是歐洲大陸地勢最低的國家。荷蘭全境分為西部沿海低地區、東部波狀平原地區、中部和南部高原地區三部分。40%的面積是沙地。全國60%的人口集中在西部的低窪地帶。荷蘭60%的土地為耕地，森林覆蓋率為8%。

低地之國

荷蘭是世界上著名的低地之國，大部分是低窪平原，全國約有27%的土地低於海平面，最低處比海平面低6公尺～7公尺；南部沿海最低。荷蘭1/3的國土面積僅高出海平面1公尺，卻集中了全部人口的60%以上。境內東南角地勢較高，但平均高度不到200公尺，荷蘭最高的地方海拔也不過323公尺，因此荷蘭又稱「低窪王國」，歷史上水患頻繁。13世紀荷蘭人民開始修築堤壩，圍海造田，增加土地面積約60萬公頃，取得了令世人稱讚的成就。

荷蘭是鬱金香王國，每天都有大量的鬱金香從這裡出口到全世界的許多地方。

艾瑟爾湖

艾瑟爾湖是荷蘭人築堤攔住須德海而形成的，它的出現使得荷蘭的海岸線減少了300多公里，減輕了海水對荷蘭內陸的侵擾。在巴里爾大壩的作用下，北海的海水進入不了艾瑟爾湖，而湖水則可以不停地流入北海，再加上艾瑟爾河的河水使原來的海水不斷地淡化，原來的須德海就成為了一個淡水湖，人們稱其為艾瑟爾湖。

🏛 歷史文化

荷蘭是一個歷史悠久的國家，是傳統的海上殖民強國。荷蘭還是世界上按人口平均擁有畫家最多的國家。色彩絢爛、萬紫千紅的鬱金香給荷蘭人帶來了豐富的想像力和充沛的熱情。

海上馬車夫

1566年尼德蘭爆發了大規模的反對天主教會的聖像破壞運動，揭開了革命的序幕。1581年成立「聯省共和國」，由於荷蘭省在聯省中的地位最重要，因此也稱荷蘭共和國。這是世界歷史上第一次成功的資產階級革命，為荷蘭在17世紀成為典型的資本主義國家開闢了道路。獨立後的荷蘭，資本主義發展迅速，造船業更處於領先地位。荷蘭人遠航世界各地，運銷各國商品，被人們稱為「海上馬車夫」。17世紀的荷蘭是當時世界上最發達的國家。

荷蘭木鞋

荷蘭的木鞋小巧玲瓏，在世界上享有盛譽。其尖翹的鞋尖、墩實的幫底，外觀如同一隻袖珍的小船。木鞋具有古樸優美的造型、考究的做工、風格各異的圖案和明快華麗的色彩。荷蘭木鞋歷史悠久，因其地勢低窪，穿

上｜梵谷一生中畫過7幅向日葵，但滿意的只有兩幅而已，對他而言花本身象徵感謝，黃色意味著友情與希望。

下｜荷蘭的木鞋如今已經成了一種裝飾。

木鞋既方便又實惠，所以木鞋深受荷蘭人的喜愛。木鞋在過去還是定情的信物，由男方親手做好並親自交到女方手裡。但近年來，木鞋的市場逐漸消失，反而成為荷蘭一種獨特的工藝品，它既宣傳了荷蘭的文化與歷史，又為國家賺取了大量外匯。

荷蘭的繪畫

荷蘭的繪畫在世界上享有盛名，造就了一批世界著名畫家。梵谷是其中傑出的代表，他是19世紀最具天才、最傑出的畫家，對20世紀的繪畫產生了巨大的影響。其作品傾向於採用大膽奔放的

色彩，使用描點技術，作品呈現出噴薄欲出的狂熱風格。

主要城市

荷蘭的人口密度比較大，最大的地區是西部的阿姆斯特丹、海牙、鹿特丹和烏德勒支等擁有衛星城的大城市。為了改變人口過於集中在大城市的現象，荷蘭政府新建了許多中小城市居住中心，使各都市的人口逐漸向周圍擴散。

海牙是國際法庭和國際仲裁法庭等機構的所在地。

北歐威尼斯：阿姆斯特丹

　　阿姆斯特丹是歐洲四大名城之一，荷蘭的首都。它是荷蘭最大的城市，荷蘭的經濟、文化中心和交通樞紐。阿姆斯特丹位於荷蘭西部阿姆斯特河畔，通過運河與北海相通。17世紀上半葉，隨著荷蘭經濟、政治實力的壯大，阿姆斯特丹發展成為歐洲最大的港口、最繁榮的商業中心和金融中心之一，並以鑽石加工業和呢絨製造業聞名於世。

　　如今，阿姆斯特丹既是歐洲著名的國際港口，也是一座享有盛名的旅遊城市，旅遊業僅次於巴黎、倫敦和羅馬。阿姆斯特丹是歐洲五大商城之一。阿姆斯特丹氣候溫和，旅遊四季皆宜，每年都吸引大量的外國遊客，特別是在夏季，有來自世界各地的觀光者。阿姆斯特丹市區道路多而不亂，層次井然，沿著著名的運河可乘船到市區任何地方，喚醒人民對17世紀的荷蘭鼎盛時期的回憶。

歐洲第一大港：鹿特丹

　　鹿特丹是荷蘭第二大城市，歐洲第一大港，位於歐洲西海岸的萊茵河、默茲河、斯海爾德河形成的「金三角洲」上，處於世界上最繁忙的兩大運輸線——大西洋海上運輸線和萊茵河水系運輸線的交接口上，兼有海港與河港的特點。鹿特丹不僅是歐洲第一大港，同時也是重要的國際貿易中心和工業基地。

鮮花簇擁的阿姆斯特丹古樸而美麗。

經濟

荷蘭是西方十大經濟強國之一：乳製品生產位居世界第一，世界上60%的鮮花市場為荷蘭所壟斷。在世界500強中，荷蘭有4家公司排在前50位：菲利浦、殼牌石油、聯合利華、ING國際銀行。鹿特丹港是歐洲第一大港口，年貨物進出口量居世界第三位。

荷蘭有「鮮花王國」之稱，荷蘭的鄉村原野、城市公園到處是鮮花遍地，絢麗奪目。

工業

荷蘭的主要工業領域為化工、食品加工以及金屬加工業。其中食品加工業為最大的行業。此外還擁有規模可觀的印刷與電子技術業。荷蘭是世界上最大的化學綜合企業所在地。荷蘭的金屬加工業主要擅長機械製造。由於廣泛地應用電子控制系統，荷蘭在食品加工機械、運輸工具以及食品與化工生產裝置等領域處於世界領先地位。國際取向是荷蘭工業的特點，不僅體現在外銷方面，也包括在海外廣泛設立生產基地並與外國企業開展合作。

服務業

過去20年來，服務業已經發展成荷蘭最大的經濟行業。過去10年間，商業服務輸出的增長比貨物出口的增長要快。產值已占國內生產總值的70%左右，從業人數約占總勞動力的74%。服務業內最重要的領域為貿易，其次為運輸與通訊、建築、商業服務以及銀行與保險業。服務業的大多數公司主要活躍於國內市場，但運輸業、技術諮詢以及貿易公司則更注重國外市場。荷蘭的三大銀行為荷蘭銀行、ING國際銀行和荷蘭合作銀行，均列在歐洲的前25家大銀行之內，在世界各金融中心均有業務處。

農業

荷蘭是歐盟重要的農業國，為世界第三大農產品出口國。畜牧業主要飼養奶牛、豬和雞。牛奶單產居世界前列。園藝業在荷蘭占有特殊地位。花卉的生產與出口居世界第一位。荷蘭生產的花卉品種多達上千種，國花鬱金香享譽全球，有「鮮花之國」的美譽。荷蘭的阿爾斯梅爾是世界最大的花卉交易市場，其花卉出口量約占世界花卉出口量的2/3。每天由飛機將荷蘭產的鮮花運往世界125個國家和地區。採摘下來不足24小時，地球另一邊的花瓶裡就可插上一束荷蘭的鬱金香。

上 | 熱鬧的露天咖啡館總是有絡繹不絕的客人光顧。

下 | 荷蘭人民慶祝女王生日時會舉行各式各樣的慶典，人們會穿上橙色衣服或將橙黃色的顏料塗在臉上。

愛爾蘭 *IRELAND*

Éire

愛爾蘭位於歐洲西部的愛爾蘭島中南部，這個北大西洋中的島國，自古以來便有「綠島」之稱。愛爾蘭大部分土地覆蓋著一片綠油油的植被，田野、小山散落著淺水湖和溪流。大不列顛群島上5/6的土地屬於愛爾蘭共和國。愛爾蘭南、西、北臨大西洋，東北與英國的北愛爾蘭接壤，東隔愛爾蘭海同英國相望。海岸線長3,169公里。

🌍 自然地理

愛爾蘭的中部為平原和低地，多湖泊和沼澤，沿海是高原和山地。愛爾蘭最主要的湖泊有寇里布湖、馬斯克湖、里湖等。愛爾蘭的氣候屬溫帶海洋性氣候。由於海灣洋流和西南季風的影響，愛爾蘭的氣候相當平和，整個國家的氣溫也大致相同。

國家檔案

全名	愛爾蘭共和國
面積	7.03萬平方公里
首都	都柏林
人口	495萬〔2016年〕
民族	愛爾蘭人占絕大多數，有少部分英格蘭人、蘇格蘭人、猶太人
語言	愛爾蘭語、英語
貨幣	歐元
主要城市	都柏林、寇克

多樣的地形地貌

愛爾蘭的國土由中部平原和環列四周的濱海山地構成，形似一個邊緣陡峭的盆地。中部平原面積約占全國總面積一半以上。濱海山地山體破碎，東部和北部較低，南部較高。愛爾蘭的西海岸港灣曲折，多尼戈爾、梅奧、凱里諸山餘脈山崖從這裡直逼大海，峭壁高達數百公尺，有深邃寬廣的海灣

相間，為旅遊勝地。愛爾蘭東海岸較為平直，濱海山地的唯一缺口在東海岸，由首都都柏林向北延伸。愛爾蘭中部湖泊、沼澤星羅棋布，還有很多低丘和矮小的山脊縱橫交錯，分布其間。愛爾蘭的河流多流經沼澤、湖泊入海，沿途多急流瀑布，著名的河流是香農河，全長259公里，是愛爾蘭最長的河流。

在都柏林，中世紀最著名的大教堂是聖派屈克大教堂。離它不遠處是基督大教堂，兩個大教堂之間距離很近，這在其他地方是很少見的。在聖派屈克大教堂內，珍藏著許多歷史名人的紀念物，其中最有名的是當了22年教長的喬納森·斯威夫特的墳塚。

綿長而曲折的海岸線

愛爾蘭是一個島國，它的東部海岸線比較平直，西部與西南部的海岸線犬牙交錯、綿延曲折，極富變化。愛爾蘭班特里灣為典型湖谷海岸。湖谷口因有嘴橫阻，僅有狹窄的入海通道。班特里灣長32公里，寬5公里～8公里，為西歐主要深水港灣之一，灣內惠迪島可泊巨型油輪。

愛爾蘭靠近威克洛地區的鄉村牧場。愛爾蘭人普遍對馬十分著迷。目前英國的賽馬場中，有不少出場障礙賽的馬匹都來自愛爾蘭。這些馬不僅供人們娛樂，還為愛爾蘭帶來不少財富。馬匹障礙賽就發源於愛爾蘭。

🏛 歷史文化

愛爾蘭人性格爽朗，能説會道，因此這個西歐小國竟然培育了眾多的諾貝爾文學獎獲得者。愛爾蘭人熱愛音樂，喜歡熱鬧，各種各樣的狂歡節隨著愛爾蘭人的腳步流傳到世界其他地方。

光彩奪目的文學

愛爾蘭具有悠久的文化歷史，享譽世界的詩人和作家輩出，如優秀的英語作家蕭伯納、王爾德、喬納森·斯威夫特等。自18世紀，用英語寫作開始在愛爾蘭盛行。才能卓著的奧斯卡·王爾德（1854～1900）和喬治·伯納·蕭（1856～1950）均寫下了不少名篇，蕭伯納曾獲1925年度諾貝爾文學獎。整個19世紀，人們對愛爾蘭古凱爾特文化產生的濃厚興趣深深影響了愛爾蘭的作家，其中有威廉·巴特勒·葉慈（1865～1932），他的作品讓「以愛爾蘭語寫作」得以復興，他於1923年被授予諾貝爾文學獎。

對葉慈文藝復興不屑一顧的詹姆斯·喬伊斯（1882～1941）於20世紀初離開愛爾蘭，最後定居巴黎，他的現代主義先鋒小説《尤利西斯》把他在故鄉都柏林的街頭生活移植到荷馬史詩《奧德賽》的情節中，記錄了小説主角利奧波德生活中的一天，《尤利西斯》被稱為英語文學中最偉大的作品。巴黎的另一都柏林流亡者塞繆爾·貝克特（1906～1989）的劇作《等待戈多》則是20世紀荒誕主義的經典作品，他在1960年獲得諾貝爾文學獎。

右 ｜ 愛爾蘭現代踢踏舞正風靡全球，而其傳統的舞蹈也是別具風采，圖中是愛爾蘭穆斯特省傳統舞蹈。

音樂的國度

世界上很少有哪一個國家像愛爾蘭，每年舉行那麼多盛況空前的音樂節。這許多國際性、民族性的音樂節成了愛爾蘭人民生活中的大事。聖派屈克節是愛爾蘭的一個宗教節日，紀念4世紀給愛爾蘭帶來拉丁文明和羅馬文化、富有傳奇、冒險性的「布教使徒」派屈克。每逢這個節日，除了在都柏林古老的聖派屈克大教堂舉行盛大的宗教慶典以外，還在史蒂芬斯·格陵公園裡舉行歌舞表演，盛裝的少女在風笛的伴奏下跳起傳統的土風舞，觀眾與表演者往往打成一片。古老的愛爾蘭民間音樂聽起來韻律優美、節奏明快，而不斷被創作出來的新音樂更使無數世人傾倒。

城市和地區

愛爾蘭的都市不多，起源較晚，主要城市多在海岸或港灣河口附近，均具有良港條件。愛爾蘭每座城市都有自己的標誌，像布拉尼城中的布拉尼堡和布拉尼石、都柏林城中有名的半便士橋等。愛爾蘭西海岸幾個飽受侵襲的半島就像伸開的手指，數說著令人難忘的荒野景色和其古老的文化。

都柏林

都柏林是愛爾蘭首都，是全國最大的城市和港口，也是愛爾蘭政治、經濟、文化和交通中心。利菲河緩緩地從市中心流過，把它分為南北兩半，10座橋梁把南北兩岸聯成一個整體。河上有兩座很有名的橋，稱為半便士

愛爾蘭的音樂是愛爾蘭文化的重要部分，每年的八月份，愛爾蘭都會舉辦盛大的世界風笛節。

橋和奧康內爾橋。城中最有名的古建築是都柏林堡，這座雄偉壯觀的古堡建於13世紀初，坐落在利菲河南。它旁邊的市政廳大樓建於18世紀，裡面還完好地保存著102份皇家憲章和象徵著都柏林市政權力的權杖和寶劍。附近愛德華大街上的基督大教堂，是一座建於11世紀初的古老教堂，裡面有主持重修教堂的斯特朗鮑墓穴等歷史遺跡。市郊西北部的丹辛克天文台建於1783年，是世界上最古老的天文台之一。都柏林是歐洲最美麗的城市之一，也是歐洲人口最年輕的城市之一。它的文化和音樂是舉世聞名的，在這個城市裡到處充滿文化和音樂氣息，極富吸引力。

南部大港：寇克

寇克是愛爾蘭第二大城市，有人口20餘萬，坐落於愛爾蘭首都都柏林西南部的海邊，距離都柏林256公里。寇克有著悠久的歷史，早在1172年，英國國王亨利二世就正式將此地命名為寇克。現在的寇克市是一個現代化的工業城市，這裡有著愛爾蘭最繁忙的海港。其工業也因港灣的繁榮而發達，工廠都集中在港灣地區。工業以造船、鋼鐵、玻璃、紡織、汽車製造、石油加工為主，食品和製鞋業也很發達。寇克市的鄉村風光非常優美，它正好坐落在海岸邊，南臨大海，北鄰高山，西邊則是美麗的湖泊。科克有著豐富多彩的文娛活動。寇克的人民以友好而著稱。寇克國際機場距離寇克大學僅有6公里，這裡每天都有航班直達倫敦和都柏林。從寇克到倫敦也只有55分鐘的飛行時間，交通非常便利。

愛爾蘭西部是灌木叢生的丘陵地以及山區之間的湖泊，東部是一望無際的草原，從而形成強烈的對比。

愛爾蘭自古以來就是個農牧業國，近年來工業迅速發展起來，同時也啟動了愛爾蘭商業，城市中隨處可見像圖片中的大商場，以滿足人們購物需求。

125

愛爾蘭人使用愛爾蘭語和英語，此圖是愛爾蘭穆斯特省小鎮標有兩種語言的路牌。

阿倫群島

阿倫群島由3個小島組成，從西海岸的哥爾韋乘船出發，經過3個小時的航行，即可到達。一個個小島看上去就像巴倫高原崩裂出來的碎塊，散布在海灣裡。島上的人行道用石灰岩鋪成，處處野花盛開，還有一些史前遺跡。阿倫群島地處偏遠封閉的大海，未經時代波濤洗禮，傳統文化和傳統生活方式保持得很好，到阿倫島去旅遊觀光，彷彿能看到人類的童年。群島中最大的伊尼什莫爾島是一個13公里長的狹長岩島。

島上史前的鄧安弗斯要塞就坐落在90公尺高的懸崖頂上，由3道同心半圓狀的灰色石牆構成。阿倫島的居民均以捕魚為生。他們乘著這裡特有的、用塗有焦油的布製成的小船到大海捕魚，不斷地與大自然搏鬥，生活雖然清苦，卻能自給自足。這裡古老的蓋爾語仍被普遍使用，小酒店裡仍在吟唱關於各島的古老的敘事詩。19世紀末至20世紀初，愛爾蘭「文化復興」運動中的重要作家約翰·米林頓·辛格曾在阿倫群島生活過。

寇克港口是不列顛群島中最安全的港口，也是世界上船舶寄港停泊最頻繁的港口之一。東南部的科勒是海洋輪船的進出港口，寇克市的外港則是連結北歐和北美航線的要港。

經濟

在歐盟國家中，愛爾蘭是個小國，但卻是經濟發展最快的國家，其經濟增長率近幾年來始終雄居歐洲各國之首，因此有人形象地把愛爾蘭比喻為「歐洲小虎」。愛爾蘭又是世界前五大藥劑和化學製品生產地之一，令世人矚目。目前，愛爾蘭已經成為引進外資最多的歐洲國家。到愛爾蘭搶灘落戶的外國公司達到1,000多家，其中包括微軟、IBM、戴爾、英代爾和摩托羅拉等跨國公司。

農業

農業是愛爾蘭經濟的一個重要部門，約占其GDP的4.6%、就業人口的6.37%。農業以畜牧業為主，糧食不能自給。愛爾蘭的主要農作物是大麥、小麥、燕麥、糖用甜菜、馬鈴薯等。養牛業和乳品業是農業中最重要的收入來源，占農業總產值的80%以上。愛爾蘭漁業資源豐富，海上捕魚業在產值、就業和出口創匯方面為愛爾蘭經濟發展做出了很大貢獻。

愛爾蘭南部港都寇克市內最主要的馬路是威廉街，街上車水馬龍，商店林立，這是其中一市場的內部景象。

工業

工業部門在愛爾蘭經濟中處於支配地位，占國民生產總值的35%、出口總值的90%、就業人口總數的29%，主要分為食品、飲料、煙草、紡織、製衣、製鞋、木材加工、造紙、化工、採礦、金屬、機械製造業等幾大門類。近年來，稅率優惠及政府補貼政策吸引了大量海外投資，高科技製造業如電子、化工、製藥業等突飛猛進，傳統的服裝、製鞋及皮革業所占比重明顯下降。

乳製品在愛爾蘭國內的消費有限，其所生產的乳品有80%被加工成乳製品出口，近5年來，愛爾蘭乳製品產量穩定在50億公升左右，其中大部分加工成黃油，1998年出口12萬噸黃油和13萬噸奶粉（其中70%是脫脂奶粉）。

資訊業

愛爾蘭在資訊技術方面發展尤為迅速，是歐洲最大的軟體生產國和出口國。在歐洲市場銷售的軟體產品中，50%以上產自愛爾蘭；電腦產品中也有40%由愛爾蘭製造。IBM、惠普、微軟、英代爾、甲骨文、朗訊和戴爾等世界著名電腦公司都把自己的歐洲總部設在了愛爾蘭。美國對全球資訊產業投資的70%也放在了愛爾蘭。

首都都柏林的小酒館，大多裝飾得正統、古樸。外部多擺小木圓桶，內部多掛綠色的窗簾。

Travel Smart

愛爾蘭純種良馬

愛爾蘭的純種良馬在世界上享有盛譽。牛羊肉和良種馬都是重要的出口商品，瑞士軍隊全部使用愛爾蘭純種良馬。另外，愛爾蘭人喜愛體育運動。在農村定期的集市上，經常舉辦各項體育活動，包括賽馬。愛爾蘭到處都是四季常青的牧場，在人口密集的南部還有專門飼養賽馬的牧場。人民喜歡養馬、騎馬、賽馬，經過訓練的愛爾蘭純種馬，經常在國際賽馬比賽中獲勝，在世界享有盛名。

英國

United Kingdom of Great Britain and Northern Ireland

英國是大不列顛及北愛爾蘭聯合王國的簡稱，英國地理位置優越，是進入大西洋的門戶，可控制通往各大洋最繁忙的航線。它東瀕北海，面對比利時、荷蘭、德國、丹麥和挪威等國；西鄰愛爾蘭，橫隔大西洋與美國、加拿大遙遙相對；北過大西洋可達冰島；南穿英吉利海峽行33公里就到法國。英國海岸線長約11,450公里，居北緯50°和61°之間，東西最寬的地方只有500多公里，在東經1°45'和西經8°10'之間。0°經線通過倫敦東南郊的格林威治。

國家檔案

全名	大不列顛及北愛爾蘭聯合王國
面積	24.41萬平方公里
首都	倫敦
人口	6,510萬〔2015年〕
民族	英格蘭人、蘇格蘭人，愛爾蘭人和威爾斯人
語言	英語、威爾斯語、蓋爾語
貨幣	英鎊
主要城市	倫敦、伯明罕、考文垂、加地夫、愛丁堡、亞伯丁、貝爾法斯特

🌏 自然地理

英國的地勢是西北高、東南低，大體從英格蘭西南部的埃克斯河口至東北部的蒂斯河口的連線為界，分為西北高地區和東南低地區。受地形限制，境內河流短小，流域狹窄，但水量豐富，水流平穩，冬不結冰，兼以各河之間分水嶺不高，便於修築運河，有利於航運事業發展。

英國氣候受海洋影響冬暖夏涼，雨量充足，霧多，日照不足，有礙農作物成熟，但有利於牧草生長，宜於發展畜牧業。這是英格蘭約克郡地區一片人工改良的草地。

大不列顛島西部威爾斯地區大部分瀕臨海洋，靠近海岸地區地勢崎嶇不平，船隻無法靠岸。

奔寧山脈

奔寧山脈位於英格蘭的西北部，被稱為「英格蘭脊骨」，整個山脈寬為30～80公里，東坡平緩，西坡陡峭，平均高度為600公尺，最高處為893公尺。奔寧山脈大部分為綠草和樹木所覆蓋，但也有個別地方裸露出灰色岩石。山脈之間一系列的河谷溝通了東西之間的交通。奔寧山脈以西的湖區地勢中間高、四周低，經輻射狀水系的強烈切割，地表的起伏劇烈，多長條形的冰川湖。

威爾斯地區

威爾斯地區多山，地勢崎嶇，公路縱橫交錯，坎布里亞山脈縱貫全境。北部的斯諾登山海拔1,085公尺，是英國第二高峰。大部分土地是石南科叢生的荒野，綠草和樹木無法覆蓋。威爾斯大部分瀕臨大海，底河河口兩側的海岸是高峻的山崖，船隻無法靠岸。威爾斯地區有1/4的土地被列為國家公園及天然保護區，這裡環境優美，空氣清新，吸引廣大遊客渡假消遣。

未解之謎：尼斯湖

尼斯湖位於英國蘇格蘭高原北部的大峽谷中，長39公里，寬2.4公里。尼斯湖最深處有293公尺。傳說尼斯湖中有長約15公尺的蛇頸怪獸潛居水底，在世界上頗有名氣。1975年6月起的一連數個月，連續有多宗尼斯湖水怪出現的報告。因此尼斯湖水怪受到大家注意，有不少調查隊在尼斯湖進行過搜索，但還是找不到尼斯湖水怪。其中一支英美聯合調查隊發現尼斯湖有一些大型的不明移動物體，體積比一般魚類大10倍～50倍左右，但始終都未能證明尼斯湖水怪確實存在。關於尼斯湖水怪，至今還是未解之謎。

泰晤士河

　　泰晤士河是英國南部的主要河流，發源於英格蘭西部的科茨沃爾德山，大部分流域在倫敦盆地內。從源頭出發蜿蜒東去，流經羅斯特、牛津、伯克、薩里等郡，河面漸趨開闊。過了首都倫敦，河寬水深，河口形成三角灣，注入北海，全長346公里。泰晤士河的水位穩定，河面冬季通常不結冰，有相當大的航運價值。幹流的通航里程有280公里，雨季一直通航到倫敦西部的特丁頓水閘。泰晤士河是孕育倫敦文明的搖籃，兩岸文物古蹟薈萃，為倫敦的精華所在，也正因此泰晤士河使倫敦成為世界大港之一。泰晤士河在英國人的心中是最美的河流，是一部流動的歷史。

泰晤士河的防洪閘用來保護倫敦，使其免受泰晤士河洪水的危害。

🏛 歷史文化

　　英國在殖民擴張和工業革命兩大助力的推動下，一躍成為世界第一強國，於16世紀～19世紀近300年間叱吒風雲、領袖群倫。受兩次世界大戰影響，英國逐步衰落，「日不落帝國」已成過眼雲煙，但英國現在仍是世界大國之一。在世界上，英國人的紳士風度是出了名的。這和大英帝國往日的恢弘氣度一脈相承。也許是因為曾經有太過輝煌的文化和歷史，英國人的骨髓裡面都瀰漫著一種貴族的氣質。然而，這種氣質也許已經不再適合現代社會中的激烈競爭了。儘管如此，我們仍然能夠透過英國社會的種種文化現象，看到那個曾經驕傲無比的國度的昔日雄風。

英國的源起

　　歷史學家們推斷，凱爾特人是英國最早的土著人，他們過著原始生活，有自己的語言，能互相交流思想。西元前50年左右，羅馬帝國的尤利烏斯·凱撒大帝占領了大不列顛，統治大不列顛達400年之久。407年，日耳曼人入侵羅馬帝國，大不列顛又歸土著居民所統治。5世紀中葉入侵的盎格魯－撒遜人建立了7個小國。到6世紀末7世紀初，這些小國並為7個王國，封建制度開始形成。821年，這7個王國聯合在威塞克斯國王的統治之下，形成統一的國家，從此有了英格蘭這個名稱。

這是根據莎士比亞作品改編而成的《仲夏夜之夢》劇照。莎士比亞的作品是文藝復興運動中的標誌之一。

英國憲章運動完全是自發的，沒有組織領導，沒有科學的理論指導，最後失敗了。

蘇格蘭的首府愛丁堡，是著名的文化古城。該城南面是建在岩坡上的老城。老城區內有座古城堡愛丁堡，建於11世紀，其三面是峭壁，形勢險要。如今，作為博物館對外開放。

等方面改變了英國的面貌，對英國歷史的發展產生了深遠的影響。諾曼征服是外國人對英格蘭的最後一次入侵，從那以後直到現在，沒有任何外國入侵者踏上英格蘭的本土。

文藝復興和資本主義的興起

「文藝復興」的原意是指恢復古希臘古羅馬文化，它的實質不是奴隸制的復活，而是資產階級文化的興起。文藝復興運動始於義大利，後來遍及整個歐洲。英格蘭無休止的戰爭使文藝復興運動在英國來得很緩慢。只是在「玫瑰戰爭」之後，封建貴族勢力大大削弱，文藝復興運動才在英國興起。當時一些先進思想家看到了社會的不平等，對資本主義加以譴責，而幻想對社會進行根本改造，產生空想社會主義。

Travel Smart

伊莉莎白一世

伊莉莎白生於1533年。她從小就機智聰明，巧妙地躲過敵人對她的迫害和摧殘。她會說希臘語、拉丁語、法語、義大利語和西班語，人們對她敬佩不已。25歲時，她成功地繼承了王位。她執政期間，任賢用能，親理朝政，治國有方。在伊莉莎白治理下，英格蘭不僅經濟繁榮、勢力強大，並且藝術昌盛，英國偉大戲劇家莎士比亞就是伊莉莎白一世時期的人物。伊莉莎白終身未嫁，卒於西元1603年。她是英格蘭備受國人愛戴的君王之一。

諾曼征服

「諾曼征服戰爭」是11世紀中葉，法國諾曼第公爵威廉與英國大封建主哈樂德，兩人為爭奪英國王位進而征服英國的一場戰爭。這場戰爭以威廉的勝利而告終，威廉的勝利不僅把西歐大陸的封建制度移植到英國，而且在經濟、社會、文化、軍事

皇家衛隊是大英帝國輝煌的象徵之一，他們無論春夏秋冬，都穿著紅色的上衣，戴著黑色的熊皮帽。

英國資產階級革命（英國內戰、清教徒革命）

英國資產階級革命在17世紀爆發有其深刻的歷史根源，如「玫瑰戰爭」、「圈地運動」、「地理大發現」和「販賣黑奴運動」等。因此，到17世紀的時候，英國資產階級已經完成了原始積累。1641年12月，議會通過《大諫責書》，列舉了國王查理一世的暴政，要求大臣對議會負責，限制主教權力等一系列符合資產階級和新貴族利益的經濟、政治要求。查理一世拒絕這些要求，於1642年宣布「討伐議會」，內戰爆發，英國資產階級革命從此掀起。英國資產階級革命長達近半個世紀，中間經歷了曲折和反覆，最終的結果是資產階級和新貴族以君主立憲的形式掌握了政權。

英格蘭南部文化古城牛津有「英國雅典」的美稱，赫赫有名的牛津大學幾乎占據城區的一半，是名副其實的「大學城」。這所英國最古老的大學沒有圍牆，沒有統一的校園，它實際上是遍布於牛津城各地35個學院的總稱。

英國皇家衛隊服裝上繡的圖案。

從傳統到現代化的服裝

英國人對衣著比較考究，好講派頭。至今仍崇尚淑女、紳士，矜持莊重之風。英國人在穿衣服上比較注意服裝的得體與美觀，男要肩平，女要束腰，衣服平整，褲線筆挺。既要突出健美的線條，還要掩蓋身體的缺陷。從20世紀60年代以後，英國的服裝受到美國的影響，發生了很大的變化，公務服裝逐漸為非正式服裝所代替。但是，在某些特定的正式場合，英國人還保留了不少傳統服飾。例如法院正式開庭時，法官仍然頭戴假髮，身穿黑袍；教堂做禮拜時，牧師要穿上長袍；每屆國會開幕，女王前往致詞時，要頭戴珠光閃爍的王冠，隨行的王宮女侍都身著白色的長裙禮服。最有特色的是英國宮廷侍衛們的服裝，他們身著紅上衣、瘦腿過膝的短褲，戴白圍巾。另外，王宮衛士們身穿鮮紅的黃扣黃束腰短外衣，頭戴高筒黑皮帽；倫敦塔樓的衛士穿黑帽、黑衣，衣帽上面繡著紅色王冠及紅色邊線；近衛騎兵則穿著黑衣、白馬褲、黑長靴，戴白手套。他們的這些傳統服裝一派古香古色，讓人彷彿回到了遙遠的中世紀。

高貴的王族

在英國，按照憲法的規定，英王是世襲的國家元首。名義上，英王的權力很大，實際上，他們的一切活動完全服從於政府的安排和控制。儘管如此，世襲的國王或者女王在百姓的心目中的地位很高，在形式上，也受到崇高的禮遇。英王被看成是「一切權力的源泉」、「國家的化身」。所有的大臣都是「女王陛下的臣僕」，各種公務信函都印有「為女王陛下效勞」的字樣。

政治家的搖籃：
牛津大學

　　牛津大學位於倫敦西北90公里處泰晤士河上游的牛津城，創建於1168年，比劍橋大學早40年，其規模在歐洲僅次於巴黎大學。牛津大學的學生經常保持在12,000名左右，其中3,000名左右為研究生。牛津大學擁有雄厚的教學資金和師資力量，配備有各種良好的教學設備。牛津大學不但以悠久的歷史聞名遐邇，而且以其培養的高級政界人才而名震世界。據統計，英國歷史上40位首相，其中有29位是牛津大學畢業生，因此人們又稱這個大學是「政治家的搖籃」。前英國首相瑪格麗特‧柴契爾夫人曾經是這所大學薩墨維爾女子學院的高材生。另外，哲學家洛克、思想家莫爾、浪漫主義詩人雪萊、小說家高爾斯華綏等，都曾經在牛津學習或者執教。因此，牛津大學還被人們譽為英國教育界的「象牙之塔」。

威士忌的產地

　　威士忌是世界名酒，名聞五湖四海，暢銷各地。蘇格蘭是威士忌的故鄉，威士忌酒在蘇格蘭語中，被譽為「生命之水」。格倫金奇酒廠距愛丁堡只有1個多小時的車程。酒廠處在兩座大山之間的深谷中，清甜的山泉從廠區流過。蘇格蘭威士忌是以當地產的大麥為原料，用本地特有的清澈甘甜的泉水釀製而成的。據說，蘇格蘭境內有一條無名的小河在泥炭層上流過，蘇格蘭人以這種水浸泡大麥使之生芽，然後用當地優質的泥炭烘乾，讓泥炭的煙味熏進麥芽裡，再把麥芽粉碎，加入熱水和酒麴，放進橡木製的大桶裡發酵，3天～4天後，再裝進葫蘆式的大銅鍋裡蒸餾，蒸餾出來的威士忌，烈性達40°左右，再通過其他工序和科學的檢驗，最後放進橡木桶裡封存。貯存期不足3年的威士忌禁止上市，封存時間越長酒味越醇厚。

與大英博物館齊名的倫敦國家畫廊，位於倫敦特拉法加廣場，夜色下的廣場氣勢恢弘磅。

偉大的劇作家：莎士比亞

威廉・莎士比亞是文藝復興時期最偉大的作家，他一生留下了37部悲劇、喜劇和歷史劇。悲劇是他後期更成熟的作品，他的四大悲劇《哈姆雷特》、《奧賽羅》、《李爾王》及《馬克白》，是他藝術的結晶和天才的表現。現在，英國的名劇場多集中在倫敦，倫敦的名劇場又集中在泰晤士河北岸的西區皮卡迪利廣場的周圍。西區是名劇團薈萃之地，劇場少說也有40家，每天名角名戲紛紛登台亮相。因此，這裡是戲劇鑑賞家駐足之處，一台成功的戲可以在倫敦連演數月，甚至經年不衰，戲迷們經常是反覆觀看而不厭。莎士比亞的經典戲劇也是許多劇院的保留節目。同時，在莎士比亞故鄉斯特拉福鎮，還有一家著名的劇院叫「莎士比亞紀念劇院」，專門演出莎士比亞所寫的劇碼。

穿花格裙的蘇格蘭男人

男人穿裙子在世界上不多見，蘇格蘭男人就是其中一例。頭戴小黑呢帽，身著花格裙及短襪，手上拿著管風笛，這是蘇格蘭男人引以為傲的打扮。在蘇格蘭，無論

身穿民族服裝的蘇格蘭風笛手。

英國皇家成員合影。現在的英國皇室已經成為一種國家的象徵，並沒有太多實權。

是繁華熱鬧的市街上，還是邊遠小鎮，都能看到這種打扮的男人。蘇格蘭男人愛穿花格裙，是因為不同圖案的花格布代表著不同的氏族，每一個氏族都為自己設計一種代表氏族精神及血緣關係的花格布裙。當氏族人穿上自己氏族的花格布，也同時穿出了他們族人的驕傲、責任與忠誠。為了將這種美好的傳統保留下來，英國政府成立了專職機構負責花格布的註冊及登記。到現在為止，已有1,500多種花格布列入名冊。蘇格蘭的格子布裙色彩鮮豔，格子式樣及顏色依部族不同而不同。格子布服裝可分為兩種：一種是狩獵時穿的狩獵服，另一種是參加慶典活動時穿的華麗禮服。

劍橋大學

劍橋大學與牛津大學齊名，位於倫敦以北80公里處。它是一所綜合性大學，是由牛津大學派生出來的，建於13世紀初期，有30多個彼此獨立的學院，側重於自然科學的教學和研究。徐志摩曾在此就讀，並寫下了大家熟稔且文風清麗柔雅的《再別康橋》。劍橋大學因劍橋城而得名，而城又以劍河而得名。劍河是一條靜靜流淌的小河，河道較窄，河面被兩岸的綠樹所遮掩。左岸是一片片青青的草坪、一行行翠綠的樹木及遍栽的鮮花，唯獨不見一座建築，是一個可以完全親近自然的去處。右岸臨水而建有幾所世界著名的學院：克雷爾、國王、聖凱薩林、三一、聖約翰等。這些學院都有500餘年的歷史，建築形式不一，有哥德式也有古典式。其中三一學院是劍橋最大、最著名的學院，這裡有棵矮小的蘋果樹，據說，它就是當年牛頓「悟道」的「菩提樹」。

大英博物館建於1753年，它是一座規模龐大的古羅馬柱式建築。這裡珍藏的文物和圖書資料是世界上任何一個博物館所不能比擬的。

🏙 主要城市

英國是世界上第一個實現城市化的國家。1911年，城鎮人口比重就已經達到了76%。目前，全國20萬人口以上的城市已經有20多座。大倫敦和6個都市郡的人口都已經超過了百萬。較小的城鎮更是星羅棋布，城市之稠密居世界前列。

霧都倫敦

倫敦是英國政治、經濟、文化、交通中心，也是最大海港和首要工業城市，位於英格蘭東南部，跨泰晤士河下游兩岸，距河口88公里。倫敦冬季漫長，多雨霧，素有「霧都」之稱。倫敦市圍繞著倫敦城逐步發展而成。城外的12個市區，稱內倫敦，面積303平方公里；再以外的20個市區，稱外倫敦。倫敦城加上內外倫敦，合稱大倫敦市。大倫敦面積則達1,580平方公里。首都

倫敦作為英國的政治心臟，王宮、國會和政府機構都設在這裡，它們集中在西區的威斯敏斯特。倫敦經濟中第三產業極為突出，占就業人口的4/5，第二產業只占1/5。這裡彙聚著世界著名的銀行，巨額資金在這裡吐納。倫敦城中聳立著一座7層大廈，即「世界銀行之王」英格蘭銀行，現為英國的中央銀行。像眾星拱月一樣，超過五百多家金融機構環繞在它的周圍，真是「銀行多過米鋪」。其保險業更是在世界上首屈一指，這裡有500多家保險公司，吸收國際保險收入的1/5多。

第二大商港：利物浦

利物浦在英格蘭西海岸默西河口，是英國的大工業中心和第二大商港，自古以來就是有名的食品輸入港及工業製品輸出港。利物浦也是著名的深水港，吃水13公尺的大油輪也可以趁漲潮

倫敦泰晤士河畔的文物古蹟美不勝收。議會大廈是世界最大的哥德式建築，英國上、下議院都設在這裡，其東北側是倫敦的標誌建築之一：高近百公尺的鐘樓。

進入。港口的海堤全長11公里，每年的貨物吞吐量達3,000萬噸。另外，利物浦北部愛爾蘭海岸上有幾個風景優美的海濱休養地，其中最大的是布拉克普耳。

中部經濟文化中心：曼徹斯特

曼徹斯特在英格蘭西北部蘭開夏郡內，是英國中部地區工商業、金融業和文化中心。早在羅馬時代，這裡就是商業中心，棉紡織業尤為發達。曼徹斯特還是英國工業革命的故鄉，機器和大工業生產就是從這裡開始的。現在，阿登商業中心是曼徹斯特最大的商店，裡面珠光寶氣，燈光閃爍，令人目不暇接。曼徹斯特也是一座文化城市，現在的曼徹斯特市

倫敦冬季漫長，多雨霧，陰冷潮濕，有「霧都」之稱。晨霧中的倫敦，和諧而寧靜。

英格蘭漢普郡溫徹斯特大教堂。

中心還保留著古樸壯觀的哥德式大教堂。曼徹斯特也是英國新聞業的第二中心，英國北部地方的廣播和電視總部都設在這裡。

歐洲石油之都：亞伯丁

亞伯丁位於蘇格蘭的東北，地處北海海岸線上，橫跨迪河兩岸，是一座有600年歷史的小城市。亞伯丁向來是繁忙的海港、漁港和蘇格蘭東北的商業中心。在20世紀70年代之前，亞伯丁全城居民以漁業為主。到20世紀70年代中期隨著英國北海油田的開發，亞伯丁的名聲越來越大，被譽為「歐洲石油之都」。亞伯丁是北海油田最大的後方基地，這裡的港口日夜繁忙。在維多利亞碼頭上，經常堆滿了開採海上石油的設備和物資，在蒂達爾碼頭泊有大型油輪。亞伯丁的市郊興建了許多為石油工業服務的工廠，形成了完整的石油工業體系。這裡有英國石油海上作業指揮中心，有鑽井附件設備廠、潛水設備公司和化工廠等等。亞伯丁這座城市也非常美麗，人們常用「蘇格蘭之花」來形容它。亞伯丁的城市建築以花崗岩為特色，巍峨的尼古拉教堂據說用了2,000噸花崗岩才建成。亞伯丁的沙灘也是遊人們常去的地方，這裡淺草平沙、碧水藍天，讓人賞心悅目。

機械製造中心：考文垂

考文垂位於英國南部，是英國著名的機械製造中心。主要生產飛機、汽車、機床、電動機和無線電器材。另外，考文垂生產的毛織品和合成纖維也很有名。英國五大汽車生產集團之一：奧斯丁·羅弗汽車公司所在地就在考文垂。早在1905年，該公司就開始生產汽車，現在每週可生產3,500多輛汽車，同時還生產各種內燃機達1.3萬台。

白金漢宮

白金漢宮是英王的王宮，也是英國王室的象徵。正門朝東北，除南面是繁華的商業區外，周圍有聖·詹姆斯公園、格林公園和海德公園。這裡綠蔭環繞，環境優雅，景致如畫。英國女王伊莉莎白二世召見首相和大臣們，接見和宴請外國元首、政府首腦、外交使節、遞交國書等活動都在宮內舉行；重要的外國貴賓來英國訪問，也在宮內下榻；女王一年一度的閱兵儀式也在王宮附近的廣場舉行。如王宮房頂正中掛著王室旗幟，就表明女王在宮內居住；如不升旗，說明她不在倫敦。宮前的御林衛士，無論女王是否在家，也無論什麼季節，均穿紅上衣、戴黑熊皮帽，肅然而立，給王宮增添不少生氣。

白金漢宮初建於1703年。1838年，維多利亞女王繼承王位後，它就成了歷代君主的住處。

鋼都刃具之城：雪菲爾

雪菲爾位於奔寧山東麓，5條小河從山上流到市區匯成唐河。該市是英國較大的城市，面積184平方公里，它與北面的里茲、西邊的曼徹斯特相距有50公里左右。雪菲爾以生產優質的鋼聞名於世，產品涵蓋從工業上用的合金鋼、特種鋼，軍用槍管和裝甲鋼板，直到日用五金等各種各樣的鋼鐵製品。

牛津街因位於舊日倫敦城通向牛津的大道而得名。它是倫敦的東西通衢和最長的繁華大街，橫亘2公里左右。夜晚，燈火闌珊處的牛津街，更是一片繁華熱鬧的景象。

英國著名的奧斯丁汽車公司所在地考文垂，城市清潔，交通運輸便利。

英國的鋒利刀剪和不銹鋼刀又十有八九是這裡的產品，因而雪菲爾以刃具城享譽世界。雪菲爾市郊還有兩座精美的工業博物館，一座建在唐河中的小島上，全面展出近300年來雪菲爾的工業發展史，對當地冶金和利刃製造史的介紹尤為突出。另一座設在18世紀的鐮刀製造廠裡。這裡有早期煉鋼用的坩堝、直徑約16.5公尺的大水輪、水力驅動的鍛鐵車間和磨刃車間。還可以看到當年工人們的簡陋住房，房間一切照原樣布置，展現出一幅早期工廠的生動畫面。

中英格蘭鄉鎮一帶與繁華喧囂的倫敦相比，別有一番風味，這裡堪稱是一片安靜古樸的遠村。諾曼時代簡樸的教堂、山隘城堡靜靜佇立。

🏛 經濟

英國至今仍是一個發達的資本主義國家，國內生產總值、工業產值和對外貿易額一直居資本主義國家前列。英國經濟具有資本高度壟斷、工業在國民經濟中占主導地位、第三產業比重高、基礎設施雄厚、科技力量強、經營管理經驗豐富等特點。英國也是當今西方七大經濟強國之一。如果從政治、經濟和軍事三個方面綜合來看，英國在「七強」之中的位置還名列前茅。英國至今在世界上所擁有的經濟勢力範圍仍相當大。英國仍然有能力利用英聯邦機構來達到其經濟和政治目的。英國在「國際貨幣基金組織」和「世界銀行」兩個國際金融機構中仍然有一定的影響力。

20世紀70年代以來，由於北海油田的開發，英國躍升為億噸級的產油大國，在世界也名列前茅。圖為北海石油井架。

農業

英國農業廣泛採用現代科學技術和管理模式，實行機械化、專業化生產，因此英國農業生產保持著較高的增長率，其生產水準、勞動生產率高於歐洲大陸國家而居世界前列。現今英國的農業就業人口不到總就業人口的1%，少於任何一個已開發國家。農業產值約占國內生產總值的1.5%，農產品可滿足國內需求的2/3。

石油和天然氣

1965年，英國石油公司首先在西索利水域發現了天然氣。20世紀70年代在北海挪威所有水域發現了石油，然後又在英國所屬的領域發現了幾個產油區。80年代中期英國官方估算北海石油蘊藏量達41億噸。1985年，石油產量為1.22億噸，從石油進口國一躍變為石油出口國。隨著英國北海油田的開發，亞伯丁被譽為「歐洲石油之都」。英國官方估計，近海水域尚未開採的天然氣蘊藏量在8.6億立方公尺和28.5億立方公尺之間。

鋼鐵工業

鋼鐵曾經是英國最有生氣的部門，但從1973年以後，鋼鐵開始走下坡路，產量和消費量不斷下降。1970年英國的生鐵量為2,800萬噸，消費量為2,500萬噸。到1984年，產量下降到1,400萬噸，消費量下降到1,300萬噸。20世紀90年代以來，鋼產量有所回升，年鋼產量在1,700多萬噸左右，居世界前十位。現在鋼鐵工業仍然是英國重要的工業部門，生產技術仍然不斷提高和進步，它的產量和消費量對國民經濟發展仍有十分重要的影響。在整個製造業中，鋼鐵工業的產量、就業量和投資量分別為總量的20%、20%和30%。全國有269家鋼鐵企業，其中有26家生產生鐵，企業的生產規模較大。鋼鐵企業的平均生產規模要比全部製造業的平均生產規模大4.5倍。產量、銷售量和就業量的80%集中在英國5家最大的公司。

英國是世界上第一個發行郵票作為預付郵資憑證的國家。近年來，英國郵政局增加了新的郵政業務，如數據郵遞、快郵服務、國際衛星郵遞等。

對外貿易

英國是世界第六大貿易國，貿易額占世界貿易的5.6%，人均出口額高於美國和日本。英國奉行自由貿易，主張開放的多邊貿易體系和世界貿易的進一步自由化。英國主要進口產品有食品、燃料、原材料、服裝、鞋業、電子機械設備、汽車等。主要出口產品有石油及相關產品、化工產品（主要是醫藥）、食品、煙草、飲料（威士忌等）、機械設備等。其中機器設備和交通設備占出口的47%，進口的46%。英國與世界上80多個國家和地區有貿易關係，主要貿易對象是歐盟成員國、美國和日本。

上 | 倫敦是世界上最大的國際港口之一，有3個商用碼頭，20世紀以來這些碼頭成為有著先進裝卸設備的大型國際海運碼頭。

下 | 英國高速鐵路開通「歐洲之星」，列車時速高達300公里，從英國乘坐高速列車，可穿越英吉利海峽隧道前往歐洲大陸，比原來縮短了20分鐘。

摩納哥

MONACO

Principauté de Monaco

摩納哥位於歐洲的西南部，三面為法國境內的阿爾卑斯山所環抱，南面瀕臨地中海，邊境線長4.5公里，海岸線長5.16公里。東西長約3公里，南北最窄處僅200公尺，境內多丘陵，平均海拔不足500公尺。摩納哥是世界和歐洲最小的國家之一，素有「袖珍王國」之稱。摩納哥冬季濕潤夏季乾熱的地中海氣候，及背山面海的優美景色，每年吸引大量遊客前來觀光遊覽，旅遊業相當發達。

國家檔案

全名	摩納哥公國
面積	1.95平方公里
首都	摩納哥
人口	3.7萬〔2016年〕
民族	外籍人為主，尤以法國人、義大利人居多，摩納哥人占總人口的20.45%
語言	官方語言是法語，通用義大利語、英語及摩納哥方言
貨幣	歐元和摩納哥輔幣
主要城市	摩納哥城、蒙地卡羅

支柱產業：旅遊業

旅遊業是摩納哥的支柱產業之一。摩納哥是歐洲著名旅遊勝地，每年都舉行許多文體活動吸引世界各地遊客，其中國際雜技節、國際禮花節、一級方程式汽車大獎賽（F1）等節慶活動聞名世界。摩納哥娛樂、住宿設施完善，現有星級旅館19家，餐館140餘家，客房總數2,219間。近來摩納哥注重發展商業旅遊設施，興建了大型會議中心，吸引一些國際會議在這裡召開。

賭城：蒙地卡羅

「蒙地卡羅」很早就成了西方賭博業的代名詞。這裡的賭博業興起於1856年，1861年又成立了國營摩納哥海水浴場公司，首創黑、紅37格輪盤賭，從此一鳴驚人，很快成為世界著名的賭城。摩納哥法律規定，本國公民不能參與賭博，只許在賭場任職。今天的摩納哥，賭博業雖然依舊無所不在，但國民收入的主要來源已不再是賭場稅收，而是旅遊業、房地產業、郵票業等。

歐洲 法國 FRANCE

République française

法國位於歐洲大陸西部，高高聳立的阿爾卑斯山和庇里牛斯山分別是法國與義大利、西班牙的天然地理分界線。法國西部瀕臨大西洋的比斯開灣，西北隔多佛爾海峽、英吉利海峽與英國相望，東南瀕地中海，東北與摩納哥、義大利、瑞士、德國、盧森堡、比利時相接，西南同西班牙、安道爾接壤。法國的領土呈對稱的六邊形，三邊臨海，三邊靠陸，國境線共長5,695公里，海岸線長約2,700公里。

國家檔案

全名	**法蘭西共和國**
面積	55.16萬平方公里
首都	巴黎
人口	6,690萬〔2017年1月〕
民族	以法蘭西民族為主的多民族國家
語言	法語
貨幣	歐元
主要城市	馬賽、里昂、尼斯、坎城、波爾多

🌍 自然地理

　　法國的大部分領土都處於平原和丘陵之上，整個地勢西北低而東南高。美麗的塞納河從法國的心臟地帶流過，滋潤了巴黎盆地廣闊的土地，也滋潤了偉大的法國歷史和文明。而高聳在邊界的險峻山脈、溪谷，及綿長美麗的海岸線又與起伏的丘陵和寬廣的平原構成了法國優美綺麗的自然景觀。

法國大部分地區氣候溫和，環境優美，是一個比較適合居住的地方。

巴黎盆地

巴黎盆地介於中央高原、孚日山、阿登山、阿摩里康丘陵地與英吉利海峽之間，塞納河與羅亞爾河流貫其中，東西長約450公里，南北長約300公里。巴黎位於盆地中心，海拔26公尺，地勢自此向四周緩慢增高。自盆地中心向東有同心圓狀的斷崖，為斷崖和台地相間的階狀地。靠近盆地中心的斷崖海拔200公尺左右，往東的斷崖在350公尺～600公尺之間。巴黎盆地北部瀕海峽地區一帶為丘陵地，海拔僅為100公尺～200公尺，最高點在里昂與亞眠之間，高243公尺。

廣闊的中央高原

法國中部是寬廣的中央高原，面積達10萬平方公里，介於羅納河、加隆河、羅亞爾河和塞納河水系之間，並是這些水系的分水嶺。中央高原的平均海拔約為700公尺，中部和東南部最高，自此向西南、西北和東北方面

傾斜。高原東南部聳立著東北－西南走向的塞文山脈。高原中部還聳立著東北－西南走向的奧弗涅山脈。塞文山與奧弗涅山之間多盆地和谷地。北部為羅亞爾河上游谷地和阿利埃河谷地，兩河谷之間為南北走向的佛內茲山脈。南部洛特河與塔恩河上游地區，為割裂的結晶岩高原與石灰岩高原。奧弗涅山西北為一片廣大的結晶岩高原，地面起伏較小，表面呈準平原狀態。中央高原東北部，羅亞爾河谷地與索恩河谷地之間一帶為花崗岩高原。

阿基坦盆地

阿基坦盆地位於法國西南部，介於中央高原、庇里牛斯山和比斯開灣之間，加隆河水系流貫其中，為一個三角形大盆地。其西部開闊，面向比斯開灣，往東逐漸狹窄，圖盧茲以東有狹長谷地與地中海岸相通。盆地西部波爾多西南有朗代平原，面積1.4萬平方公里，地勢低平，多濕地和流沙。阿基坦東北部靠中央高原處為河谷丘陵相間的區域；南部庇里牛斯山麓阿杜爾河和加隆河上游有廣大沖積平原；阿基坦盆地北部為夏朗德河流域，係阿基坦盆地與羅亞爾河地區的過渡帶。

上｜ 巴黎盆地東部斷崖地形顯著，盆地邊緣為海拔300公尺左右的丘陵。
下｜ 法國降雨量適中，但是山地區域降雨量較多。這是法國東部高地人們修建的雨水槽。

災害；而夏季枯水時期，流量則甚小，航行不便。加隆河口有長達90餘公里的巨大三角洲，海潮可以倒灌到波爾多，故波爾多以下可以通行海輪。

羅納河

羅納河為法國東南部第一大河，發源於瑞士南部阿爾卑斯山的聖哥達，源地海拔1,700公尺，自此向西流，於法瑞交界處形成著名的日內瓦湖，然後流進法國，在里昂匯合了從孚日山流來的最大支流索恩河，轉向南流，於瓦朗斯附近及以南先後匯左岸支流伊澤爾河、得隆河和右岸支流愛立約河等，在阿維尼翁以南匯左岸支流杜朗斯河和右岸支流加爾河後注入地中海。全長810公里，流域面積近10萬平方公里。羅納河由於受高山雪水影響，水量最大，下游阿維尼翁的最大流量達105萬立方公尺/秒。此外，羅納河的落差最大，水流最急。所以，羅納河的價值體現在其富有巨大的水力資源可供利用。但由於河水水流湍急，沖刷強烈，攜沙量大，大量泥沙在河口沉積，形成廣大三角洲，並造成下游河床的淤淺。

羅亞爾河

羅亞爾河發源於塞文山主峰南麓，自此向北穿過中央高原，在高原北側的內維爾與主要支流阿利埃河相會，經奧爾良大河後轉向西流，於圖爾以西先後併入支流謝爾河、安法爾河、維提納河和薩爾特河，最後於聖納澤爾流入比斯開灣。全長1,010公里，流域面積約12萬平方公里，為法國第一大河。羅亞爾河上游因穿行中央高原，落差大，水流急，具有山地河流特徵，水力豐富。中下游流經平原地區，水流平緩，但水量變化較大。

上 | 羅納河上的聖澤橋，建於12世紀初。大橋上有21座橋墩，22個巨大的拱洞，如今只剩下4孔。不遠處是中世紀時羅馬教皇被放逐在阿維尼翁期間修建的雄偉、壯麗的宮殿。

下 | 塞納河流經巴黎市中心，將整個巴黎一分為二，它從東南方向流入巴黎，中間畫出一道優美的曲線，又從西南方向流出。

加隆河

加隆河為法國西南部最大水系，發源於庇里牛斯山主峰馬拉德塔山東北麓，注入比斯開灣。全長650公里，流域面積達9萬平方公里。

加隆河幾乎彙集了庇里牛斯山與中央高原之間的所有水流，故流量很大，汛期流量達8,700立方公尺/秒。因此，洪水期（多在春季），常釀成

歷史文化

　　法國的歷史非常複雜，不僅有頻繁的國內紛爭，也有與其隔海相望的鄰邦英國長達百年的糾葛。現在，英法百年戰爭已經過去了幾百年，但是，依然有許多人記得聖女貞德的名字。在歷史上，法國曾經是多次運動的中心，不僅極大地影響了歐洲歷史的進程，在世界範圍內也產生了極大的影響。一直到現在，法國在人類文明史上依然占據著無可替代的重要地位。不僅僅因為「花城」巴黎美麗的時裝，也不僅僅是大大小小藏品豐富的博物館，更重要的是，法國是一個將浪漫和藝術寫進靈魂的國度，其不經意間散發的迷人氣息，常常使遊人流連忘返。

塞納河｜普羅旺斯

1.　塞納河是法國北部主要水系，流經法國心臟區域，為其兩岸的經濟發展起了重要作用，被稱為法國最具有經濟價值的河流。

2.　法國普羅旺斯地區是一個能給人美感的地方，它具有強烈的色彩、芬芳的香氣和引人入勝的景色。滿山遍野的紫色薰衣草，是法國幾種上等香水的主要原料。

英法百年戰爭

　　11世紀，法蘭西完成了封建制的過程。然而，在加強王權和統一國家的道路上，由於英國國王在法國擁有許多土地，英王成了法國最大的敵人。在與英王爭鬥期間，法王也向國內其他地方擴展勢力，王室領地大大擴大，巴黎成為全國的經濟中心。這都給法國成為統一的中央集權國家創造了有利條件。英王愛德華三世要求繼承法國王位，並以此為藉口，於1337年向法國發動了戰爭，史稱「百年戰爭」。1453年，英法「百年戰爭」以法國勝利而告終。

奧朗日位於阿爾勒城以北，在羅馬和平時期，奧朗日曾繁盛一時，城中仍可見到昔日帝國強大軍事力量的見證物：軍事堡壘。

法國早期哥德式建築代表作：巴黎聖母院。

拿破崙一世

拿破崙·波拿巴（1769～1821）生於科西嘉島。波拿巴家族屬於義大利血統。拿破崙一生屢次發動戰爭，攻打奧地利、英國、俄國、土耳其。1798年他為取得制海權，切斷英國去印度的通道，攻占埃及北部，但法國海軍艦隻被英國海軍在尼羅河徹底摧毀。1812年，他率領60萬大軍，假道波蘭，攻入俄國，一度占領莫斯科。1815年，為對付反法聯盟軍，他進軍比利時。6月中旬，英國軍隊和普魯士軍隊在滑鐵盧戰場上擊敗法軍。拿破崙被流放大西洋的聖赫勒拿島。

這是普羅旺斯薰衣草田，從這些洋溢著芬芳甘甜味的薰衣草中提煉出的香精，是製作香水和肥皂的上乘香料。

七月革命

拿破崙失敗後，波旁王朝的路易十八回到了法國王位上。1824年，路易十八逝世，其弟阿圖瓦伯爵即位，史稱「查理十世」。1830年7月26日晚，巴黎人民在街頭同員警發生了衝突，第二天街頭示威發展為武裝起義。巴黎工人和手工業者群起構築街壘，7月27日～29日，起義者占領了市政廳，在巴黎聖母院頂升起了旗幟。軍隊後來拒絕向起義者開槍，查理十世見大勢已去，倉皇逃往英國。以巴黎工人和手工業者為主要動力的「七月革命」勝利推翻了復辟的波旁王朝。政權落到了資產階級自由派的手裡，他們主張君主立憲，奧爾良家族—波旁王朝旁系的路易·菲利浦被議會宣布為國王，史稱「七月王朝」（1830～1848）。

20世紀的法國

20世紀的法國被賦予浪漫的象徵，但在一戰之前，法國的政局並不穩固，工人階級鬥爭及社會運動不斷。從1919年《凡爾賽和約》簽訂到第二次世界大戰之後，法國雖然仍是世界的前衛藝術中心，但由於在第二次世界大戰之中遭到了前所未有的打擊，其在國際事務上的競爭力已經不復往日。自20世紀50年代後，才逐漸由傳統

昔日巴黎車站的框架仍殘留於奧塞美術館中，奧塞美術館是以現代手法賦予舊建築的第一個成功的例子。

工業及農業社會，走向高科技及服務業發達社會。

穿在法國

法國時裝在世界上享有盛譽，法國時裝選料精良、設計大膽、製作技術高超。時裝大師們對生活觀察深刻，對人們需求敏感，敢於標新立異，使法國時裝一直引領世界時裝潮流。巴黎有2,000家時裝店，老闆們的口號是「時裝不賣第二件」。而在大街上，幾乎看不到兩個婦女穿著一樣的服裝。

藝術家的天堂

巴黎以其迷人的藝術氣質和相容並包的胸懷，吸引了世界各地的藝術家們來到這裡追尋自己的藝術之夢。米勒（1814～1875）是法國諾曼第一個農民的兒子，他致力於描繪農民的勞動生活場景和刻畫農民淳樸性格，以揭露剝削制度的殘酷。他的畫多以農民和農村生活為題材，構圖單純含蓄而又明確有力。畫風以質樸、凝重、富有抒情氣氛而著稱。羅丹（1840～1917），是法國著名的雕刻家。他到35歲時尚未形成個人風格，直到1875年訪問義大利，米開朗基羅和多那太羅的作品啟發了他，他才「豁然開朗」，擺脫了學院派的桎梏。1878年創作《聖·約翰的說教》，這件作品的成功、以及於1880年《青銅時代》在巴黎和布魯塞爾的圓滿展出，使他獲得了崇高的榮譽。

法國香水

法國香水為「轉瞬即逝雕建廟宇」。「不用法國香水的女人如同未著衣服的女人」。法國香水的製作工藝和精美的包裝，體現了法國人卓越的才華和高貴的品味。法國第一家香精香料生產公司於1730年誕生。最暢銷的法國香水有：「香奈兒5號」、「沙麗瑪」、「時代風度」、「巴黎」、「鴉片」等。法國香水的生產最初均使用天然原料，由於造價較高，20世紀初，開始採用合成的方式生產香水。

布日教堂中殿被放在細長的刻有桿狀物的柱子上，是被大文豪巴爾扎克和司湯達讚不絕口的大教堂。

Travel Smart

社會保障｜貞德

1. 法國社會保障制度較為完善，社會保險建於1945年，社會保障支出金額約相當於國內生產總值的29%，其中77%來源於雇員和雇主交納的社會分攤額和對工資外收入徵收的普通社會稅金。

2. 英法百年戰爭時期，湧現了許多英雄，其中最著名的是女英雄貞德。直到今天，貞德的美名仍為法國人民所傳頌。

羅浮宮中庭前的玻璃金字塔，是古老的金字塔與鋼管玻璃科技材料結合而成的建築，已成為巴黎的新地標之一。

法國的白蘭地

白蘭地是法國葡萄酒家族中的一個重要成員。白蘭地在法語中的含義為「生命之火」。法國擁有世界上最著名的白蘭地品牌：馬爹利、軒尼詩和人頭馬。其中世界上最古老的白蘭地是馬爹利。白蘭地有300年的釀造歷史，形成了一套獨特的釀造工藝，採用優質白葡萄榨製成汁，經蒸餾精製後，再把酒裝進橡木桶裡進行漫長的醇化。據說酒桶須以百年橡木製作，並在陽光下晾曬4年以上方可符合要求。新製成的酒桶還必須裝上白蘭地在地上滾動一星期，以使其充分吸收後才可啟用。桶製好後，工匠要將自己的頭像烙在桶頂上。兌好的白蘭地，至少要在木桶中盛放25年才能封瓶出售，上等的優質白蘭地存放的時間在50年以上。

名作家巴爾扎克

巴爾扎克（1799～1850）20歲開始從事文學創作，經過不斷探索和磨煉，他走上了現實主義文學創作道路。1841年他在但丁《神曲》的啟示下，正式把自己作品的總名定為《人間喜劇》。長篇小說《高老頭》（1834）標誌著巴爾扎克創作的一個高峰，揭示出了資本主義社會裡人和人之間是赤裸裸的「金錢交易」關係。小說《幻滅》則反映了當時的階級對立和黨派間激烈鬥爭的社會現象。

雨果和《巴黎聖母院》

《巴黎聖母院》的作者雨果是法國浪漫主義文學的傑出代表。在這部小說裡，他以熱烈的浪漫主義筆觸，描寫了純潔美麗的吉普賽少女在中世紀封建專制社會裡慘遭戕害的悲劇，重點揭露了教會的黑暗和邪惡。巴黎聖母院是巴黎最古老、最宏偉的天主教堂，在歐洲的建築史上也有劃時代的意義。

凡爾賽宮內的鏡廳長76公尺，寬10公尺，高13公尺，東面安裝17面大鏡子，每面鏡子由483塊鏡片組合而成，「鏡廳」由此得名。結束第一次世界大戰的《凡爾賽和約》就是在這裡簽訂的。

法國巴黎香榭麗舍大道最東端就是和諧美麗的協和廣場。廣場以埃及方式尖碑為中心，兩側各有一個噴水池。

主要城市

法國的城市化水準很高，全國大概有77%的人口生活在城市中。其中巴黎是法國最大的城市，它的人口竟然超過了其他9座較大城市人口的總和。這種城市發展不平衡的特點主要是因為法國歷史上統治者高度集權，因而財富和人口過分集中在首都。法國的城市大都歷史悠久，文化設施眾多，歷史風貌保存較好。它們在法國的經濟和文化中起到了重要的作用，也在歐洲和世界的舞台上扮演著重要的角色。

世界名城：巴黎

巴黎是法蘭西共和國的首都，歷史名城，世界著名的最繁華的大都市之一，素有「世界花都」之稱。巴黎位於法國北部盆地的中央，橫跨塞納河兩岸。屬溫和海洋性氣候，夏無酷暑，冬無嚴寒。1月平均氣溫3℃，7月平均氣溫18℃，年平均氣溫10℃。全年降雨分布均衡，夏秋季稍多，年平均降雨量為619毫米。巴黎市區面積105平方公里，包括巴黎市及其周圍7個省的大巴黎區，總面積達1.2萬平方公里。巴黎市人口1,149萬（2006年），是世界上人口最多的大都市之一。今天的巴黎不僅是法國也是西歐的政治、經濟和文化中心。巴黎著名的文化古蹟有艾菲爾鐵塔、凱旋門、協和廣場、巴黎聖母院、聖心堂、榮譽軍人院等。

法國第二大城市：馬賽

馬賽位於地中海北岸，三面被石灰岩山丘環抱。由於氣候宜人，能見度好，非常適合船隻的停泊和航行，馬賽已成為世界著名良港。馬賽港分為老港和新港。老港是馬賽市的心臟地帶，許多繁榮的大街從老港向東、南、北伸展出去。港口向西航道十分狹窄且長，帆船、遊艇和漁船往來如梭。航道兩岸環列著酒館、飯店和旅社，是往來的人們流連徘徊之地。新港位於老港的西北方向，一直擴展到羅納河河口。新港的萬頃波濤中屹立的防波大堤，護衛著7個碼頭區。全部碼頭區長達19公里，可以停靠100艘輪船，它與世界上300多個港口有往來關係。

上 ｜ 馬賽堪稱法國的南大門，這裡是法國與中東和亞洲聯繫的門戶，也是法國第一大港。

下 ｜ 這是法國蔚藍海岸一帶，這裡以燦爛的陽光、藍色的海洋、宜人的氣候著稱於世。

葡萄酒城：波爾多

波爾多臨加隆河，是法國西南部吉倫特省省會。波爾多釀酒歷史悠久，早在古羅馬時代就以產酒地與勃艮第和萊茵河地區齊名。在英國占領波爾多時期，英王查理一世和約翰先後頒發釀酒特許證，這個管理體制至今仍然有效。現在，該地區為世界高級葡萄酒的最主要產區。波爾多葡萄酒以美鐸、格拉芙、聖愛美樂及普美樂酒等品牌最為著名。美鐸酒呈紅色，性柔和，味濃郁。而特等「波爾多紅葡萄酒」則被列為世界葡萄酒「皇后」，1瓶百年陳酒在國際市場上可售3萬多美元。

這是波爾多地區的葡萄園。波爾多一帶臨大西洋，氣候涼爽宜人，而且地表多為含有礦物的岩床或荒地，具備成為酒類產地的優良條件。

電影展覽城：坎城

坎城是法國地中海岸一座小城市，一年一度的坎城電影節撼動億萬人的心，電影節上頒發的金棕櫚大獎被公認為電影界最高榮譽之一。在兩週展期內，放映20部～25部競選影片和400部不參加評選的影片。每屆約有4萬電影界人士光臨觀摩，2,500名記者前來採訪。最後得獎名單要由10人評審團決定，他們都是國際上有名的導演、編劇和演員。

避暑勝地：尼斯

尼斯位於法國東南部，為地中海旅遊中心之一，距義大利邊境32公里。城市被美麗的山巒遮罩，是科特達祖

19世紀末許多文人墨客進出咖啡館，咖啡館成了他們書齋與聚會的場所。這就是巴黎聖日耳曼大街對面有名的布拉斯利‧利普咖啡館。

爾（法國里維艾拉）地區主要避暑勝地。帕隆河將位於西部的新城和東部的舊城、海港商業區分開。新城最主要名勝是著名的昂格萊斯沿河大街，長4公里，有兩條寬闊行車道。市內有兩座博物館：朱爾‧謝雷美術博物館和馬塞納博物館，那裡收

藏有早期義大利油畫以及19世紀和當代藝術家的作品。城市附近一座17世紀所建別墅現闢為考古博物館，收藏有法國藝術家H‧馬蒂斯的40餘幅油畫和素描作品。

尚博爾城堡是法國文藝復興時期的曠世傑作，被譽為「世界奇蹟」。雄偉渾厚的尚博爾城堡，包含著一切神奇、詩意。周圍天人合一的景致給人一種清新之感。

⊕ 經濟

從20世紀50年代末以來，法國經濟進入了高速發展期，歷時15年左右，實現了經濟的現代化。法國是一個經濟發達的資本主義國家，同時法國又是一個工業、農業發達的國家，與英國、德國相比，農業在其國民經濟中有著更加重要的意義。

發達的農業

法國是西歐最大的農產品生產國。第二次世界大戰前，法國農業並不發達，二戰後，法國為了加速農業發展，採取了一系列經濟促進農業現代化的措施，到20世紀60年代中期以後，不僅逐步實現了農業現代化，而且改變了農業結構，使法國由農產品淨進口國變成淨出口國。法國是西歐農產品和農業食品最大輸出國，也是世界重要農產品出口國之一。

旅遊業

法國是全球第一旅遊大國，2005年接待外國遊客7,530萬人次，旅遊外匯收入340億歐元。2004年底，法國的旅遊業從業人員97.53萬人。法國旅遊資源豐富，首都巴黎、地中海和大西洋沿岸風景區、阿爾卑斯山區、科西嘉島及外省均是著名旅遊勝地。另外，法國一些收藏著世界文化寶貴遺產的著名的博物館、散落在湖光山色中的古城堡等都值得欣賞。

工業

法國是發達的工業國家，2005年工業產值為3,080億歐元，約占國內生產總值的18%。法國工業部門齊全。機械工業是法國重要的工業部門，汽車製造和飛機製造具有較高水準。近年來，核能、石油化工、海洋開發、航空和宇航等新興工業部門發展較快，在工業產值中所占比重不斷提高。

濱海阿爾卑斯省南臨地中海，這裡的地中海氣候，有利於發展水果、蔬菜、花卉等園藝作物。這是街頭的花市。

列支敦斯登

LIECHTENSTEIN
Fürstentum Liechtenstein

列支敦斯登地處瑞士和奧地利之間，位於萊茵河的右岸，河道是其與瑞士聖加侖州的天然分界線，其領土大致呈長方形，南北長26公里，東西平均寬6公里。列支敦斯登王國分為兩個地區，南部為高地，有6個村莊；北部為低地，有5個村莊。首都瓦都茲是高地上最北的一個城鎮，約有5,000人口。列支敦斯登地處歐洲南北交通要道，綺麗的阿爾卑斯山風光以及「袖珍小國」的獨特魅力，吸引著世界各地遊客，其旅遊業相當發達。

國家檔案

全名	**列支敦斯登公國**
面積	160平方公里
首都	瓦都茲
人口	3.76萬〔2015年〕
民族	列支敦斯登人占65.8%，其餘為外國移民
語言	官方語言為德語
貨幣	瑞士法郎
主要城市	無

列支敦斯登的源起

列支敦斯登公國的統治者原是奧地利哈布斯堡家族的貴族，他們最初也想得到列席神聖羅馬帝國會議的權利，因為這在當時象徵他們無比榮耀、至高的地位。但若做到這一點，他們必須擁有自己的領地。於是，在1699年，他們購買了現屬於列支敦斯登的部分土地，後來又陸續購買了一些土地，並於1719年從神聖羅馬帝國那裡得到了自治權。從此，列支敦斯登誕生了。

發達的經濟

列支敦斯登是一個很富裕的國家，工業、郵票業和旅遊業為其三大經濟支柱。工業以小型精密機械製造為主，還有陶瓷、化工、醫藥、電子、紡織等。列支敦斯登1912年開始發行郵票，其出版發行的郵票相當精美，郵票業為國家獲取了大量的外匯。這個美麗而富有的袖珍國又是旅遊勝地，其境內的阿爾卑斯山山間設有許多休養場地；冬季覆雪的阿爾卑斯山又為眾多的滑雪者提供了天然滑雪場地，每年吸引國內外大量的遊客。列支敦斯登發達的旅遊業，也是其財政收入的主要來源之一。

奧地利

AUSTRIA

Republik Österreich

奧地利位於中歐南部，是一個山地國家。北部與德國接壤，西面是瑞士和列支敦斯登，南部與義大利相鄰，東南方與斯洛維尼亞連接，東部的鄰國有匈牙利、斯洛伐克和捷克。由於歷史原因以及地處歐洲東南西北的交通要衝，奧地利素有「歐洲心臟之國」和東西方「十字路口」的美稱，也是歐洲的文化中心。

薩爾茨卡默古特地區優美的自然景觀，精緻的建築群。

國家檔案

全名	奧地利共和國
面積	8.39萬平方公里
首都	維也納
人口	871萬〔2016年〕
民族	90.7%的居民為奧地利人
語言	官方語言為德語
貨幣	歐元
主要城市	維也納、格拉茨、薩爾斯堡、因斯布魯克

🌐 自然地理

奧地利西部多山，擁有壯美的阿爾卑斯山脈和數百個秀美的湖泊。山地占全國面積的70%。東阿爾卑斯山脈自西向東橫貫全境，大格洛克納山海拔3,797公尺，為全國最高峰。東北部是維也納盆地，北部和東南部為丘陵、高原，有介於奧地利、瑞士和德國之間的中歐第三大湖泊博登湖。奧地利氣候屬海洋性向大陸性過渡的自然地理溫帶闊葉林氣候。阿爾卑斯山地區寒冬季節較長，夏季比較涼爽。

獨特的地形

奧地利的地貌可分為六大部分，均有其獨特的景觀。第一部分是阿爾卑斯山西部地區，是結晶岩層地區；第二部分是東部阿爾卑斯山地區，這裡也是結晶岩層地區；第三部分是南部阿爾卑斯堆積岩層地區；第四部分是北部阿爾卑斯山堆積岩層地區，這一地區主要是由

中生代石灰岩所構成；第五部分是多瑙河南部地區，它在薩爾斯堡阿爾卑斯山和奧地利阿爾卑斯山與多瑙河之間；第六部分是多瑙河北部地方，屬波希米亞高地的南部。

奧地利境內的多瑙河

多瑙河在奧地利境內總長360公里，占多瑙河總長度的1/8。維也納是多瑙河流經的第一個大都市。在多瑙河左岸，人們開出了一條長達21.5公里、寬200公尺的洩洪河道，與多瑙河平行。挖出的泥土放置在洩洪河道和多瑙河主航道之間，成為「多瑙島」，這片700多公頃的綠洲帶有40公里長的河灘，成為維也納人們休閒娛樂的場所。如今，新多瑙河已經成了維也納人夏季娛樂的中心，在這裡可以游泳、衝浪、釣魚。多瑙河河水灌

維也納音樂之友協會大廈是一座古老而現代的建築。圖中的金色大廳以創造出無與倫比的音響效果而著稱。

溉了周邊的農田，多瑙河畔的葡萄釀製的葡萄酒舉世聞名。

🏛 歷史文化

西元前400年，克爾特人在這塊土地上建立諾里孔王國，開始了奧地利國家的紀元。千百年來，奧地利的歷史文化如同歲月年輪般疊加累積，沉澱下來的是其豐厚的文化底蘊和不凡的精神氣質。如今，已有18位奧地利人相繼榮獲諾貝爾醫學、化學、物理學、經濟學等獎項；莫札特、舒伯特、約翰·史特勞斯父子更是奧地利人永遠的驕傲，他們猶如藝術皇冠上的明珠，璀璨奪目，熠熠生輝。維也納的金色大廳是全世界音樂人嚮往的神聖殿堂，每年元旦於此上演的新年音樂會為無數人提供了純美的藝術大餐。

輝煌的哈布斯堡家族統治時期

西元前16年，古羅馬帝國的將士們就已經兵臨多瑙河谷，在這裡修築起抵禦工事和堡壘，以抵禦北方克爾特人的侵襲。996年卡洛林王朝的奧托一世皇帝把這塊土地作為封地賜給了巴奔堡家族。巴奔堡家族的功績在於，他們在和教皇的紛爭當中，採取種種政治手腕，保住了這塊土地的完整，並且把它發展成中歐權力的中心。1273年，哈布斯堡王朝的魯道夫被授予國王稱號，開始了哈布斯堡家族對奧地利長達600多年的統治。哈布斯堡鼎盛時期的奧地利擁有法國、尼德蘭、比利時的大片領土，後來，奧地利國王不僅是德意志神聖羅馬帝國的皇帝，同時還是西班牙國王和那波利、西西里、薩

奧地利舞蹈可以追溯到中世紀乃至更早。奧地利人在小路上情不自禁地翩翩起舞。

丁島的統治者，西班牙在南美的殖民地也因此進入了奧地利的版圖。哈布斯堡的奧地利一直是歐洲最強盛的國家之一，在歐洲大陸上享有絕對的發言權，這在歐洲歷史上是絕無僅有的。

偉大的作曲家：莫札特

阿瑪迪斯·莫札特（1756～1791）出生在奧地利的薩爾斯堡，他自幼便是一位神童，4歲就演奏大鍵琴（鋼琴的前身），5歲開始作曲。他的父親發現他的音樂天才後，便帶著他周遊歐洲各國以顯示他的才華，到

維也納城市的建築別具一格。那些古老的王侯府邸和大教堂，給人一種進入奇妙的中古世界的感覺。

1773年返回薩爾斯堡之時，莫札特已經創作了30部交響曲、4部彌撒曲和2部全本歌劇。《安魂彌撒》是他創作的最後一部宏大的作品，生前未能完成。他是奧地利偉大的作曲家，維也納古典樂派的傑出代表。他廣泛採用各種樂曲形式，成功地把德、奧、義等國的民族音樂和歐洲的傳統音樂有機地聯繫在一起，賦予它們深刻的思想內容和完美的表現形式，為西方音樂的發展開闢了嶄新的道路。

主要城市

奧地利是歐洲一個中小型國家，境內多山。由於國土的狹小和地形的不利，所以城市數量不多，大城市尤其稀少。人口超過100萬的大城市只有一個，就是首都維也納。

世界音樂之城：維也納

薩爾斯堡位於海拔1,400公尺的高原上，3座森林茂密、山頂積雪的山脈環擁著它，美麗寧靜的薩爾察赫河像一條玉帶縈繞在它的腰際，形成這裡迷人的山川景色，並將全市分成新舊氣息不同，但渾然相融的城區。

維也納是奧地利首都、著名音樂城市及國際旅遊勝地。坐落在奧地利東北部維也納盆地中，藍色的多瑙河從市區靜靜地流過，風景幽雅，素有「多瑙河的女神」之稱。只要提起維也納，自然會聯想到貝多芬、莫札特、舒伯特等音樂大師的名字，因為這裡是著名圓舞曲華爾滋的故鄉，也是歐洲許多著名古典音樂作品的誕生地，一直享有世界音樂名城的盛譽。維也納城內房屋順山勢而建，布局層次分明，各種風格的教堂錯落其間，使這座山青水碧的城市保持著濃厚的古老莊重色彩。維也納老城街道狹窄，兩旁多為巴洛克式、哥德式和羅馬式建築，中世紀的聖斯特凡大教堂和雙塔教堂的尖塔聳入藍天，在高層建築不多的城區顯得格外醒目。為巴洛克式、哥德式和羅馬式建築，中世紀的聖斯特凡大教堂和雙塔教堂的尖塔聳入藍天，在高層建築不多的城區顯得格外醒目。

薩爾斯堡

薩爾斯堡是奧地利西北部薩爾斯堡州首府，瀕臨多瑙河支流薩爾察赫河，是奧地利北部交通、工業及旅遊中

心。這裡是大作曲家莫札特的出生地，指揮大師卡拉揚也是薩爾斯堡人，因此素有「音樂藝術中心」之稱。薩爾斯堡被阿爾卑斯連綿的山峰、翠綠的丘陵所包圍。薩爾斯堡城外的重山之間，有無數大小不一、星羅棋布的湖泊，真可稱得上山明水秀。薩爾斯堡城內建築非常整齊、風格多樣，這種豐富多彩的建築藝術與阿爾卑斯山的秀麗風光渾然一體，薩爾斯堡被譽為全世界最美麗的城市之一，被列入《世界遺產名錄》。

格拉茨

格拉茨是奧地利第二大城市，奧地利第二大州斯泰里亞州的首府，由17個行政區組成，居民人數約25萬。格拉茨一詞來源於斯拉夫語，意為小城堡，它已經有900多年的歷史了。從巴奔堡家族統治以來，格拉茨逐漸變為一個商業重鎮。哈布斯堡家族掌握了統治權之後，王族的親屬們選擇這個城市作為自己的居住地。現在，這座崛起於文藝復興時期的城市是中歐保存最完善的古城，城中受義大利風格影響的建築洋溢著一種南歐風情。格拉茨作為斯泰里亞州的管理中心和政府所在地，同時也是汽車配件生產業、鋼鐵製造業、釀造業和高科技產業中心。

狹窄的街道兩旁高聳著房舍。

🌐 經濟

奧地利是一個經濟比較發達的國家，長期實行高社會福利政策。自從20世紀80年代以來，社會福利的開支相當於其國內生產總值的26%以上。奧地利的製造業在國民經濟中占有重要的地位，包括汽車製造、機械加工、高級工藝品等，在國際市場上已經建立了高級商品的口碑。

國有化程度高的工業

奧地利工業的特點是國有化程度高，國有企業控制了95%的基礎工業和85%以上的動力工業，其產值及職工人數均占其總數的70%。主要工業部門是鋼鐵、化學、機械製造、電力、金屬加工、紡織、造紙、食品等。鋼鐵工業在國民經濟中占有重要地位。奧地利化學工業原料豐富，如木材、石油、天然氣和煤焦油等，為化學

上奧地利州位於奧地利北部，橫跨多瑙河兩岸，北有波希米亞森林，南有連赫、施泰因山脈，包括風景最優美的薩爾斯卡默古特湖區。甜菜、馬鈴薯和各式水果是本區主要農作物。

工業發展提供了有利條件，主要化工產品有纖維素、氮肥和石化產品。機械製造業主要生產工業機械成套設備。汽車工業是奧地利機械製造業之外的又一主要工業部門。採礦業是奧地利的傳統工業，主要開採鐵礦、褐煤、鎢、菱鎂礦等。

以畜牧業為主的農業

奧地利的農業以畜牧業為主，主要是因為奧地利的自然環境比較適合發展畜牧業，其牧場的面積大大高於耕地的面積，畜牧業的產值約占農業總產值的70%。在一些丘陵地帶，奧地利人利用一些平坦的地方實行欄養，這樣可以有效地利用牧場和部分耕地。農業耕作技術水準較高，機械化早已經普及。另外，他們非常重視改善土質，農產品的品質都非常好。

交通運輸業

奧地利地處歐洲中部，是東南西北歐等國家重要的貨物過境國，是最重要的交通樞紐中心之一。鐵路運輸承擔著最重要的交通運輸作用。全國各類公路總長約12萬公里，其中高速公路和快速路長約2,000公里。奧地利水上運輸以多瑙河為主，境內的多瑙河及其支流莫爾河均能通航，林茨和維也納是重要港口，內河航線長350公里。奧地利航空公司、蒂羅爾航空公司和勞達航空公司共同組成AUA集團，有90架飛機，飛往67個國家123座城市。

林業

奧地利具有豐富的森林資源，森林面積占全國總面積的43%。奧地利擁有的森林資源僅次於瑞典和芬蘭等北歐國家，是世界上最大的木材出口國之一。奧地利的木材加工業很發達，各地都有鋸木廠、紙漿廠、造紙廠等。

瑞士

✚ *SWITZERLAND*

Schweizerische Eidgenossenschaft

瑞士位於歐洲大陸的中部，是一個內陸國。東與奧地利、列支敦斯登接壤，南鄰義大利，西接法國，北連德國。阿爾卑斯山呈西南－東北向橫亙境內，成為該國的氣候分界線。氣候自西向東由溫和濕潤的溫帶海洋性氣候向冬寒夏熱的溫帶大陸性氣候過渡，南部屬地中海氣候。它擁有眾多的蔚為壯觀的冰川以及星羅棋布的美麗的湖泊，其旖旎的風光吸引著來自五湖四海的遊客。

國 家 檔 案

全名	瑞士聯邦
面積	4.13萬平方公里
首都	伯恩
人口	830萬〔2015年〕
民族	共有110多個民族，烏克蘭人約占70%，其他為俄羅斯、白俄羅斯、猶太等民族
語言	德語、法語、義大利語、拉丁羅曼語
貨幣	瑞士法郎
主要城市	伯恩、蘇黎世、日內瓦、巴塞爾

🌏 自然地理

瑞士境內多山，大約60%的面積屬於阿爾卑斯山區，高原占總面積的32%。海拔4,634公尺的杜爾富峰是瑞士最高峰。在山區、高原和谷地上分布1,494個自然湖泊。境內冰川有140個，總面積達1,951平方公里，占全國面積的4.7%。瑞士境內最大的河流是萊茵河，境內長375公里，流域面積達2.80萬平方公里。羅納河是第二大河，流域面積達6,947平方公里。

瑞士境內的阿爾卑斯山

阿爾卑斯山構成了瑞士的大部分國土。阿爾卑斯山系約有1/5在瑞士境內，占據了整個瑞士南部的國土，相當於瑞士國土面積的60%。實際上，阿爾卑斯山在瑞士境內是平行延伸的南脈、北

脈兩條山脈。瑞士及整個歐洲的兩條大河：萊茵河和羅納河都發源於這裡。南脈地區層巒疊嶂，峰險谷深，千姿百態，美不勝收，是絕好的旅遊處所。

恩加丁谷地湖群

瑞士的高原和山地上散布著猶如明珠般的湖泊。其中最美的莫過於瑞士東南部恩加丁谷地的湖泊。這些湖泊賦予了聖潔而高曠的阿爾卑斯山另一番風情萬種的獨特景致。在這些湖泊中，聖莫里茨湖的景色最為迷人，在它附近的聖莫里茨有世界級的滑雪場地，這裡曾舉辦過兩屆冬奧會。另外，希勒瓦普拉湖以及桑法湖也是環境優美的地方。

🏛 歷史文化

瑞士歷史的最初階段上溯到西元前5萬年～西元前4萬年的石器時代。西元前半個世紀前後，羅馬帝國在瑞士占統治地位，但是瑞士從未被單一的種族獨占過，也從未形成單一的政區，更未形成過中央集權國家，這是其歷史特點。由於這種情況，在瑞士形成了各個語區。16世紀進行的宗教改革促進了瑞士文化的發展和繁榮。19世紀初瑞士先被法國占領後又獨立，在維也納國際會議上宣布了瑞士中立國的身分。

瑞士巴塞爾市政廳的壁畫，集中體現了現實主義和超現實主義，是瑞士藝術風格上的主要傾向。

永久的中立國

1648年，第一場歐洲大戰「三十年戰爭」結束後，瑞士宣布執行中立政策。1815年，拿破崙戰爭結束，在維也納會議上，瑞士被確立為永久中立國。但瑞士實行義務兵役制，是真正的「全民皆兵」。在20世紀的兩次世界大戰中，瑞士均保持中立。150年以來，沒有任何戰爭在瑞士發生，這在歐洲眾多國家中，僅瑞士一國而已。

蔥頭節

關於「蔥頭節」的起源有一種說法；1405年伯恩發生一場大火，鄰近的費里堡農民前來支援伯恩居民重建家園，伯恩居民為了表達感激之情，特許費里堡農民於每年11月的第四個星期一來此舉辦一天集市。這一集市活動世代相傳，沿襲至今。由於集市中出售的菜蔬大部分為洋蔥頭，於是「洋蔥集市」美名遠揚，逐漸發展成為「蔥頭節」了。

瑞士巴登市政廳會議室玻璃窗的精美圖案。

瑞士天主教祭典

瑞士的天主教祭典流傳至今。在祭典當日，人們都穿

著傳統的民族服裝，大家在一起唱歌、跳舞並祈禱。這種祭典又被稱為「瘋狂的祭典」，人們戴上假面具，把裝有青豌豆的袋子綁在褲子上，互相追打。連平時莊重嚴肅的神父也戴上假面具，和人們一起參加祭典。在瑞士的山嶽地帶，村民也穿上華麗的服裝，並還有專門的樂團為之奏樂。祭典完畢，神父還挨家挨戶到農民家中祈禱、祝福。瑞士各地都有不同的宗教祭典方式，但有的已沒有了宗教的意味。

人的拿手項目。這兩個專案，直至目前瑞士仍具有一定的優勢。全國參加滑雪運動的人數達200萬。由於瑞士「全民皆兵」，瑞士每個成年人都受過軍訓，所以射擊也是最受群眾歡迎和喜愛的運動項目之一。

瑞士雪節

瑞士人的新年，也叫「雪節」。每年的1月31日，阿爾卑斯山上積滿了大雪，這一天男女老少都成群結隊在雪野裡滑雪飛行，歡慶新年的到來。瑞士人選擇在雪野裡過新年，是因為他們認為白雪是高尚純潔的象徵，它能洗滌人間的污濁，消除人們的煩惱。

著名的伯恩市主教堂的鐘樓高100公尺，半中腰有尊民兵石像，俯視著瑞士聯邦首都的紅瓦屋頂。由石像下邊的走廊中外望，蜿蜒的街道饒有風韻。

在蘇黎世、巴塞爾、日內瓦、洛桑等大城市都有交響樂團和劇團，這是瑞士著名的三鴨樂隊的打擊樂手在中國北京演奏。

群眾性的體育運動

瑞士體育活動是建立在廣泛的群眾基礎之上的。各種體育運動在瑞士開展得相當廣泛，最普及的是高山滑雪、健身跑、網球、自行車和足球等。瑞士境內多山，有的地方終年在雪線之上。可以常年進行冰雪體育訓練，雪橇與滑雪運動是瑞士

日內瓦噴泉位於日內瓦湖靠近羅納河的出口處，噴射高度達到85公尺以上，它是日內瓦人的驕傲，是日內瓦城繁榮發展的象徵，也是人工美與自然美完美結合、相映生輝的典範。

🏢 主要城市

　　風景如畫的瑞士擁有眾多的世界名城。這些城市雖然人口較少，面積也不大，但卻是很多人嚮往的地方。比如小巧安靜的伯恩，比如聚集了眾多財富但是嚴守秘密的蘇黎世，比如「第二聯合國城」日內瓦，這些城市大都在迷人的風景背後，散發出安詳寧靜的氣息。

阿爾卑斯山下寧靜的小城。

首都伯恩

　　伯恩是一個小巧的凝練中世紀風格的城市，城市面積的1/3是樹林和公園。伯恩市號稱世界上最美麗的國都，整個城市就是一宗藝術品。經由歷代巧匠精心製作，那些堂皇的建築物：中古式、哥德式、巴洛克式，彼此襯托，恍若一體，非其他地方所能企及。伯恩作為瑞士的政治中心，在這座城市除聯邦政府各機構外，還有各國駐瑞士的大使館。萬國郵政聯盟和國際鐵路運輸總部也設在此地。伯恩還被譽為「表都」。在這座城市

有1,000多家鐘錶店。商店的大玻璃櫃檯上，到處擺著鐘錶，整個城市像一個巨大的鐘錶展覽館。在伯恩鐘錶商店，有風格各異、價格不等的各式鐘錶任人選購。

北部大城：蘇黎世

　　蘇黎世是瑞士最大的城市。它近旁有瑞士最美、最深的蘇黎世湖，它處處透露著雍容華貴的貴婦風範。蘇黎世繁華的街區、古老的建築一直在等待旅行者，不知有多少名人在這裡留下足跡。大文豪歌德、音樂家瓦格納、科學家愛因斯坦、革

命家列寧都在這裡留下了生活的痕跡。蘇黎世也是國際金融中心之一。這個巨大的金融中心擁有120多家銀行，其中半數是外國大銀行，其證券交易額占歐洲的70%，黃金市場占世界第一，外匯市場占世界第三，號稱「歐洲巨富之都」。它早已成為與紐約、東京相提並論的世界金融中心。

國際社交大舞台：日內瓦

　　日內瓦可能是我們這個星球上知名度最高的城市之一。日內瓦坐落在風景如畫的日內瓦湖畔，其南、東、西三面都與法國接壤。靜靜的羅納河穿城而過，湖與河的匯合處，由數座橋梁連接著南北兩岸的老城和新城。日內瓦湖左岸集本市商業活動之大成，有商店、百貨公司、銀行等；至於國際組織、飯店、機場、火車站等，則是右岸的重要成員。1920年國際聯盟建立，

蘇黎世在克里特語裡的意思是「水鄉」。在2,000年前，這裡只是一村落。其於1218年建城，1351年加入瑞士聯邦，現在是瑞士最大的城市和金融中心。

日內瓦以羅納河為界，左岸是老城區，右岸新城區。這是沿河而建的新城區，夜晚中的新城並不嘈雜，而是一片寧靜。

其總部設在日內瓦。從此，日內瓦成為召開各種國際會議和談判的重要場所。目前設立在這裡的國際組織超過240個，其中包括了聯合國歐洲總部、世界衛生組織、世界貿易組織、國際紅十字會等重要的國際機構，因此每年來訪的外國客人達260多萬，日內瓦成了一個國際社交活動的大舞台。在日內瓦每年要召開各種世界性會議達3萬次之多，因此人們稱其為國際會議之城。

🎵 經濟

瑞士是發達的工業國家，工業總產值占國內生產總值的50%，形成了機械、化工、紡織、鐘錶和食品五大工業部門，為瑞士的五大工業支柱。瑞士雖然是小國，但卻有眾多的產品名揚世界。在2000年世界企業100強中瑞士有4家公司入選，它們是瑞士信貸銀行（第38位）、雀巢公司（第59位）、UBS電力集團（第63位元）、蘇黎世

金融服務公司（第97位元），在世界上僅次於美、日、德、法、英、義、荷而排在第八位。

鐘錶業

瑞士的鐘錶業已經有500多年的歷史，迄今一直保持世界領先地位，瑞士被稱為「鐘錶王國」。瑞士的手錶產量占據了世界市場40%左右的份額。據統計，全世界出口的手錶中，每10塊中就有7塊來自瑞士。現在瑞士手錶年產量達3,300萬隻，雖不足世界手錶總產量的1/10，但其價值卻占到世界手錶總價值的1/2。瑞士以出產眾多的名貴手錶而聞名於世。對於勞力士、歐米茄、雷達等品牌，人們耳熟能詳；而最頂級的百達菲麗、江詩丹頓、伯爵、愛彼等均獨步世界。

金融業

瑞士的金融業非常發達，全國共有600餘家銀行，分支機構5,070家，銀行總資本達5,000多億美元，納稅額占國家稅收的20%，在國民經濟中居重要地位。瑞士還是世界黃金交易中心之一，歐洲經濟共同體所需黃金的30%是通過瑞士市場提供的。世界黃金產量的一半通過瑞士銀行銷往世界各地。瑞士還是世界外匯清算中心

之一及重要的國際資本集結週轉站，每日處理上千億美元的轉付和外匯業務。穩定的政局，較低的通貨膨脹率，完善的金融體系及聞名遐邇的「銀行保密」制度對國際資金的流動產生巨大吸引力，從而使瑞士繼英國、日本和美國之後，成為世界第四大國際金融中心。

鐘錶業是瑞士的傳統工業，它在國際上久負盛名，經久不衰。這是伯恩城區內鐘錶店櫃檯裡款式不一的手錶。

📖 Travel Smart

瑞士軍刀的鼻祖

瑞士軍刀的鼻祖是卡爾·埃爾森納。1884年，卡爾開辦了一間刀具作坊，他首先是與政府簽訂合同，以生產瑞士士兵所需要的刀具，後來，卡爾的企業逐漸轉向生產軍官所用的折疊刀具。而這種刀具輕便、美觀而又具有多種用途的特性受到了世人的關注。卡爾又進一步對其進行改進，使這種刀具的功能越來越多，其設計也越來越趨完美，瑞士軍刀逐漸成為世界各國士兵們的必備裝備，也成為大眾喜愛的收藏品。

安道爾

ANDORRA

Principat d'Andorra

安道爾位於歐洲南部，庇里牛斯山脈的東部，北部和東部與法國相鄰，南部和西部與西班牙交界，是介於法國和西班牙之間很小的內陸國家。安道爾為傳統的農業國，商業和旅遊業是國家收入的主要來源。全境地勢北高南低，四周高山環繞，地形崎嶇。國土由山峽、狹窄的山谷和圍繞它們的山脈組成。許多土地是林地，但是山谷中有若干肥沃的牧草區域。平均海拔1,300公尺，有4條河流和一些山區湖，瓦利拉河及其支流縱貫全境。

國家檔案

全名	安道爾侯國
面積	468平方公里
首都	安道爾城
人口	7.3萬〔2016年〕
民族	安道爾人、西班牙移民、葡萄牙人、法國人
語言	官方語言為加泰羅尼亞語，通用法語和西班牙語
貨幣	無本國貨幣，外匯自由兌換(*編按：現多採用歐元*)
主要城市	安道爾城

安道爾城

安道爾城是安道爾公國的首都。位於國土的西南部，在瓦利松河畔，海拔約1,000公尺。安道爾城是一個旅遊城市，每年有超過1,000萬的遊客前來安道爾城觀光旅遊。安道爾城郊外的山谷、湖泊景色如畫，冬天白雪皚皚，夏天草木茂盛，是天然的滑雪場和狩獵場。這裡漁村、農舍幽靜而迷人，城市古城堡、教堂等古建築古雅質樸，引人入勝。安道爾的名勝古蹟有建於1508年的安道爾大廈，該大廈集中了議會、政府、法庭和博物館等機構。大廈前廣場上有一巨大的鐵斧矗立在地面，它是安道爾的象徵，因為安道爾富含鐵礦。

發達的旅遊業

安道爾旅遊業極為發達，每年接待外國遊客數量為國內總人口的250倍。目前全國居民多從事旅遊業，旅遊收入成為國民收入的主要來源。高山上有天然的滑雪場與狩獵場，冬天覆雪的山巒潔淨無瑕，宛如神話般的世界；夏秋林木茂密，山地牧草青青。全境還有8個湖泊散落在山間，山谷之中秀美恬靜的鄉村與中世紀風格的古堡相伴，加之穆斯林建築遺址和古老的天主教堂襯托在與世隔絕的山湖峽谷景色之中，使安道爾成為一個絕好的渡假勝地。

安道爾境內高山環繞，山峰疊起，有7座山峰海拔在2,700公尺～3,000公尺，這裡最高峰是科馬佩特羅薩山峰，海拔2,946公尺。

直布羅陀

 **GIBRALTAR**

在阿拉伯語中「直布羅陀」一詞是「塔里克之山」的意思，位於直布羅陀海峽北岸、南歐伊比利亞半島南端，由幾塊巨大的岩石組成，面向摩洛哥海岸，緊扣大西洋和地中海的咽喉，具有重要的戰略意義。1704年被英國占領。西班牙從未放棄提出主權要求。1967年舉行公民投票，決定仍屬英國。2000年4月，西英兩國政府就直布羅陀問題達成一項協議，明確英國政府是處理直布羅陀涉外事務的唯一政府。直布羅陀缺乏自然資源，其經濟主要依賴對歐盟國家的貿易。另外，該地的旅遊業也很發達。

直布羅陀海峽具有天然的深水港條件，其海港面積達180公頃，港口有深水碼頭和大船塢，過往船隻多在這裡加水、加油或停靠修整。

野生動植物

直布羅陀動植物中，最有名的是一種大小如大型犬般的猴子，俗稱無尾猴，是歐洲僅有的野生猴。這種猴子原產於北非，在歐洲僅分布於直布羅陀。無尾猴究竟是由北非自然遷移至此，還是人為引進，至今還無人知曉。無尾猴棲息在直布羅陀高地，傳說它存留時間的長短代表了英國統治本地的期限。直布羅陀生長著500多種植物。其中，直布羅陀屈曲花是歐洲僅有的。直布羅陀西部陡峭的高地上，還生長著野橄欖。

旅遊業

直布羅陀是理想的旅遊勝地，當地氣候宜人，屬地中海式夏乾氣候。從6月初到9月中旬幾乎無雨，年平均降雨量860多毫米，8月份的平均溫度是24.1℃，白天最高溫度也很少超過33℃，且不時有涼爽的海風吹來，十分愜意；冬季這裡是歐洲最溫和、最濕潤的地方，1月份的平均氣溫是12.8℃。直布羅陀每年接待成千上萬的遊客，旅遊業是其經濟收入的重要來源。

直布羅陀半島大部分是陡峭綿延的石灰岩山地，被稱為直布羅陀岩峰。其南端有兩塊台地，一塊稍高的台地由遠古時代的海浪衝擊而成，海拔約90公尺～125公尺，被稱為風磨台地，直布羅陀城即位於此。較低的為歐羅巴台地，海拔15公尺～30公尺。圖為從西班牙安達盧西亞看到的風磨台地。

葡萄牙

PORTUGAL

República Portuguesa

葡萄牙位於歐洲西南部、伊比利亞半島的西南角。東、北連西班牙，西、南瀕大西洋，與非洲大陸隔海相望。葡萄牙處於英吉利海峽、北海、波羅的海與地中海之間的海路要道上，海岸線長832公里，地理位置非常重要。葡萄牙氣候宜人，冬季溫暖濕潤，夏季相對乾燥。氣候時有變化，大致是海洋性氣候向地中海氣候過渡。西北部年降雨量超過1,000毫米，有些山嶺地帶可達2,000毫米～2,500毫米。在東北部和特茹河以南，乾旱時有發生。馬德拉群島屬地中海式氣候，比較濕潤，氣溫較高，年降雨量低於1,000毫米。亞速爾群島氣候濕潤，年降雨量1,000毫米以上。

國家檔案

全名	**葡萄牙共和國**
面積	9.21萬平方公里
首都	里斯本
人口	1,030.9萬〔2016年〕
民族	99%為葡萄牙人，其餘為西班牙人等
語言	葡萄牙語語
貨幣	歐元
主要城市	里斯本、波爾圖、法魯

🌏 自然地理

地形北高南低，多為山地和丘陵。地勢由東北向西南傾斜。北部為梅塞塔高原；中部多山地，平均海拔800公尺～1,000公尺。埃斯特雷拉山峰海拔1,991公尺，為全國最高峰。南部多丘陵；西部沿海一帶為沿海平原。森林占全國面積的1/3。

母親之河：杜羅河

杜羅河發源於西班牙，是葡萄牙境內最大的水系。該河在東北部布拉幹薩地區和雷阿爾城地區的峽谷中蜿蜒流過，後又折向西從波爾圖市匯入大西洋。杜羅河在葡萄牙境內全程可通航，是

葡萄牙地處混生植物地帶，既有大西洋地區的落葉植物，又有歐洲和非洲的常綠植物。

葡萄牙北部河運交通的主幹道。它在高原地帶流經谷地，灌溉了青青的葡萄園，讓美麗的葡萄園宛如一串串閃亮的項鏈，使原本默默無聞的河段大放異彩。

歐洲之角：羅卡角

羅卡角位於歐洲大陸的最西點。在人們還不知道地球形狀的古代，這裡理所當然地被看成是天涯海角。故又有「歐洲之角」之稱。羅卡角三面環海，這裡崖高壁陡，風急浪高，四周是茫茫荒野和光禿禿的岩石。葡萄牙詩人卡蒙斯曾在此留下名

杜羅河上有3座橋梁，其中的路易一世橋，是歐洲最大的拱形橋之一，長352.8公尺，分上下兩層車道。大拱橋呈一個奇偉的半圓形跨越杜羅河兩岸，在夕陽斜照中更顯美麗、壯觀。

📖 Travel Smart

地獄嘴

葡萄牙西部的卡斯凱什和金紹兩地之間切入大西洋，這地界被人們稱為「地獄嘴」。這裡到處懸崖矗立，瘋狂的海浪拍打岩岸，海水發出陣陣悶雷般的吼聲，氣象非凡。入夜，遠方偶爾傳來音調悲切的曲子，給這裡蒙上了一層悽楚的色調。相傳9世紀時，許多航海家都是從這裡出發到美洲、亞洲探險，母親們就在這兒為孩子唱起送別的曲子，曲調充滿了對孩子的不捨不離之情。

詩句：「陸地止於此，海洋始於斯。」遊人紛至遝來，除了享受這裡的陽光、沙灘之外，還不免要體驗這座小城的神祕風情，追憶許多驚心動魄、愛恨交織的往事。

馬德拉群島

馬德拉群島是葡萄牙的領地，位於非洲西北海岸的北大西洋內，由4個小島組成。這些海島由於他們特別的地理位置和群山地貌，平均氣溫穩定，並且濕度也保持在一個適度水準，體現出一種副熱帶氣溫的特點。這些群島的海水溫度也很溫和，冬暖夏涼，非常適合於旅遊渡假。

亞速爾群島

亞速爾群島位於大西洋中，整個群島由9個島嶼組成，面積為2,335平方公里，是葡萄牙的一個自治區。群島中最大的島嶼是聖米格爾島，島上火山湖極多，湖水清澈碧綠，十分迷人。

馬德拉群島是火山島，地震較頻繁，海岸陡峭，奇峰絕崖遍布。

科寧布里加是座古城，係古羅馬遺址。西元前10世紀初，這裡就有人居住，與地中海人，特別是腓尼基人有著貿易往來。西元100年左右，這裡成了宗教、行政和貿易中心。

🏛 歷史文化

葡萄牙人的探險及海外擴張事業，揭開了15世紀的序幕。葡萄牙的商人和漁民自古即被視為英勇的探險家和航海家。航海術與造船術的進步，讓葡萄牙水手實現了前所未有的遠洋航行夙願。

葡萄牙國家的誕生

西元前1世紀，羅馬帝國在葡萄牙設立盧濟塔尼亞行省。5世紀，羅馬帝國衰落後，日耳曼人、汪達爾人紛紛入侵葡萄牙。6世紀，西哥特人成為葡萄牙土地上的統治者。8世紀，阿拉伯人入侵伊比利亞半島，葡萄牙開始處於阿拉伯人的統治之下。但西哥特人不承認失敗，展開了漫長的收復失地運動。在11世紀，法國勃艮第家族的恩里克斯伯爵到了波爾圖地區。1139年，伯爵之子恩里克斯打敗阿拉伯人，自己加冕為國王，並打敗了反對他的卡斯蒂利亞國王阿方索七世。1143年，阿方索七世承認了恩里克斯的國王稱號，葡萄牙王國正式誕生。恩里克斯國王在位46年，不斷與阿拉伯人進行戰鬥，征服了大片土地，並於1147年攻占里斯本。到1249年，葡萄牙的疆土固定下來，其版圖與今天的葡萄牙版圖幾乎沒有差別。

海上殖民帝國

在地理大發現時期，葡萄牙人做出了巨大的貢獻。1498年，達·伽馬繞過非洲到達印度；1519年，麥哲倫開始了人類歷史上首次環球航行。伴隨著地理上的大發現，葡萄牙人開始了海上的殖民活動，並建立起一個龐大的殖民帝國。從15世紀起，葡萄牙人在非洲西海岸的幾內亞、剛果、安哥拉等地設立了許多殖民據點。16世紀，葡萄牙又占領了東非海岸的莫三比克、吉爾瓦等地。在印度的果阿建立殖民據點，入侵錫蘭（今斯里蘭卡），奪占麻六甲、孟買，在蘇門答臘、爪哇、加里曼丹等地建立據點，還侵占了中國澳門。它最大的殖民地是美洲的巴西。16世紀時，葡萄牙與西班牙一起成為當時兩個殖民帝國。

由帝國到小國

1580年，西班牙吞併葡萄牙，葡萄牙帝國的強盛剛開始就結束了。1640年，葡萄牙擺脫西班牙人的統治而獨立，而它在遠東的殖民地則被後起的荷蘭所攫取。葡萄牙開始依賴巴西。在此後的一個半世紀裡，葡萄牙得到了長久的和平。1807年，拿破崙軍隊入侵葡萄牙。1822年，葡萄牙最大的殖民地巴西宣布獨立，葡萄牙至此已衰落不堪。1910年，葡萄牙

共和國成立。從1932年起，葡萄牙進入了薩拉查長達36年的統治時期。1964年，葡萄牙為其非洲的殖民地而戰，國力更加衰落。20世紀70年代，葡萄牙實行非殖民化和民主化，非洲的殖民地獨立。1986年，葡萄牙加入歐洲共同體。

葡萄牙博物館內收藏的拉斐爾的名畫《西斯廷聖母》，塑造了一位具有崇高犧牲精神的母性形象。畫中的聖母面帶憂傷，為了拯救人類，把兒子送入人間。

葡萄牙人勤勉而友善的民族精神，曾經培育出不少著名的發現家和探險家。如麥哲倫、達·伽馬等。此圖是為紀念航海家達·伽馬而建的航海紀念碑。

航海史上的雙子星座

麥哲倫和達‧伽馬被稱為航海史上的雙子星座。1497年，達‧伽馬帶領葡萄牙龐大的遠征船隊，在里斯本萬人空巷的歡送中揚帆出航。他率領遠征隊歷盡艱辛，到達東方的印度，開闢了西歐到印度的新航路。26個月後，他的船隊滿載香料寶石返回里斯本。達‧伽馬一次航海，便獲得了整整60倍的純利，給葡萄牙帶來曠古未有的財富。從此，葡萄牙苦心經營這條東方航線，壟斷了整個東方貿易長達90年之久。葡萄牙人也因此大獲其利，首都里斯本迅速成為國際貿易中心和歐洲最大的商業港口城市。歐洲的商業中心，就這樣逐漸地從地中海一帶轉移到了大西洋沿岸。他開闢了新航線，也開創了歐洲進行殖民掠奪擴張的新時代。

1519年9月20日，麥哲倫於西班牙塞維利亞港起航，開始了他名垂青史的環球航行。麥哲倫航海探險船隊的首次環球航行成功，以無可辯駁的事實向人們證明：地球是圓的，世界海洋是一個整體。麥哲倫發現了溝通大西洋、太平洋的麥哲倫海峽，征服了大西洋、印度洋、太平洋，開闢了一條從歐洲經麥哲倫海峽抵達亞洲東部的航線，這在人類歷史上是永遠不可磨滅的偉大功勳。

辛勤而且好客的葡萄牙人，是5,000年前便居住此地的伊比利亞人的後裔。他們大多數居住在遠離城市的村鎮中。葡萄園中的這位老人，臉上展露出了葡萄牙人最具魅力的親切笑容。

14世紀前後，大量修建園林在葡萄牙成為時尚，許多優秀的園林也完好地保存至今。這是葡萄牙里斯本愛德華七世公園。

里斯本多為低層建築，城中最高點為聖喬治城堡，城垛巍峨，牆厚且堅。城頂高矗著聖喬治王子的塑像，保留著有400年歷史的炮台。1580年，里斯本陷落入西班牙人手中，葡萄牙聖喬治王子率領軍民孤守城堡，憑藉有限的糧草和水，堅持半年之久，在葡萄牙歷史上留下了光輝的一頁。葡萄牙人將其建成了「永恆」的建築物。

諾貝爾文學獎得主薩拉馬戈

1998年，葡萄牙人薩拉馬戈獲得了該年度的諾貝爾文學獎。薩拉馬戈是一位專業作家，十分勤奮，自1966年起，先後出版了26本文學作品，是一位有著全面才華的文學天才。他寫有不少的詩集和劇本，但給他帶來巨大聲譽的是他的小說。《繪畫與書法指南》、《從地上站起來》、《修道院紀事》等為他贏得了整個世界的尊敬。

主要城市

葡萄牙比較重要的城市大都坐落於沿海一帶，沿海都市比內地都市人口密集，經濟、文化也較發達。這與葡萄牙在十五、十六世紀航海業高度發達密切相關。城市建築中，以中世紀的古建築為多，現代化的高層建築相對較少，幾乎所有的古蹟保存較好，都具有較高的旅遊觀賞價值。

新舊融合的首都：里斯本

里斯本是葡萄牙的首都，一直以來都是葡萄牙的政治、經濟、交通和文化中心，也是葡萄牙的第一大海港。有化學、石油化工、機械製造、紡織、食品等工業部門。其造船工業世界馳名。

里斯本是歐洲大陸最西端的城市，坐落在特茹河入海口北岸的7個山丘上，有「七丘城」之稱。里斯本面積82.88平方公里，瀕臨大西洋，是風光秀麗的海濱城市。1755年這裡曾發生大地震，城市幾乎全部被毀。現在的里斯本多是震後重建的：城市建築錯落有致，多深淺不一的紅瓦屋頂；宮

除了經濟，波爾圖在藝術上也是魅力十足，這裡的宮殿、教堂、博物館、畫宮、紀念碑比比皆是。如今這些古老的建築和藝術珍品還保持著昔日的風采，顯示著波爾圖人民的智慧與才華。

殿式古建築巍峨壯麗；烏亮的碎石路和小攤上的編織、銀器、皮貨等，構成南歐國家獨特的情調。市內名勝古蹟很多。雄偉的聖喬治城堡位於全城最高點。熱羅尼莫斯隱修院為紀念中世紀葡萄牙航海家而建，宏偉壯觀。里斯本作為葡萄牙的政治中心，其總統府、共和國議會、總理府、外交部和國防部等重要政府機構均設在濱河的帝國廣場。

葡萄酒窖：波爾圖

波爾圖是葡萄牙北部重要的港口城市，也是整個國家第二大城市，當地以盛產葡萄酒聞名於世。波爾圖的杜羅河口壯觀的地理景色、以及保存完好的建築遺跡，在1996年被「聯合國教科文組織」列入《世界遺產名錄》。由於城市沒有遭到破壞，波爾圖市內的各種建築都有數百年歷史。

葡萄牙民族的搖籃：吉馬良斯

吉馬良斯位於布拉加區南部聖卡塔里納山麓，始建於4世紀，12世紀曾為葡萄牙首都，是葡萄牙著名古城，被稱為「葡萄牙民族的搖籃」，是重要的歷史名城之一。

名勝古蹟遍布整個城市。這裡有996年建造的城堡，是葡萄牙最重要的古蹟。整個城堡的平面圖呈盾形。周圍是7個防守塔樓，塔樓之間由一條狹窄而粗糙的石階相連。中間是主塔樓，高27公尺，由花崗岩建成，只有一個木吊橋與周圍相通，地勢十分險要。其他古蹟還有橄欖樹聖母教會教堂，於10世紀建造，始建時為拉丁──拜占庭式，後迭經改建，12世紀為羅馬式，14世紀為哥德式，19世紀為新古典式，成為融合多種風格的建築物。它曾是葡萄牙國王阿方索・亨里克建立的皇家牧師會所在地，裡面有數間羅馬式隱居室和阿爾貝托・桑巴約地區博物館。教堂旁邊有用整塊石料鑿成的哥德式薩拉多紀念碑。

燦爛的伊甸園：辛特拉市

辛特拉市是阿拉伯貴族與葡萄牙王室的夏宮所在地，位於山腳下，是一個美麗的地方。這一帶山巒起伏，宮殿、城堡和別墅就坐落在這一碧水連天之中，人文景觀與自然風光調和在一起。它獨特的風景和文化使「聯合國教科文組織」將它列為世界遺產。城市附近的辛特拉山上覆蓋了非常豐富的植被，是新特拉自然公園的一部分。

從很早以前，辛特拉就已經有從伊比利亞半島過來的不同人群居住的痕跡，這些都被陳列在這個城市郊外的奧德林哈斯考古學博物館裡。在12世紀，葡萄牙的第一位國王奪取了阿拉伯人的城堡，並且他的後繼者在這個阿拉伯宮殿的廢墟上修造了假日居所，現在成為該城市的國家宮殿。很多摩爾人的遺跡都保存於此。新特拉市作為國家旅遊勝地，經常被國王和貴族讚美，被詩人和作家稱頌，如拜倫稱讚它為「燦爛的伊甸園」。新特拉市有大量的村舍和莊園，現在其中的一些成為官方的旅遊渡假場所。新特拉其他的一些宮殿也很有名氣，如佩納宮，瑟特阿斯宮以及莫沙拉特宮，都以擁有獨一無二美麗的異國情調花園而著名。

貝倫塔是葡萄牙文藝復興時期的一座代表性建築，標誌著葡萄牙一段光輝的歷史。

🦭 經濟

葡萄牙地域狹小，自然資源匱乏，工業基礎比較薄弱，農業生產水準較低。能源、原材料和糧食對外依賴性嚴重。旅遊、製鞋、紡織、釀酒等是其支柱產業。1986年加入歐洲共同體後，葡萄牙經濟發展較快。近年來，經濟穩定發展，高於歐盟平均水準。

工業

葡萄牙的工業部門有紡織、鋼鐵和汽車裝配等。葡萄牙的煉鋼廠集中在主要的海港附近，其最重要的煉鋼廠塞圖巴爾是一國營企業，其附近又有葡萄牙主要的造船廠、飛機修造廠和汽車裝配廠，地理位置優越。葡萄牙的造船業自古就很發達，能夠建造35萬噸級的巨型油輪以及其他種類的船隻，葡萄牙有歐洲最大的船塢。另外，葡萄牙的海上勘探和採油設備產品也具有相當的競爭力。其軟木產量占世界總產量一半以上，出口位居世界第一。

葡萄牙南部旅遊城市法魯工藝品小店。

農業

葡萄牙的農業在西歐國家中處於最下游，其生產的糧食無法滿足國內市場的需求，需要大量進口，主要種植作物有小麥、裸麥、玉米以及其他穀物。葡萄牙的木材生產在歐洲占有一席之地，其森林覆蓋率達到35%，為其木材加工生產提供了原料。

迅速發展的服務業和旅遊業

葡萄牙服務業在20世紀80年代還很不發達。進入20世紀90年代以後，發展迅速，其產值在國民經濟中的比重以及該行業從業人員在全國就業人口中的比例已接近歐洲已開發國家水準。葡萄牙服務業主要包括銀行、保險、旅館、餐飲、交通、倉儲、通訊、房地產、社會救助及其他集體、社會和個人服務。葡萄牙旅遊業是其外匯收入的重要來源和彌補外貿赤字的重要手段。主要旅遊勝地有里斯本、法魯、波爾圖、馬德拉島等。

對外貿易

葡萄牙進口產品主要有機械、車輛、糧食、蔬菜等；出口產品主要為服裝、機械、紡織、鞋類、木材、紙漿和運輸器材等，大理石出口居世界第二位。主要貿易對像是西班牙、德國、法國等歐盟成員國。

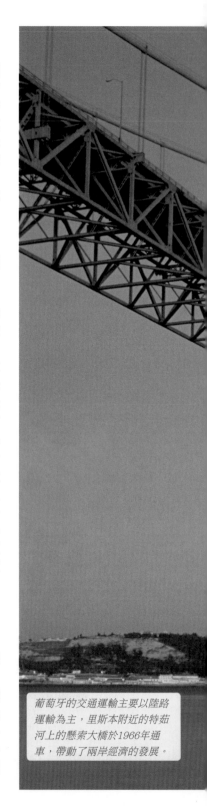

葡萄牙的交通運輸主要以陸路運輸為主，里斯本附近的特茹河上的懸索大橋於1966年通車，帶動了兩岸經濟的發展。

西班牙

SPAIN

Reino de España

西班牙位於歐洲西南部伊比利亞半島，占該半島面積的4/5。西鄰葡萄牙，東北與法國、安道爾接壤，北瀕比斯開灣，南隔直布羅陀海峽與非洲的摩洛哥相望，東和東南臨地中海。南北最大距離840公里，東西相距約1,000公里，海岸線長約7,800公里。領土包括地中海的巴利阿里群島和非洲西北部大西洋的加那利群島，是西南歐面積最大的國家，在西歐僅次於法國居第二位，相當於歐洲全部面積的1/20。西班牙語是世界上使用最廣的語言之一，使用的國家包括西班牙、整個中美洲和南美洲、美國南部、非洲的許多國家。

西班牙的阿利坎特，終年氣候宜人，既沒有酷暑，也沒有寒冬，一年之中幾乎天天風和日麗，四季溫差不超過10℃。海岸是遊人嚮往的地方。

國家檔案

全名	西班牙
面積	50.59萬平方公里
首都	馬德里
人口	4,650萬〔2017年6月〕
民族	主要是西班牙人，少數民族有加泰羅尼亞人、加里西亞人和巴斯克人
語言	西班牙語是官方和全國通用語言
貨幣	歐元
主要城市	馬德里、巴塞隆納

托萊多位於馬德里西南約70公里處的一個小山丘上，塔霍河流經該城腳下，形成天然的「護城河」和屏障。圖為西班牙人為抵禦外族入侵而修建的城堡要塞。

🌏 自然地理

伊比利亞半島上多山脈，北部綿亙著庇里牛斯山和坎塔布連山脈；南部有靠邊界的東西走向的安達盧西亞山脈。中部梅塞塔高原是一個為山脈環繞的閉塞性高原，約占全國面積的60%。那加利群島是由火山噴發而成，由13個火山島組成。

大西洋的明珠：加那利群島

加那利群島位於大西洋東岸，與西非大陸隔海相望，距西班牙南部的加的斯市約1,100公里。自古以來就是連接歐洲、非洲和美洲的重要交通樞紐之一，戰略地位十分重要。加那利群島由7個大島和若干個小島組成，面積7,242平方公里，人口170萬。島上景色錯落有致，美麗如畫，高聳的山巒襯托著富饒的山谷，山谷中滿是棕櫚樹叢和香蕉園。加那利群島擁有眾多的海灘和較長的海岸線，加上宜人的氣候，是渡假和休閒的好去所。

縱橫的山脈

伊比利亞半島上山脈縱橫，西班牙境內從東到西，從南到北，山脈起伏不斷，一個連著一個：坎塔布連山脈、庇里牛斯山、安達盧西亞山脈等。這些高山靜靜地橫臥在古老的伊比利亞半島上，哺育了一代又一代聰明智慧的西班牙人。

多樣性的氣候

西班牙地處南歐，受三面海洋氣候的影響，東、南有來自地中海溫暖而潮濕的氣流，北部又有大西洋吹來的陣陣季風，加之本土地理環境複雜，崇山峻嶺，林海草原，錯落有致，從而形成了各自的小氣候。除西北部沿海一帶，西班牙許多地區氣候乾燥，嚴重缺水，年降水量在500毫米～1,500毫米，而降水大多在冬天。

🏛 歷史文化

　　西班牙擁有悠久的歷史，曾經憑藉其強大的海上力量——「無敵艦隊」風雲一時，在世界各地尤其是拉美建立起殖民統治。但是，近代的西班牙卻陷入內戰之中，國力也相應削弱。現在，西班牙雖然無法與德、法、英等歐洲其他強國比肩，但仍然是歐盟內的大國之一。西班牙彙聚了地中海文化、羅馬文化、伊斯蘭教文化和基督教文化四大文化，絢麗無比。西班牙數千年源遠流長的文化哺育了許多著名的文學和藝術天才。這些文學巨匠和藝術大師為西班牙贏得了廣泛的聲譽，也為世界文學藝術做出了傑出的貢獻。

鬥牛是西班牙的「國技」。這是西班牙安達盧西亞鬥牛場。

從羅馬人到阿拉伯人

　　伊比利亞半島在20萬年前就有原始人類居住。西元前9世紀，中歐的凱爾特人開始向外遷徙而到達伊比利亞半島，並於西元前6世紀形成最早的文明。西元前3世紀，羅馬人開始征服伊比利亞半島，西元前218年～西元前206年，經過著名的「布匿戰爭」，羅馬人擊敗迦太基人，獨霸伊比利亞半島，開始了對其長達7個世紀的統治。756年，阿拉伯人在西班牙南部城市科爾多瓦建立了西班牙的倭馬亞王朝，開始了阿拉伯人對西班牙長達7個世紀的統治。

殖民帝國時期

　　1492年，哥倫布發現了新大陸，地理大發現導致了世界殖民時代的到來，西班牙成為當時最強大的海上殖民帝國與霸主。16世紀西班牙是一個統治美洲、菲律賓、荷蘭等地，空前強盛的帝國。進入17世紀，西班牙的大國地位以驚人的速度喪失了。19世紀20年代，西屬拉丁美洲殖民地爆發獨立戰爭而最後獨立。1898年，美國與西班牙發生戰爭，西班牙喪失了最後幾塊殖民地。

近代的西班牙

　　1931年4月，西班牙建立共和國。1936年7月17日，西班牙發生了武裝叛亂，叛軍的首領是佛朗哥將軍。經過近3年的戰鬥，西班牙共和國被叛軍顛覆了，1939年4月1日，佛朗哥宣布戰爭結束，自己為西班牙的國家元首，從此開始了佛朗哥長達36年之久的獨裁統治。

1492年，哥倫布發現印度洋。以後，西班牙逐漸發展成為海上殖民強國。此圖是印第安人反抗西班牙人的鎮壓並實施報復行動的場景。

文學巨匠賽凡提斯

賽凡提斯（1547～1616）是西班牙最偉大的小説家，他的傳世傑作是《堂·吉訶德》。該書諷刺了趨於衰落

西班牙安達盧西亞加的斯的狂歡節期間，人民都身著傳統服裝，載歌載舞。圖片中的女子身著安達盧西亞長裙。安達盧西亞長裙普遍呈瘦長形，色彩或豔麗或素淡依年齡而定，其下擺墜到雙踝處。據傳，安達盧西亞長裙是從古代阿拉伯婦女所穿的一種裙子演變而來的。

的中世紀騎士制度和武俠精神，指出教會的專橫、社會的黑暗和人民的困苦，書中對時弊的諷刺與嘲笑遭到封建貴族與天主教會的不滿與憎恨。

這部曠世傑作在廣大讀者中享有盛譽，而且很快就傳遍了世界各地。賽凡提斯窮盡一生所創作的《堂·吉訶德》，成了人類寶貴的精神財富。自這部作品誕生以來，幾乎被翻譯成各種文字，傳遍世界。

藝術大師畢卡索

畢卡索（1881～1973）出生於西班牙南海岸的馬拉加，是20世紀最富有創造性、影響力的西班牙藝術大師。在20世紀，沒有一位藝術家能夠像畢卡索一樣，畫風多變而盡人皆知。畢卡索在其長達70多年的創作生涯中，憑藉他超前意識的迸發和衝刺力量以及非凡的創新精神，毫無疑義地成為了西方藝術「百年變革」的代表人物。他還是一個愛恨分明的畫家，其巨幅油畫《格爾尼卡》強烈地譴責了法西斯慘無人道的暴行。

西班牙國歌

西班牙國歌與眾不同，距今有200多年歷史，但只有音樂樂曲，沒有歌詞，不宜歌唱。這是歷史原因造成的。1761年，西班牙國王卡洛斯三世，他向普魯士大公費德里戈二世宮廷派遣了一個軍事使團，以表明兩國關係的密切。普魯士大公對此非常重視，親自接見西班牙使節並回贈了一件十分珍貴的禮物，這件禮物就是西班牙格拉納達軍隊進行曲的樂譜。卡洛斯三世見到這部樂譜後，馬上讓皇家樂隊演奏。

這首樂曲曲調明快、雄壯、節奏感強，國王對此非常喜歡，馬上命名為「西班牙軍隊進行曲」。後來在十多年中經過「西班牙榮譽進行曲」和「皇家進行曲」的演奏，最後逐漸變成了「西班牙國歌」。後來在阿馬德奧王朝時期，國王曾嘗試創作一首新的國歌，並填上詞，以取代老的國歌。他請來了全國400多位最優秀的作曲家和詞作家進行創作比賽，結果沒有一首能超過原有的國歌水準。就這樣，西班牙國歌從一開始就只有樂譜，沒有歌詞，並一直延續至今。

在西班牙，無論冬夏，也不管男女老少，人人都離不開扇子。西班牙女子還善於用扇子表達她們的感情。打開扇子支著下巴，是希望下次早點見面。在西班牙梅西亞傳統集會上，這名西班牙女子打開扇子略舉過頭頂，表示問：「你喜歡我嗎？」或者她在説：「我愛你。」

佛朗明哥舞

佛朗明哥舞是安達盧西亞吉普賽人（佛朗明哥人）的舞蹈。如今已經成為西班牙最具代表性的民間舞蹈。14世紀、15世紀，吉普賽流浪者把東方的印度踢踏舞風、阿拉伯的神祕感傷風情融合在自己潑辣奔放的歌舞中帶到了西班牙，形成了今天的佛朗明哥舞。佛朗明哥舞源自平民階級，在舞者的舉手投足中表達出人性最無保留的情感。吉他、響板、如風中蔓草似的手臂、富於稜角的揚腕造型、迅速地原地旋轉和突發地嘎然而止的動作，既有歐洲舞風的典雅，也有阿拉伯舞蹈的誘惑、優美和感傷。

鬥牛士用顏色鮮豔的斗篷來回逗耍公牛，使瘋狂的公牛完全順著他的意願團團轉，直到把公牛累得筋疲力盡為止，然後鬥牛士便依程式結束公牛生命。

嘆為觀止的鬥牛

鬥牛是西班牙的「國粹」，風靡全國，享譽世界。鬥牛季節是3月～10月，這時每逢週四和週日各舉行兩場，如逢節日和國家慶典天天都可觀賞。鬥牛場面壯觀，格鬥驚心動魄，富有強烈的刺激性。鬥牛是西班牙最具代表性的民族體育項目，代表著西班牙人粗獷豪放的民族性格。鬥牛的魅力在於這是一種冒險的藝術，過程充滿了驚險血腥和美麗崇高，鬥牛士與公牛之間的糾纏，不啻是一場華麗的死亡之舞。鬥牛表演通常有一個進場式和3場搏鬥。一套完整的工具包括：一把長矛、6支花鏢和4把不同的利劍，以及一把匕首。4把不同的利劍則是由主鬥牛士根據不同需要和不同時間使用。另外兩件非常重要的工具是斗篷和紅布。

西班牙於2001年12月31日取消義務兵役制，目的是實現軍隊職業化。這樣既可以避免不願當兵的人去當兵，又可提高部隊戰鬥力和連續性。圖片中身著戎裝的西班牙士兵，騎在高頭大馬上，十分威武。

佛朗明哥舞是西班牙的國粹之一，這種舞蹈使觀眾和舞蹈者之間很容易交融成一片，產生共鳴。這是西班牙婦女們起舞前聚在一起做準備工作。

主要城市

西班牙的城市大多建立在史前時代先民居住的遺跡之上。由於都市發展的條件不同，西班牙的都市發展也很不平衡，一般來說沿海地區的城市發展比較迅速，內陸地區城市發展道路上卻有許多曲折。

馬德里

馬德里位於伊比利亞半島中心，是西班牙的首都以及經濟、文化及政治中心。該市是歐洲有名的藝術中心，每年都吸引來大批的觀光客。以太陽門為中心，道路由此成放射狀展開，地鐵和公交系統便利，交通四通八達。悠閒的步道提醒人們，身處西班牙，不論白天或夜晚都十分適合人們閒逛，逛累了還可以來杯咖啡，靜靜地感受這城市的脈動和體味當地的別樣風情。

馬德里是個相當適合步行漫遊的城市，從太陽門往西比列斯廣場，或從大廣場往

西班牙加泰羅尼亞地區巴塞隆納著名的一處建築的煙囪，該煙囪是整座建築最富有創意的組成部分之一。

馬德里是一座歷史悠久的城市，城內建築大多上了年紀。城西是歷代皇宮，市中心還有一座有名的哥倫布蠟像博物館，距馬德里不遠還有著名的文化古城托萊多。這一切構成馬德里豐厚的歷史文化蘊味。從整個城市的鳥瞰圖中，我們看到的還不止於上面所羅列的貴重「家當」，還有馬德里更多的古味綿長的建築群。

王宮方向，沿途盡是藝術、文化及建築寶藏。馬德里著名的景點有莊嚴的皇宮、普拉多博物館、年輕人聚集的太陽門、16世紀時哈布斯堡王朝建造的著名的大廣場及聖伊西卓大教堂。這裡到處都是觀光客群在盡情流覽古蹟、世界知名的博物館以及享受夜生活。馬德里和歐洲其他著名的首都不一樣，是一座年輕的城市。馬德里直到1561年菲力浦二世國王將王宮搬至此地，才比較受到重視，但城市發展較快，很快就成為西班牙經濟、文化及政治中心。

巴倫西亞

巴倫西亞是西班牙東部重要工業城市，也是僅次於巴塞隆納的西班牙地中海第二大港口。位於伊比利亞半島東部，地中海巴倫西亞灣沿岸，圖里亞河口附近。城市地處地勢低平的河谷平原，為重要的灌溉農業區。始建於西元前2世紀～西元前1世紀，19世紀末以後輕、重工業發展較快。巴倫西亞又是文化古城，有許多中世紀文藝復興時期的建築古蹟，有「百座鐘塔城」之稱。

巴塞隆納

巴塞隆納是西班牙的第二大城市，也是一個工商業發達、文化藝術非常豐富的城市，有「地中海曼哈頓」之稱。西班牙現代藝術巨匠如米羅、達利等名人都誕生於巴塞隆納。巴塞隆納是伊比利亞半島最富有歐洲氣質的大都會，所以又被稱為「伊比利亞半島的明珠」。巴塞隆納是羅馬人於西元前218年在蒙土克山附近創建的。1833年以前是加泰羅尼亞地區加泰羅尼亞的首府。巴塞隆納的地位在西班牙僅次於馬德里，但它比馬德里更古老，在西班牙的大部分歷史上，也是比馬德里更為重要的城市，距今已有2,000多年的歷史。巴塞隆納因其

薩拉戈薩是西班牙一座歷史古城，名勝古蹟遍布全城，各色建築隨處可見，極具特色。

獨特的歷史傳統、風俗民情和具有歐洲水準的發達工業，被文人墨客譽為「歐洲之花」。而在大文學家賽凡提斯眼裡，它是「世界上最美麗的城市」。

傳當年哥倫布發現美洲大陸後，西班牙從美洲大陸掠奪了大量黃金、白銀，從海上運回來後就暫存在這裡，然後再從陸路運往馬德里上繳王室。

南方門戶：塞維利亞

塞維利亞是西班牙西南部一座重要而美麗的城市，它坐落在瓜達爾基維爾河右岸，是西班牙唯一的內河港口城市，這裡與加那利群島的港口及其他地區都有定期航線。該市的汽車、機械等工業發達，而這裡生產的「雪麗」酒，更是享譽全球。塞維利亞市內的名勝古蹟也很多，最著名的是中世紀古蹟：拉希拉爾達磚塔，這座磚塔一直是塞維利亞的象徵。另外還有一座黃金塔，它建於1220年，是典型的阿拉伯風格的堡壘形建築。關於黃金塔還有一個傳說，據

這是巴塞隆納神聖家族教堂，其設計表現了高迪狂熱的超現實主義，其上雕刻的植物、動物、人物、雲朵等每個細節，都值得細細欣賞。

塞維利亞是西班牙安達盧西亞地區最大城市。市區有新舊城之分：舊市區範圍較小，街道狹窄而彎曲；新市區範圍廣，將整個舊市區包圍住，是由近代工業的發展而逐漸形成的。

🌑 經濟

西班牙的經濟由於連年內戰幾乎處於停滯的狀態，自從內戰結束以來，西班牙的經濟獲得了很大的發展，成為歐洲經濟增長比較快的一個國家，而馬德里的股市也成為歐洲最活躍的股市之一。

農業

西班牙農業占地3,331萬公頃，可耕地1,665萬公頃，糧食基本上能夠自給。水果、蔬菜在農業中占據突出位置，是歐盟水果、蔬菜的主要生產國和出口國之一。西班牙素有「橄欖王國」之稱，橄欖油的產量和出口量居世界首位。橄欖種植面積占世界的24%以上，達220萬公頃。橄欖油近年產量在65萬噸～75萬噸，出口量一般在20萬噸以上。西班牙還以葡萄種植和葡萄酒生產聞名於世。葡萄酒生產量居世界第三位，年產33億公升，出口10億多公升，其中以紅葡萄酒最為出名。

馬德里街頭擦皮鞋的人。

漁業

西班牙所處地理位置優越，東臨地中海，西部和北部緊靠大西洋，西班牙擁有7,000多公里海岸線，西班牙人民早在羅馬統治時期就從事捕魚和有關商業活動。西班牙是捕魚大國，在歐盟中居首位。有漁船約1.9萬隻，年捕撈量200萬噸左右。西班牙主要有兩大捕魚區：西北部地區和坎塔布里亞地區。迄今，西班牙有11萬人直接從事捕魚業，占全國就業人口的0.7%，其中加利西亞、坎塔布里亞、大西洋沿海和加那利群島的捕魚人員大約占捕魚人數的75%；大約有70萬人間接從事漁業加工和服務業。西班牙漁船隊在世界上名列前茅，在西歐也首屈一指。西班牙養殖業也比較發達，特別是牡蠣、海紅的養殖。西班牙水產品消費僅次於日本，居世界第二位。

工業

西班牙工業體系完善，生產力水準也較高。傳統工業為紡織、建材、採礦、鋼鐵、製鞋等；新興工業有汽車、機械、電子、通訊等。西班牙汽車工業始於20世紀50年代。自80年代逐步被外資所控制。目前，國際上名牌汽車大都在西班牙設立了分廠，其中有：雷諾、大眾、標緻－雪鐵龍集團、賓士、菲亞特、通用、福特和日產等。汽車工業目前已成為西班牙支柱產業之一。汽車及零部件出口占西班牙出口總額的25%以上，為西班牙第一大出口產品。其汽車產量居世界第七位，出口居世界第四位。紡織、服裝業是西班牙傳統工業。紡織、服裝產值約占國內生產總值的3%～4%。製鞋業是西班牙傳統的手工業，十分發達，與義大利、葡萄牙一起，共用「製鞋王國」的美譽，年產皮鞋近2億雙。

這是西班牙傳統農業生產使用的風車,「風車地區」也是西班牙代表性景觀之一。

旅遊業

　　西班牙夏季少雨,全年陽光明媚。「陽光和沙灘」為西班牙提供了取之不盡,用之不竭的旅遊資源。此外,西班牙歷史悠久,擁有眾多的名勝古蹟,使西班牙成為世界最吸引人的旅遊勝地之一。近年來,西班牙旅遊大國的地位不斷加強。旅遊業已成為西班牙第一支柱產業。2005年,接待外國遊客達5,560萬人次,淨收入460億歐元,旅遊業成為國家外匯收入的主要來源。聯合國旅遊總部就設在馬德里。

建築業

　　二戰後初期,西班牙的建築業發展很慢,自20世紀60年代起,西班牙政府開始重視建築業,70年代～80年代以來,發展較快,且建築業在國民生產總值中的比重不斷提高,隨著近年來國內外的投資熱和國內消費的興旺,建築業已成為西班牙重要國民經濟部門之一。在建築行業中,西班牙除了擁有一支龐大的建築大軍外,還擁有一支得力的建材科研隊伍,他們所研製的建材其中不少具有世界先進水準,如防火材料、隔音材料、防潮材料等,由於它們重量輕、成本低,在國際市場上一直占有一席之地。西班牙政府一向重視對工程技術人員與建築工人的技術培訓和職業教育,在全國有好幾所土木工程學校和建材研究所,有的大學也專門設立建築系。因此,一般建築人員不僅文化素質好,而且技術過硬,所以西班牙的建築人員不僅在國內承包工程,還常在西歐國家和世界其他地區承包工程項目,每年能為國家掙得不少外匯。

西班牙的農田幾乎遍布全境,盛產品種豐富的蔬菜、瓜果。

聖馬利諾

SAN MARINO

Serenissima Repubblica di San Marino

聖馬利諾是位於歐洲南部亞平寧半島東北部的內陸國，在義大利中北部的艾米利亞－羅馬涅區內，被義大利的國土所包圍，是名副其實的國中之國。屬於地中海氣候，年平均氣溫16℃，年均降雨量為880毫米。聖馬利諾是歐洲最古老的共和國之一，是西羅馬帝國衰落至1861年義大利王國成立期間各個歷史時期在義大利境內倖存下來的獨立國家。301年建國，1263年制訂共和法規，15世紀起定現國名。聖馬利諾近年來經濟發展很快，其旅遊業很發達。它發行的郵票和紀念幣很出名，在經濟上同義大利關係密切。1992年加入聯合國。

郵票王國

聖馬利諾的郵票早就蜚聲世界，1607年，在世界上首次創辦郵政服務；1877年，成為第一個使用郵票的歐洲國家；1894年，首次在義大利發行紀念郵票和貼郵票的信封；1997年，在聖馬利諾的境內使用著名郵戳。聖馬利諾郵票素以題材豐富、圖案精美、色彩豔麗、印刷精細而著稱。因此，有「郵票王國」的美稱。

聖馬利諾95%居民信奉天主教，他們舉行的娛樂活動也極具天主教色彩。

聖馬利諾以蒂塔諾山為中心，瓜伊塔、切斯塔、蒙塔萊三峰並立其旁。建於11世紀～13世紀的3座古堡聳立其上，易守難攻，它們是聖馬利諾人抵禦外敵入侵，維護國家獨立的歷史見證。

國家檔案

全名	聖馬利諾共和國
面積	61.19平方公里
首都	聖馬利諾
人口	3.3萬〔2016年〕
民族	90%為聖馬利諾人
語言	官方語言為義大利語
貨幣	歐元
主要城市	聖馬利諾

馬爾他

MALTA
Repubblika ta' Malta

馬爾他是一個位於地中海中部的島國，全境由馬爾他等5個島嶼組成，海岸線曲折，總長約180公里。馬爾他島占總面積的78%，為丘陵地形，西高東低，間有小盆地。由於石灰岩洞穴滲漏嚴重，地面無常流河和湖泊，石灰岩下的不透水層是飲用水和農業用水的主要來源。馬爾他有「地中海的心臟」之稱，正處於從大西洋通往地中海東部和印度洋的海上交通要衝，控制著地中海的主要航線，戰略位置顯要。

馬爾他建築藝術一直受到島上居民的宗教信仰、統治者的講究排場和防禦侵略需要的影響，馬爾他人修建了大量教堂、府第、官邸。首都瓦萊塔的建築整齊而宏偉，淡黃色的建築給人一種自然淡雅柔和的感覺。

國家檔案

全名	馬爾他共和國
面積	316平方公里
首都	瓦萊塔
人口	43.9萬〔2017年〕
民族	馬爾他人占總人口的90%，其餘為阿拉伯人、義大利人、英國人
語言	馬爾他語、英語
貨幣	歐元
主要城市	瓦萊塔

馬爾他歷史

1800年起，馬爾他被英國占領並統治長達164年。1964年宣布獨立，為英聯邦成員國，英國女王為國家元首。1974年修改憲法，改君主立憲政體為共和國，總統為國家元首。馬爾他有悠久、燦爛的文化歷史，至今仍保存著許多歷史文化遺跡，包括新石器時代的神廟建築等。馬爾他相繼被腓尼基、迦太基、羅馬帝國、拜占庭帝國、英國統治過，因此，馬爾他融合了多種文化。

首都瓦萊塔

瓦萊塔是馬爾他共和國的首都，地處馬爾他島東北狹長的半島上，被分割成兩個防守嚴密的海軍天然良港。整座城市呈矩形，以大統領宮為中心，周圍是廣場地帶，一條主幹路貫穿城市中心的廣場區，共有12條豎街和9條橫街。瓦萊塔是馬爾他最大的海港和國際航線的重要港口，也是其政治、經濟和文化中心。

梵蒂岡

VATICAN

Status Civitatis Vaticanae

梵蒂岡位於義大利羅馬城西北角的高地上，地處台伯河右岸，是世界上最小的國家。西元2世紀時，羅馬城的主教政治、經濟勢力很大，有「教皇」之稱。756年，教皇史提芬二世獲得法蘭克國王「矮子」丕平贈送的羅馬城及其周圍地區，教皇國開始出現。1870年，教皇國併入義大利王國，教皇退居梵蒂岡宮中。1929年，義大利承認梵蒂岡是屬於教皇的主權國家，教皇也承認了教皇國的滅亡，另建梵蒂岡城國。梵蒂岡城國是一個政教合一的國家。教皇是國家元首，擁有最高的立法權、司法權和行政權。教皇任職終生，由80歲以下的紅衣主教團以2/3多數選票選出。

國 家 檔 案

全名	梵蒂岡城國
面積	0.44平方公里
首都	梵蒂岡城
人口	800人，常住人口僅450人
民族	義大利人
語言	義大利語、拉丁語
貨幣	歐元
主要城市	梵蒂岡城

Travel Smart

500年未變的制服

梵蒂岡的瑞士衛隊是1505年由朱利奧二世所組建的，由200名瑞士衛兵組成。衛隊成員所穿的制服十分別緻，500年來都沒有改變過式樣。據說，這制服是米開朗基羅所設計的。

發達的旅遊業

梵蒂岡是世界上最著名的旅遊勝地，每年接待數以萬計的外國遊客和天主教信徒，旅遊外匯收入十分可觀，是梵蒂岡國民收入的主要來源之一。梵蒂岡地處世界古城羅馬市中心，這裡不僅是世界天主教舉行盛大活動的地方，而且彙集了中世紀和文藝復興時期以來的藝術珍品和稀世名畫，擁有發展旅遊業的極好資源。為了發展旅遊業，政府舉行宗教活動，整修和開放世界上最著名的梵蒂岡博物館、藏書豐富的圖書館，發展郵票事業等措施，吸引外國遊客。

不一樣的經濟現象

梵蒂岡沒有自然資源，也不發展工農業。其財政收入主要靠旅遊、郵票、不動產出租、宗教銀行盈利和世界各地向教皇贈送的貢款以及教徒的捐款。梵蒂岡在北美、歐洲許多國家有數百億美元的投資，其資本滲透到義大利眾多的經濟部門，特別是銀行信貸和房地產，僅地產一項就達46萬餘公頃。

梵蒂岡聖彼得廣場。

義大利

ITALY
Repubblica Italiana

義大利地處歐洲南部地中海的北岸，在北緯36°28′～47°6′、東經6°38′～18°31′之間。其領土包括阿爾卑斯山南麓和波河平原地區、義大利半島以及西西里島、薩丁島和其他的許多小島嶼。義大利半島占其全部領土面積的60%，它像一隻巨大的長筒靴伸入蔚藍色的地中海之中。義大利陸界北部與法國、瑞士、奧地利毗鄰，東部與斯洛維尼亞接壤。高大的阿爾卑斯山脈像一個弧形的屏障將義大利與上述國家隔開。

國家檔案

全名	義大利共和國
面積	30.13萬平方公里
首都	羅馬
人口	6,079萬〔2015年12月〕
民族	95%以上是義大利人
語言	義大利語、法語、德語和斯洛維尼亞語
貨幣	歐元
主要城市	羅馬、米蘭、佛羅倫斯、杜林、熱那亞、威尼斯、那不勒斯

🌏 自然地理

義大利境內不是高聳的大山就是連綿的丘陵。北部為雄偉的阿爾卑斯山脈、沿義大利半島西北－東南延伸的亞平寧山脈，東部為富饒的波河平原。義大利是歐洲礦產資源比較貧乏的地區之一，但是義大利的水力資源比較豐富。

埃特納火山在爆發次數和爆發頻度上都堪稱世界之最，同時其破壞性和對人類的危險性在世界所有火山中也是首屈一指的。

義大利境內的阿爾卑斯山

阿爾卑斯山是義大利最大的山脈，平均海拔在3,000公尺以上。各段高度不一，西北邊境部分山勢高峻，東段走勢低緩。按照義大利阿爾卑斯山脈各段地形特徵，自西向東可分4個部分：皮埃蒙特阿爾卑斯山脈、倫巴第阿爾卑斯山脈的中段、南第羅里阿爾卑斯山脈、最東邊威尼托阿爾卑斯山脈。

亞平寧山脈

阿爾卑斯山脈的西南端，是亞平寧山脈的起點。亞平寧山脈從西北向東南斜向伸延，一直蜿蜒到義大利半島長靴尖處斷開，全長1,270公里，隔墨西拿海峽又在西西里島突起。整個山脈盤踞地區山勢不高，多為山地、丘陵，最高峰是科爾諾山，海拔2,914公尺。山脈多是塊狀分布，山間錯落著許多

凹地。這種地形的形成，多因火山噴發造成。第勒尼安海東邊大陸塊的邊緣地帶經常發生火山噴發現象。

西西里島的火山

西西里島大部分地區是亞平寧褶皺帶的延續，地質情況不穩定，經常發生地震。東部有歐洲最高的活火山：埃特納火山，它是世界上最

活躍的活火山之一。據歷史記載，埃特納火山爆發共有135次，最早一次在西元前475年。近年來埃特納火山異常活躍，連續噴發。目前，義大利已將該火山列為「高度危險區」，禁止參觀遊覽。

薩丁島

薩丁島位於第勒尼安海西面，島上絕大部分屬於被斷層分割的第勒尼安古老岩層的殘丘、山地，僅在西南部有些平原。島的西北部也有過火山活動。薩丁島與義大利半島和西西里島都是多地震的地區。據義大利全國研究委員會公布的資料，義大利地震區的面積占全國總面積的70%，在近150年中，義大利共發生19次較大地震，最嚴重的一次地震發生在1908年，使12.3萬人喪生。

維蘇威火山是歐洲唯一的一座位於大陸上的活火山，海拔1,277公尺，世界上最大的火山觀測所就設於此處。火山的西部山基幾乎全在那不勒斯灣內，圍繞著它的是平均海拔約600公尺的半圓形山脈：索馬山。

波河平原

波河平原介於阿爾卑斯山脈和亞平寧山脈之間的凹地之中，是義大利最大的平原。波河平原的東西兩端最長部分約400公里，南北寬度各地不一，平原大體上呈現東寬西窄的三角形狀。波河平原原是亞得里亞海灣的一部分，由波河河流長期沖積的沙土逐漸充填而形成，如今波河平原仍在繼續向東伸延。整個波河平原可分4部分：西部為地勢較高的皮埃蒙特平原、中部是倫巴第平原、東部是威尼托平原、南部是艾米利亞平原。波河平原地勢平坦，土壤肥沃，氣候溫和，降雨充足，是義大利的主要農業區，種植全國一半以上的農作物。

義大利是一個多山的國家，阿爾卑斯山雄踞在國土的北部邊緣，茂密的樹林、起伏的山巒和山間的小河構成一幅如詩如畫的田園風光。

義大利羅馬台伯河上的天使大橋和天使古堡。橋的兩側排列著雕像。古堡是哈德良修建的壯麗的陵墓，今天已闢為軍事博物館。

🏛 歷史文化

現在的義大利是從古羅馬帝國演變而來的，古羅馬帝國取代古希臘創造了輝煌的文化，成為歐洲文明的另一個源頭。在長期的奴隸與封建制社會裡，義大利實際上長期處於分裂之中。一直到1871年普法戰爭結束之後，義大利才獲得了真正意義上的統一。繼承了羅馬文化的義大利有數不清的文化遺產。這些文化成就對歐洲乃至世界文化的發展產生了巨大而深遠的影響。

狂歡節是歐洲最富有異國情調的節日。這期間人們都戴著假面具走上街頭狂歡，而最初戴面具的人是那些喜歡隱姓埋名到賭場遊玩的威尼斯貴族。

古羅馬時代

義大利是從古羅馬逐步演變發展起來的。古羅馬時代從西元前753年起，到476年西羅馬帝國最後一個皇帝羅慕洛斯·奧古斯都被日耳曼人廢黜、西羅馬帝國滅亡為止，有長達1,129年的漫長歷史。在這期間又可分為王政、共和及帝制3個不同時代。古羅馬最早時代被稱為「王政時代」，始於西元前753年。「王政時代」的羅馬經歷7個國王，歷時200年左右。羅馬共和國時期，為了獲得更多的土地和奴隸，消除鄰邦的威脅，先後征服了義大利半島上的其他民族。西元前27年，屋大維擊敗他的競爭者建立帝制，成為羅馬帝國的第一位皇帝，號稱「奧古斯都」，開始羅馬史上的帝國時代。

壯觀精美的君士坦丁凱旋門，於315年落成，用以慶祝君士坦丁皇帝最後戰勝馬森齊奧，是羅馬作為天主教國家的標誌。

中世紀時代

羅馬共和國制度是建立在對奴隸的殘酷統治基礎上的。在長期戰爭中，大批戰俘被變成奴隸，受到各種非人的待遇，處境十分悲慘。西元前137年和西元前104年，西西里島先後爆發了兩次大規模的奴隸起義，起義軍迅速發展，占領許多重要城市。西元前73年又爆發了人類歷史上古代社會最大規模的一次起義：斯巴達克起義，最初只有78名角鬥士奴隸，但是隊伍迅速擴大，起義軍達十多萬人，聲勢浩大，多次打敗羅馬軍的進攻，並直逼羅馬城，震撼了羅馬的統治者，但最終失敗。斯巴達克起義從根本上動搖了羅馬奴隸制度的基礎，加速了羅馬奴隸制共和國的滅亡。

西元前1500年可能已有人居住的義大利東南部城市巴里，以擁有獨特的圓錐形石頂屋而聞名於世。

資本主義的萌芽

14世紀和15世紀，在地中海沿岸的某些城市出現了資本主義生產的最初萌芽，義大利的工業生產逐漸地發展起來。隨著資本主義工業的發展，銀行業和商業也繁榮和發達起來。

1455年，佛羅倫斯、威尼斯、米蘭等城市結成聯盟，後來，那不勒斯和其他的一些小城邦國也加入了聯盟。此後40多年裡，義大利經濟和文化都得到了較大的發展。

國家的統一

16世紀，義大利的經濟開始衰落。國內政治的四分五裂和外族的不斷入侵使義大利長期處於不統一的境地。

16世紀初～18世紀中葉，專制主義制度在義大利各個城市國家中確立，並且形成了強大的中央集權國家。1808年～1810年，義大利人民為了反對法國的統治、爭取民族的獨立，成立了秘密團體：「燒碳黨」。此後，他們的對抗一直持續到普法戰爭爆發。

1870年，義大利人自己的軍隊占領了羅馬。1871年，羅馬被宣布為義大利的首都。經過半個多世紀的對抗，義大利終於實現了統一。

羅馬的和平

1世紀和2世紀，即從屋大維開始的大約200年裡，是羅馬帝國的鼎盛時期，這在歷史上被稱為「羅馬的和平」。在這一時期，其疆域西起大不列顛，東至幼發拉底河，南達非洲北部等地，北達多瑙河。羅馬帝國經濟繁榮、工商業發達，建築藝術也得到了極大發展，並且國際間的經濟文化往來也頻繁。當時全國人口達5,000萬，首都羅馬是擁有100萬人以上的大城市。1世紀所建的恢弘雄偉的鬥獸場是羅馬帝國強盛、文化藝術建築發達的標誌。

古羅馬的大競技場據說可容納7萬名以上的觀眾。在西元80年完工時，曾連續100天在此舉行人和5,000隻各種野獸的生死搏鬥。

政府更迭

第一次世界大戰給義大利帶來嚴重的影響，同時由墨索里尼領導的法西斯政黨趁機把持了國家的政權，他們的對外政策推行的主要目標是實現其建立「帝國」的夢想，使人民生活痛苦不堪。在德國法西斯的支持之下，德日義一起又發動了一場人類歷史上最為殘酷的第二次世界大戰。在這次戰爭中，義大利戰敗。第二次世界大戰後，由於種種原因，義大利的政府更迭頻繁，短命內閣屢屢出現，每屆政府的平均壽命不足1年。

古羅馬文化

古羅馬文化是在吸取了豐富的伊達拉里亞、古希臘、地中海周圍各族文化和東方文明古國文化的基礎上發展起來的，並於西元前3世紀末形成了獨具特色的羅馬文化。古羅馬文化在文學藝術、刑律法典、建築藝術、雕塑繪畫、軍事科學、農業技術、地理科學、醫學等多方面都達到很高水準。古羅馬文學藝術主要成就表現在詩歌和戲劇方面。在屋大維統治時期，有著名詩人維吉爾和著名戲劇家普勞圖斯。古羅馬建築和造型藝術也是人類文化最寶貴的遺產之一。它的建築特點是堅固、實用、規模宏大，有要塞、城牆、神殿、宮廷、半圓形的劇場、凱旋門、人頭柱、橋梁、水道、花園、住宅等。許多建築物一直保存至今，它們是建築藝術的楷模。

文藝復興時期的文化藝術

14世紀～16世紀是從義大利開始而後遍及歐洲的文藝復興時期。代表人物有但丁、薄伽丘、彼特拉克、達·文西、米開朗基羅、拉斐爾等。但丁是中世紀第一個強調人的價值和塵世生活意義的詩人，針鋒相對地駁斥了教會所鼓吹的來世主義和禁欲主義。但丁在《神曲》中讚美古典文化，反對中世紀的蒙昧主義。達·文西是義大利文藝復興時期第一位畫家，是整個歐洲文藝復興時代最傑出的代表人物之一。他是一位思想深邃、學識淵博、多才多藝的藝術大師、科學巨匠、文藝理論家、大哲學家、詩人、音樂家、工程師和發明家。

米開朗基羅的《末日的審判》藝術效果令人驚嘆，當時的教皇看到時，竟下跪祈求在他的審判日大發慈悲。

古羅馬的角鬥士形象。

披薩

義大利披薩美味無比，真正的披薩是在燒木材的爐子上烤出來的，用番茄、乳酪等原料做成。好的披薩應該是鬆軟、香甜的，而且邊兒是高高翹起來的。其中地道的披薩要數那不勒斯的披薩。那不勒斯是披薩的故鄉，那裡的披薩是獨一無二的。

佛羅倫斯大教堂位於佛羅倫斯市中心，是義大利文藝復興時期建築物的瑰寶。

羅馬帝國鼎盛時期，國力強盛，經濟繁榮，城市建築鱗次櫛比，這就是古代羅馬城全景復原模型。

義大利的建築藝術

早在古羅馬時期，義大利的建築和造型藝術就已經達到了相當高的水準。12世紀

羅馬城建於西元前753年，其城徽是一隻母狼正在哺乳兩個男孩。關於城徽還有一個傳說，使羅馬城更具吸引力，吸引著遊人前往。

初，哥德式風格的建築傳入義大利，並在以後的兩個世紀中得到了很大的發展，其中最著名的是佛羅倫斯的聖十字教堂。16世紀末～18世紀中葉是巴洛克式藝術創立和發展的時期。義大利還有許多廣場，在各個城市裡，可謂是五步一個小廣場，十步一個大廣場。義大利人充分地運用了這些廣場，傍晚時分，在廣場上的各個角落裡，都是高談闊論的義大利人。

義大利歌劇

17世紀初，在義大利佛羅倫斯產生了新的藝術形式：歌劇。歌劇的產生使佛羅倫斯成為當時音樂、詩歌和舞蹈等藝術中心，佛羅倫斯的歌劇也自成一派。後來羅馬和威尼斯也形成了自己的歌劇樂派，成為義大利歌劇藝術發展的另一個中心。到18世紀初，義大利歌劇藝術又在那不勒斯安了家，並形成了以亞曆山德羅・斯卡拉蒂為代表的那不勒斯歌劇樂派，還確立了歌劇序曲的快－慢－快的三段體式。那不勒斯歌劇樂派的特點是，音樂側重歌詞、旋律優美而富有典型性，確定了固定的樂隊編制。

 🏛 主要城市

　　義大利的城市古老而眾多，並且具有明顯的時代性，不同時代的城市也體現著當時生產力的發展水準和時代特徵。體現古羅馬帝國時期建築特點的規模巨大、街道比較規則的永恆之城——羅馬；資本主義時期出現的老城、新城相互交融的水上城市——威尼斯，這些城市都有屬於自己的鮮明個性。

羅馬

　　義大利的首都羅馬被人們稱為永恆之城，是義大利最大的城市，也是文藝復興時期的藝術寶庫之一。羅馬城因為建立在7個山丘之上，故有「七丘城」之稱。羅馬城以古城聞名於世，名勝古蹟很多。當人們走進羅馬城的時候，就像走進了巨型的露天歷史博物館。在寬廣的帝國大道兩旁，矗立著帝國的元老院、宮廷、貞女祠、凱撒廟、君士坦丁大帝凱旋門。帝國大道的東邊有特拉亞諾市場，這裡是羅馬的商業中心。羅馬還是天主教的世界中心，共有天主教堂300多座，各種修道院300多所，還有7座天主教大學。

米蘭

　　米蘭地處北部波河流域中心，阿爾卑斯山南麓，是義大利的第二大城市，倫巴第大區首府。米蘭始建於西元前4世紀。後來多次被毀又多

上｜聞名遐邇的比薩斜塔是世界建築史上的奇蹟。每年，世界各地遊客紛至遝來，爭相目睹其風采。為了防止比薩斜塔進一步傾斜，義大利政府於1990年起，停止對外開放，並對其實施了保護加固工程。

下｜米蘭的杜奧莫大教堂，坐落在米蘭市中心廣場上，是歐洲三大教堂之一。它吸引著世人的目光，各地遊人絡繹不絕。

威尼斯素有「水都」之稱，坐落於義大利東北部的亞得里亞海濱，是一座具有1,500年歷史的古城。1987年「聯合國教科文組織」將威尼斯及其港灣作為文化遺產，列入《世界遺產名錄》。

工業中心，全國大部分的船舶都在這裡建造。熱那亞還有石油、機械製造、鋼鐵等工業。熱那亞是義大利最大的商港，也是地中海沿岸僅次於馬賽的第二大港。港口由老港和新港兩部分構成，整個港口占地45萬平方公里，碼頭長22公里，有棧橋20座可以同時接待200艘船隻，供100艘船隻同時裝卸貨物。

次重建。二戰後，米蘭經濟得到了迅速發展，成為全國最大的工商業、金融中心和交通樞紐。它是通往德、法、瑞三國的國際交通中心。米蘭與熱那亞、杜林一起構成義大利發達的工業三角區。其工業產值占全國工業總產值的一半左右。主要的工業有黑色冶金、化工、機械、飛機製造、服裝等。歷史上，米蘭是義大利開創風氣的文化藝術中心：米蘭音樂學院享譽全世界；博科尼大學是義大利規模最大的大學之一。米蘭市內多古建築，其中最著名的有奧莫大教堂、拉‧斯卡拉歌劇院、聖瑪利亞修道院等。

杜林

杜林是皮埃蒙特大區的首府，位於波河上游谷地，是義大利重要的工業城市，也是通往法國和瑞士的交通樞紐。杜林成為汽車城是從19世紀後期開始的。現在，杜林全市設有30多個汽車製造廠，其中包括菲亞特汽車公司。此外，杜林還有鋼鐵、機械、飛機、精密儀器、電器等工業。杜林還擁有大量的名勝古蹟，在杜林最繁華的大街羅馬大街兩旁坐落著卡里尼亞劇院、薩包達皇家畫廊等著名建築。杜林城內還有歐洲最高的石結構建築之一：安東內列納塔，高154.33公尺，是杜林的象徵。

熱那亞

熱那亞位於利古里亞海熱那亞灣北岸，是義大利造船

威尼斯

威尼斯是義大利東北部的城市，是亞得里亞海西北岸的重要港口。威尼斯城建立在離陸地4公里的海邊淺水灘上，由188個小島組成，117條長短、寬窄各異的水道構成了城市的大小街道。401座橋梁把城市和島嶼連在一起。威尼斯人開門見水，出門乘舟，是世界上唯一沒有汽車的城市，有「水城」之稱。威尼斯是義大利工商業中心之一，有紡織、造船等工業。威尼斯還以生產珠寶玉石工藝品、刺繡、玻璃等著稱，其北部的穆拉諾島被稱為玻璃島。威尼斯還是一座歷史文化名城，早在文藝復興時期，威尼斯畫派就獨樹一幟，產生了喬爾喬涅、提香、丁托列托等畫壇上著名的大師。威尼斯市內主要的交通工具是船，一種名為「剛朵拉」的小船最具威尼斯風情。

威尼斯著名古蹟「嘆息橋」，它橫跨總督府和監獄之間狹窄的府第溪道上空。建於1600年，是一座拱廊橋，曾經是死囚走向刑場的必經之路，每當囚徒至此，總是哀嘆不已，故名「嘆息橋」。

那不勒斯

那不勒斯是坎帕尼亞大區的首府，位於威蘇威火山的西麓，第勒尼安海岸，是全國第三大城市，也是僅次於熱那亞的全國第二大港。那不勒斯的工業在第二次世界大戰期間遭受到嚴重的破壞，戰後國家進行了大量的

投資，發展比較快，成為義大利南部的工業中心。那不勒斯面海背山，風景異常秀麗，山上松濤起伏，果林滿坡，為歐洲自然環境最優美的城市之一。另外，這裡還有威蘇威火山和被火山湮沒1,900多年的龐貝古城，有令人陶醉的卡普里島，還有許多其他的名勝古蹟。那不勒斯是義大利傳統的重要文化中心。在整個中世紀，它的文化地位甚至超過了羅馬。那不勒斯還被稱為「音樂之鄉」，這裡每個人都有很好的歌唱天賦，世界著名的男高音歌唱家卡盧梭就出生在這裡。

佛羅倫斯

佛羅倫斯位於阿爾諾河河畔，是托斯卡納大區的首府，文藝復興運動的發祥地，舊稱「翡冷翠」，詩人徐志摩的《翡冷翠一夜》寫的就是佛羅倫斯。佛

佛羅倫斯有40多個博物館和畫廊，60多座內部裝飾華麗的宮殿，整個城市好似一座陳列滿珍品的博物館。這是聳立在佛羅倫斯的一座圓頂大教堂，始建於1420年。

羅馬市有千姿百態的噴泉1,300多個，其中最著名的噴泉是特雷維噴泉，也稱少女泉。整個景觀再現了海神勝利的景象。這座建築是由尼柯拉‧薩爾維設計建築的，於1762年完工，是羅馬現存的一件早期巴洛克式風格作品。

羅倫斯義大利語意是「鮮花之城」，這裡充滿和諧與優美，有錯落有致的村莊和鄉間別墅點綴在環抱城市的平緩山坡上。城市規模不大，市內到處是店鋪，傳統市場保留至今，出售金、銀器和珠寶；現代商店的櫥窗裡展示著高級皮服、時裝、真絲領帶和木框鑲嵌的古建築印刷品。這裡仍保留著文藝復興以來的傳統，每年6月24日放焰火，舉辦穿著中世紀服裝的足球賽，紀念該市保護神聖喬萬尼。文藝復興時期的詩人但丁、科學家伽利略、政治理論家馬基維利和文藝復興時期的「三傑」：米開朗基羅、達‧文西、拉斐爾等眾多的藝術巨匠都在這裡生活過。佛羅倫斯是文藝復興時期的藝術寶庫，整個城市保留著文藝復興時的風貌，仍瀰漫著文藝復興時期的氣氛。

經濟

義大利在近代資本主義發展史上占有重要的地位，是當代世界先進的工業化國家之一。按其領土、人口以及經濟規模和實力來說，都是當代資本主義世界的經濟大國，與德國、法國和英國一起，屬於歐盟四大強國和世界資本主義七大強國之一。

工業

義大利工業在整個國民經濟中占有重要的地位，是國民收入的主要來源之一。其中，汽車工業和鋼鐵工業是最主要的工業部門。其汽車工業在國際市場上有很強的競爭力。菲亞特汽車公司是義大利最大的汽車公司，其汽車的產量一直占全國汽車

米蘭位於沃野千里的波河平原，農業相當發達，蔬菜、水果品種豐富，圖片中的是米蘭一農貿市場上的小攤鋪。

總產量的80%以上。鋼鐵工業主要是由工業復興公司控制的芬西德公司經營，國有經濟占該部門產量的78%，其餘部分主要由布雷夏尼公司生產。另外義大利鋼鐵工業是歐盟國家中享受補貼最多的。

義大利的農業

義大利的農業生產以草本作物和木本作物為主。草本作物包括穀物、豆類、薯類、蔬菜和經濟作物等，木本作物包括葡萄、橄欖、柑橘、檸檬等。蔬菜在義大利的農業生產和出口中占據著重要的地位，義大利是歐洲最大的蔬菜生產國之一。每年生產的新鮮蔬菜占歐盟的40%左右。義大利和西班牙、希臘一樣，是世界三大橄欖生產國之一，已經有3,000多年的橄欖種植歷史。

製鞋王國

製鞋業是義大利的傳統工業，義大利有「製鞋王國」之稱，全國每年生產皮鞋的70%用於出口。義大利製鞋業之所以發達是因為其歷史悠久、工藝優良，鞋子美觀

結實、品種繁多。義大利製鞋業的特點是大公司與中小企業、家庭手工作坊實行系統分工。大公司把整個製鞋工序分包給各個中小企業、家庭作坊。這些家庭作坊的工人手藝高超，工作細緻。每個企業或者作坊只完成最簡單的專一工序，因而能夠保證品質。而大公司本身負責設計、組織、管理、包裝、運輸等工作。

發達的旅遊業

義大利旅遊業發達，為世界第四旅遊大國，旅遊收入是彌補國家收支逆差的重要來源。2001年企業投資、用於促進和管理自然、文化資源的公共開支總額達1,432億歐元，相當於國內生產總值的12.1%；旅遊從業人員32萬人～37萬人。旅遊業創造的產值為671億歐元，占全國產值的5.7%。義大利旅遊資源豐富，有良好的海灘和山區、眾多的文物古蹟，氣候濕潤適度，公路四通八達。

Travel Smart

交通運輸業

義大利交通運輸業相當發達，交通基礎設施較齊全。公路、鐵路四通八達，空運海運十分方便。其國內運輸主要依靠公路，義大利是世界上最早修建公路的國家之一，也是最早建成高速公路的國家之一。2002年全國公路總長30.63萬公里，其中高速公路總長6,478公里。義大利的鐵路事業發展較快，2002年全國鐵路總長16,035公里，2001年國家鐵路集團首次盈利2,000萬歐元。在貨物運輸方面，由於其特殊的地理位置，所以船運一直是貨運的主要項目。全國有熱那亞、那不勒斯、威尼斯等19個主要港口，由於在港口採取設立自由的管理機構、實行私有化和港口服務自由化等措施，所以其港口比地中海中部其他港口更具競爭力。

希臘

Ελλάδα

GREECE

希臘共和國位於巴爾幹半島最南部。西南瀕伊朗奧尼亞海，東臨愛琴海，南隔地中海與非洲大陸相望。海岸線長約1.5萬公里，領海寬度為6海里。希臘半島北部由西向東依次與阿爾巴尼亞、馬其頓、保加利亞和土耳其接壤。陸地邊界總長度為1,170公里。

國 家 檔 案

全名	希臘共和國
面積	13.20萬平方公里
首都	雅典
人口	1,112.96萬〔2015年〕
民族	希臘人占98%，其餘為穆斯林人
語言	官方語言為希臘語
貨幣	歐元
主要城市	雅典、塞薩洛尼基、派特雷、納夫普利翁

🌐 自然地理

希臘自然地理特點是海洋環繞著群山，間或夾雜著谷地和平原，海岸線綿延曲折，各處都有深入內陸的海灣。內陸地形基本特徵是：西北高、東南低，盆地和平原多被山地切割得支離破碎，沿海地勢多較平緩。森林面積占全國面積的20%。礦物有鐵、鋁、鎂、鉻、銅、石油和褐煤等。

三海環繞的國度

希臘三面環海，愛琴海、伊奧尼亞海與地中海從東、西、南三個方向環繞著希臘。所以，希臘有很長的海岸線，為1.5萬公里（其中陸地部分海岸線長度為4,000公里）。因為環海，希臘有不少島嶼，島嶼面積占全國土地面積1/5，總共有大小島嶼2,000餘個。其中最大的是克里特島，著名的島嶼還有科孚島、納克索斯島、桑多里尼島、卡帕圖斯島和羅得島。因為面臨地中海，所以

希臘的氣候深受地中海的影響，是典型的地中海氣候：夏季乾燥少雨，冬季溫暖濕潤，是渡假的良好處所。

奧林波斯山

希臘境內最著名的山是奧林波斯山，它坐落在希臘北部。該山的米蒂卡斯峰高2,917公尺，是希臘的最高峰。奧林波斯山長年雲霧繚繞，1年中有2/3的時間被積雪覆蓋。山坡上橡樹、梧桐樹和松樹鬱鬱蔥蔥，景色非常優美。古希臘人把奧林波斯山尊奉為神山，認為是希臘神話中諸神居住的地方。傳說有主神宙斯、天后赫拉、海神波塞冬、智慧女

右 │ 克里特島海灘上到處是渡假休閒的人。

左 │ 羅得島是古希臘文明發源地之一。羅得島曾是希臘境內一個富裕的城邦，在此誕生了無數的詩人、藝術家和哲學家。

神雅典娜、太陽神阿波羅、月亮與狩獵女神阿爾忒彌斯、愛與美的女神阿芙洛狄忒（即維納斯）等。傳說特洛伊王子帕里斯曾因把「第一美女」的象徵金蘋果送給年輕、漂亮的愛神，而引起赫拉和雅典娜的嫉恨，最後釀成長達10年之久的特洛伊戰爭。

克里特島

克里特島是希臘最大的島嶼，愛琴文化的發源地，也是最能體現希臘典型民風的地方。作為歐洲文明發源的米諾斯文化，其在人類歷史上具有不可比擬的重要性，因此克里特人驕傲地稱之為大島。每年有成千上萬的人蜂擁而至，在米諾斯文化遺址諾斯、費斯陶斯等地追溯古代文明的輝煌。縱貫島中心的山脈如同一條堅固的脊椎，最高峰海拔2,400公尺以上。正因如此，島的北部形成平坦舒展的山谷和平原，而南部形成眾多的岩壁和懸崖，這些岩壁和懸崖直插深海，構成了驚心動魄的壯觀風景。

綠色之島：科孚島

科孚島位於希臘西北海岸的伊奧尼亞群島的最北端，它是那個群島中最為人們熟悉的一個。它同希臘其他島嶼的風格完全不同，與

希臘島嶼上的白色建築具有反射強烈陽光、保持屋內清涼的功能，這些建築在湛藍的愛琴海海水的襯托下亮麗奪目。

其說它是一個希臘島嶼，不如說它是一個義大利的地中海島嶼。它那碧藍的海水、蔥郁茂盛的植物和森林、一年四季溫和宜人的氣候都使得人們極為喜愛這個地方。科孚島特別之處在於它是一個從義大利向希臘諸島的過渡島。這主要是因為它長期處在義大利的威尼斯、法國以及英國的統治之下，直到1864年才回歸希臘的緣故。科孚島由一片片樹林組成的綠色斗篷覆蓋著，這裡雨水豐沛，氣溫適宜，在這裡的山林裡能看到各種深淺不一的綠色。

羅得島

羅得島是希臘第四大島，位於愛琴海東南部。直到1948年，羅得島及其周圍的諸島才正式回歸希臘。長期

的異族統治在這裡留下了深深的烙印，也留下了不同文化交融而成的城堡、塔樓、古老的城牆以及陶立克式圓柱、拜占庭風格的教堂和伊斯蘭教的清真寺，還有羅得島的標誌：聳立在芒得拉克港口、面對大海的一對銅鹿，或許昔日它們就是在這裡觀望那被譽為世界七大奇觀的太陽神阿波羅的巨像。根據希臘神話記載，羅得島的豐饒是與太陽神的名字聯繫在一起的。

希臘橄欖油的產量和出口量僅次於義大利和西班牙，居歐洲第三位。

🏛 歷史文化

透過希臘歷史的興衰與榮光，人們將永遠記住：全世界第一個民主政府為古希臘人所發展出來；最初的戲劇也是在古希臘巨大的露天劇場中誕生；古希臘的思想家所發展的理性思維方式，是證明重要數學原理的基礎。此外，最受世人尊崇的傳統運動競賽：奧林匹克運動會，最早也是在希臘的奧林匹亞舉行。希臘有文字記載的歷史達5,000年之久。

西方文明最早的火炬

希臘文明史是歐洲文明的源頭，而希臘文明又最早起源於愛琴文明，最早產生於克里特島。克里特島在新石器時代就已有人居住。西元前3000年，克里特島進入了早期青銅時代。西元前2000年，開始出現奴隸制國家，文明開始獲得高度發展，並取得偉大成就。西元前1700年～西元前1400年，這是克里特文明最繁榮的時期。此後文明突然中斷，希臘文明開始進入邁錫尼文明時期，這是西元前15世紀～西元前12世紀的事。到西元前9世紀，邁錫尼文明急劇衰落，古希臘文明經歷了短暫的低潮。到西元前7世紀，古希臘文明又獲得高度發展，以雅典為代表的古希臘文明漸漸發展到了頂峰。

上 ｜ 地處品都斯山脈邊緣的曼代奧拉地質現象非常奇特，有高聳林立的奇石群。

下 ｜ 15世紀～16世紀以後的希臘，在拜占庭各新建教堂內開始出現彩繪壁畫。這類壁畫色彩較鮮明，具有真正的肖像畫風格。這是桑多里尼島克里特文明壁畫。

波希戰爭

波希戰爭是決定古希臘歷史命運的一場戰爭。西元前6世紀時，小亞細亞上出現了強大的波斯帝國，波斯國王大流士一世擴張波斯帝國的勢力範圍，與希臘產生了衝突，戰爭開始了。西元前492年，大流士一世派水陸大軍並進，進攻希臘，但沒能成功。西元前490年，波斯再次入侵希臘，雅典軍隊在馬拉松平原上同波斯軍隊展開了激戰，並取得輝煌的勝利，波斯的入侵計畫宣告失敗。西元前480年，波斯再一次大規模入侵希臘，斯巴達人在希臘北部的要隘溫泉關同希臘陸軍血戰，最後陸軍全部壯烈犧牲。波斯軍隊長驅直入，搶劫了雅典。但希臘人在海上擊敗了波斯人，斯波軍隊不得不再次退回亞洲。希臘取得了希波戰爭的勝利。

伯羅奔尼撒戰爭

斯巴達和雅典是希臘諸城邦中的兩霸。波希戰爭之後,雙方矛盾日益尖銳,終於在西元前431年爆發了幾乎波及整個希臘的伯羅奔尼撒戰爭。戰爭共進行了27年,分三個階段:西元前431年～西元前421年,這是戰爭的第一個階段,這一階段,雅典本來稍占上風,但由於盟邦的叛離和內部的政治鬥爭以及瘟疫的襲擊,被迫與斯巴達休戰,雙方簽訂尼西亞和約;西元前415年～西元前413年,雅典進攻西西里,這是戰爭的第二階段;西元前413年～西元前404年,這是戰爭的第三階段,戰爭以雅典的失敗宣告結束。雅典被迫交出殘餘艦隊,解散提洛同盟,臣服於斯巴達。從此,雅典日趨衰落。

上 | 希臘神話中主神宙斯的聖地如今只剩下一片石柱,這裡還能窺見古代奧林匹克運動會的影子嗎?

下 | 希臘許多古老建築物都有「十」字形的構件,比如教堂的頂部、墓地的墓碑等。這是教堂裡的「十」字鐘。

雅典的厄瑞克特翁神廟為典型的伊奧尼亞式建築。希臘柱式建築的出現,代表了希臘建築藝術發展的新水準,伊奧尼亞式的細長圓柱,風格秀麗。

千年獨立史

希臘於西元前4世紀開始衰落,先後被異族人占領和統治。西元前146年淪為羅馬帝國的一個省。395年併入拜占庭帝國。15世紀中期起受奧斯曼帝國統治。但是在長期的異族統治過程中,希臘人民從來沒有放棄過爭取自由獨立的奮鬥。1821年3月希臘人民舉行武裝起義,1827年獲得獨立,成立自治公國。二戰期間,希臘又被德、義軍隊占領。希臘共產黨同王室之間於1943年展開內戰。1946年,希臘國王復位。1967年4月軍人發動政變,建立了軍人獨裁政權,一直到1974年7月垮台。1981年10月議會選舉後由泛希臘社會主義運動執政。千年以來,希臘人民就這樣此起彼伏地為「自由」而戰。

📖 Travel Smart

千古一帝亞歷山大

亞歷山大(西元前356～西元前323年)是古馬其頓帝國的皇帝,世界歷史上最傑出的軍事統帥之一。西元前336年,20歲的亞歷山大繼承父業成為整個希臘的統治者。在西元前333年和西元前331年,亞歷山大指揮希臘聯軍以少勝多,取得兩次輝煌的勝利,徹底地擊潰了當時的大帝國波斯,建立起了一個地跨歐、亞、非三大洲的空前強盛的帝國。

狄俄尼索斯劇場昔日能容納1.5萬名觀眾的扇形石級大部分被毀壞了，遠遠看去只餘下一個骨架。

偉大的哲學突破

　　古希臘產生了燦爛的文化，在哲學上更是無與倫比，這一時期湧現了眾多的偉大哲學家，在人類哲學史上占有重要的地位。蘇格拉底和柏拉圖在哲學上都屬於唯心主義者。蘇格拉底反對對客觀自然界進行研究，認為人沒有能力去認識它，而是要求人們「認識自己」。他認為哲學的主要任務是探討與人生幸福有關的道德倫理問題，提倡知德合一。柏拉圖是蘇格拉底的學生，他認為存在著一個理念世界，那才是萬物的本源，而現實世界則是虛幻的。

　　柏拉圖博學多才，文筆優美，對後來的西方文化產生了巨大的影響。亞里斯多德是希臘古典時期最後一個大哲學家。他不懷疑外部世界的實在性，對柏拉圖的理念世界持否定態度。亞里斯多德更為博學，現存的著作有47部之多，包括邏輯學、倫理、政治、經濟、文藝理論和自然科學中的動物學、植物學、生理學、物理學等，他在這方面的成功論著長期被西方學術界奉為經典。

米諾斯王｜斯巴達城邦

1. 克里特島上的克諾索斯宮殿的主人是米諾斯王，他曾稱霸於地中海世界，是最早的立法者，也是最早的海軍統帥。

2. 古希臘斯巴達城邦位於伯羅奔尼撒半島東南部的拉科尼亞地區。斯巴達人好戰，不重視藝術、哲學、文學的發展，也不屑於發展航海業，形成一「封閉」的地方集團。

上｜ 詩歌在古代是用來演唱的，古希臘盲詩人荷馬就是邊奏豎琴，邊吟唱史詩。

下｜ 希臘東南部的卡爾帕索斯島至今仍保留許多傳統習俗，婦女和小孩喜歡穿最精緻的民族服飾。這是希臘傳統節日：聖巴塞爾日期間，婦女穿著的白色長袖襯衫和靚麗的長裙。

偉大的文學家荷馬

荷馬是古希臘最偉大的文學家，他留下了兩部史詩性的著作：《伊利亞特》、《奧德賽》，這兩部作品堪稱為世界文學史上的兩座豐碑。《伊利亞特》主要描寫特洛伊戰爭第十年中的一段故事；《奧德賽》主要寫希臘英雄奧德修斯在特洛伊戰爭後回國途中歷險的故事。史詩既有關於文明時代的傳說和神話，也有對荷馬所處歷史時代社會情況的反映。通過荷馬史詩，可以瞭解到希臘當時的社會、歷史狀況。

史學之父希羅多德

古希臘共出現了3位偉大的歷史學家：希羅多德、休昔底德和色諾芬。其中希羅多德被西方人尊稱為「史學之父」，他所取得的成就也最大。希羅多德出生於小亞細亞的哈利卡爾納蘇斯，波希戰爭後留居雅典。希羅多德的傳世名著是《歷史》，是以波希戰爭為主軸的輝煌巨著。全書共分9卷，對當時人們已知世界的歷史作了詳細的記載。全書有一半的篇幅用來介紹埃及、巴比倫和波斯等東方古國的歷史，其眼界之開闊、材料之豐富和文筆之生動都是古代史學中前所未有的。更為可貴的是，希羅多德述史著重探究核實，所採史實皆經過一定的篩選、比較和分析，力求歷史真實性與藝術性的完美

結合，為後世的歷史述體裁奠定了堅實的基礎。他的《歷史》在西方始終是最受歡迎的史書。

希臘藝術

希臘藝術的繁榮期是在古典時代，這一時期藝術的各門類都取得了巨大的成就，其中以雕刻和建築對後世的影響最為深遠。菲狄亞斯是希臘古典盛世期最偉大的雕刻家。他設計了雅典衛城建築，創作了衛城內大量雕刻和裝飾浮雕。他的作品極具典雅、靜穆風格，是古典雕刻的理想美的典範。帕德嫩神廟則是希臘建築藝術的典範。它是祭祀諸神之廟，以祭祀雅典娜為主，又稱「雅典娜帕德嫩神廟」。

神廟位於雅典老城區衛城山的中心，坐落在山上的最高點。它外形呈長方形，長208公尺，寬92公尺，由46根多立克式環形立柱構成柱廊。帕德嫩神廟結構勻稱、比例合理，有豐富的韻律感和節奏感。建築結構和裝飾圖案、紀念性與裝飾性、內容與形式取得了高度統一，是世界藝術史上最完美的建築典範之一。帕德嫩神廟被認為是多立克式建築藝術的極品，有「希臘國寶」之稱。

舉世矚目的奧林匹克運動會

奧運會起源於2,700年前。

上 ｜ 鳥瞰奧林匹亞遺跡，它是希臘神話中主神宙斯的聖地，是希臘宗教中心地之一，也是當今奧林匹克運動會的聖火火源採集儀式的舉行地。

下 ｜ 希臘的修道士頭戴著一種飾有黑色頭巾的細長形帽子，並將長髮編成辮子，多數人都蓄著長長的髯鬚。以麵包、馬鈴薯、橄欖、豆類等為主食，並佐以自製葡萄酒。他們對日常生活瑣事都保持嚴謹的態度，循規蹈矩地去做事情。

歷史記錄表明，古代奧運會在西元前776年就在希臘舉辦了。奧林匹克運動會是古希臘留給全人類最寶貴的遺產之一，「和平、友誼、進步」、「更高、更快、更強」已經在全世界家喻戶曉、深入人心。古代奧運以希臘文明為核心，成為人類對競技、體育、和平、文化和教育追求的重要展現方式。

Travel Smart

馬拉松

西元前490年，雅典軍隊在馬拉松平原上戰勝波斯軍隊之後，馬上派一名士兵去向雅典報捷。那名士兵一口氣跑完42公里的路程才到達雅典，當他把雅典軍隊大捷的消息報告完之後，這位勇敢的戰士也因為長途奔跑不幸犧牲。一直到現在這位勇者的事蹟仍為人們所稱頌。後來，這件事促成了世界第一屆奧林匹克運動會的舉行，而且人們特別舉辦了一項長跑運動來紀念這位戰士。這項運動就是馬拉松長跑比賽，賽程正好是馬拉松平原到雅典的距離。

393年，羅馬國王狄奧多西斯認為奧運活動為異教徒活動而宣布取消。當時古代奧運會已舉辦過293次，但奧運精神一直延續下來。1892年，年僅29歲的法國男爵顧拜旦提出復興奧林匹克運動的主張。在國際上各種因素的促進和顧拜旦的不懈努力下，1896年4月6日至15日，第一屆現代國際奧運會終於如期在雅典舉行。

古希臘的釀酒文化源遠流長，早就有「酒神之鄉」命名的納克索斯島，這是島上傳統的儲酒窖。

聖母升天日及國慶日

希臘人不論是重大節日還是一般節日都既虔誠又高興。8月15日是聖母升天日，這一天，世界各地的希臘人都要回家。在14日晚首先有個時間很長的聖餐儀式，隨後人們舉著馬鄉納頭像遊行，並親吻頭像。然後大家一起參加一個盛宴，慶祝活動可持續好幾天。卡爾帕索斯的慶祝活動最隆重，人們身著絢麗多彩的服裝，唱歌、跳舞。10月28日的國慶日人們通常遊行，慶祝

每天在雅典無名英雄紀念碑前的換崗儀式，也是雅典城內的一道風景，令遊客駐足觀望。衛兵們穿著傳統服飾，行傳統禮節，一切都彷彿還在18世紀。

雅典人對墨索里尼獨裁的強有力的回答：「不」。慶祝活動一般在節日前夜開始，上至老人下至小孩無一例外都要參加。儀式之後通常是野餐，大家在篝火旁載歌載舞。

希臘戲劇和音樂

希臘的戲劇有悠久的歷史傳統。古典作家的名著在今天也不減其當年的魅力。現代戲劇家也繼承了古典傳統，同時，又在表現手法和道具方面，開闢了希臘戲劇的新天地，使希臘戲劇在當代社會也普遍受到關注。雅典國家劇院每年夏季都在各古劇場公演古典戲劇，吸引來自世界各地的觀眾。古劇場有埃皮達魯斯、赫羅底斯音樂廳和多多尼等。在音樂創作領域，現代希臘音樂是集拜占庭式音樂、民族音樂和現代西方流行音樂三者為一體，形成希臘現代民族音

樂獨特的一面。現代最受歡迎的作曲家有兩位，分別是馬諾斯·哈奇達基斯和米基·塞奧朵拉基斯。目前希臘國營的音樂團體有雅典國家歌劇院、雅典國家交響樂團等。

Travel Smart

米隆

米隆是古希臘著名的雕塑家，著名雕塑《擲鐵餅者》的作者，被認為是希臘藝術黃金時期——古典時期的開創者。其主要活動年代在西元前480年～西元前440年左右。他的代表作品有《擲鐵餅者》與《雅典娜和瑪息阿》等。米隆善於運用寫實的手法，創造性地刻畫人物在劇烈運動中的動態，他在雕塑中所體現出來的完美的藝術技巧，是許多後世的雕塑家們所望塵莫及的。他的作品大多是傳說中的神、英雄和運動家、動物等，但原作都已遺失，現在我們看到的都是羅馬時期的複製品。

咖啡作為一種文化現象普遍存在於世界各地，並且不同地區特色不同，這是希臘雅典市內的咖啡廳，別具一番希臘人特有的典雅和浪漫。

🏛 主要城市

　　希臘的每一座城市，都生動展現其輝煌的歷史成就和厚重的文化傳統。徜徉其間，每一步都牽扯歷史，每一步又都邂逅大師。每一處古蹟，都彰顯城市建造者的偉大智慧，並以其豐富的藝術內涵，讓今日每一位生活於此的人銘記於心。

基克拉澤斯群島中的提洛島上名勝古蹟眾多，馳名世界。而島上的民居也不遜色，大多粉刷白色的房屋，吸引著各地遊客前來欣賞。

文明古都：雅典

雅典是希臘的首都，位於希臘半島東南部的阿提卡平原上，是全國政治、文化、經濟中心和交通樞紐，也是世界著名古城，已有4,000多年的歷史。雅典曾經是古代地中海強國和文化中心，被譽為「西方文化的泉源」。至西元前6世紀頂盛時期，許多不朽的大師，有的在這裡誕生，有的曾經在這裡居住，這些人所作出的貢獻照耀著人類文化的陣地前沿。1830年希臘獨立後，雅典被定為首都。現在的雅典是希臘最大的城市和工業中心。市區東北部是政治文化中心，西南及港口一帶是工商業區，其主要商業中心以舊城區為主。其中統一廣場附近的市場區，帶有典型的古舊風貌；各類專業商店應有盡有，有古董店、五金店和雜貨店等。

塞薩洛尼基

塞薩洛尼基是希臘的第二大城市，既是北方工業重鎮，又是整個巴爾幹地區的商業中心。作為巴爾幹地區的門戶，塞薩洛尼基已成為巴爾幹半島的經濟貿易中心。許多國際和地區組織坐落在這座美麗的海濱城市，其中有黑海貿易和發展銀行（該銀行成員國由巴爾幹和黑海地區的11個國家組成）、巴爾幹貿易中心、負責巴爾幹重建事物的歐盟辦事處等。

伯羅奔尼撒要港：派特雷

派特雷位於伯羅奔尼撒半島西北部，背依帕納哈克斯山，西臨派特雷海灣，是希臘西部通往義大利和伊奧尼亞諸島的重要港口城市。派特雷還是希臘西部的工商業中心。派特雷也有較為悠久的歷史，西元前31年以後，羅馬皇帝奧古斯都將此地作為殖民地。3世紀，這裡發展起了繁榮的商業和運輸業。8世紀～9世紀，在斯拉夫人對伯羅奔尼撒半島的大舉入侵活動中，派特雷因靠近西海岸，距科林斯地峽較遠，遂成為來自半島各處難民彙聚地，人口迅速增加。

1204年以後，西方十字軍在伯羅奔尼撒半島建立了莫里亞國家。1408年，威尼斯人獲得此城市主權，從此，這裡成為地中海貿易的中間站，因此這裡有西方文化留下的烙印。後來，這裡也被土耳其人占領過，1828年以後才歸屬希臘。派特雷的主要旅遊景點是派特雷城堡，位於距離海岸800公尺的小山上。有保存比較完好的牆體和城門及垛樓等。站在城堡上，可以俯瞰全城景色。另外還有建於170年的古羅馬劇場，設有2,300個座位，夏季仍然舉行露天音樂會。

雅典衛城

雅典衛城是雅典以及全希臘的一顆明珠，是雅典的象徵。世界上再也沒有一個地方像雅典的衛城一樣，在一小塊地方集中了如此之多的建築、繪畫和雕塑的經典之作。這裡的古蹟和神殿如：帕德嫩神殿、厄瑞克特翁神殿、巨門、勝利神殿、以酒神狄俄尼索命名的劇場、阿迪庫斯音樂廳和阿克波利斯博物館。衛城不僅是希臘文明的縮影，也是希臘建築史上的奇蹟。

雅典衛城的帕德嫩神廟位於一座石灰岩小山頂上,是祭祀雅典保護神雅典娜的聖地。

奧林匹亞

奧林匹亞位於希臘伯羅奔尼撒半島西部的皮爾戈斯之東,阿爾費夫斯河與克拉澤夫斯河匯流處,距雅典370公里。這裡氣候宜人,景色優美,到處都是橄欖樹、桂樹和柏樹。據歷史資料記載,早在鐵器時代,多立斯人就在這裡建立了神廟。奧林匹亞是奧林匹克運動的發源地。奧林匹克運動正是一種祭神的慶典活動。奧林匹亞有世界上最古老的運動場——奧林匹亞競技場,是古代時期宗教祭祀和體育競技中心之一。另外還有宙斯神廟、赫拉神廟等遺跡。古奧林匹亞的主要古蹟有:由10多個神廟、祭壇和祠堂組成的神殿區、體育場、體育館、摔跤學校、健身房、會議廳、雕刻作坊以及浴室、

休息室等。宙斯廟是神殿區內最大的建築,已傾倒在地的大石柱直徑都在2公尺以上。整個建築高20公尺,呈長方形。納姆菲翁神壇是奧運會期間點燃火炬的地方,歷屆現代奧運會火炬的火種都在此取得。體育場位於神殿區東面,四周是土坡修成的看台,可容納4.5萬名觀眾。

納夫普利翁

納夫普利翁市位於伯羅奔尼撒半島的東北部。該城附近的山丘上有兩座城堡,是由威尼斯人於1711年~1714年所建。城堡及城牆保存完好,登高極目遠望,水天一色,頗為壯觀。城堡具有典型的威尼斯建築風格,共有7個要塞,有台階857層,長216公尺。納夫普利翁附

近地區的蔬菜種植業十分發達,帶動了食品加工業的發展,產品出口到非洲、亞洲及澳洲等地。

莫奈姆瓦夏

莫奈姆瓦夏位於伯羅奔尼撒半島的末梢,整座城市同大陸脫離,唯一與陸地相連的是一座海上大橋。莫奈姆瓦夏的含意是「唯一入口」,其地理優勢使它成為聯繫地中海西部和君士坦丁堡、小亞細亞最重要的航線上的城市。莫奈姆瓦夏城分低城區和高城區兩個部分。1262年,城市被拜占庭帝國統治,並在這裡修建綿延不斷的城牆、教堂、樓宇和房舍。16世紀威尼斯人在此修建城牆,城牆共設有4個碉堡式的大城門。

🔗 經濟

　　希臘的經濟發展落後於大多數的歐盟國家。農業人口居於各種產業之首。目前服務業與製造業迅速成長，但工業發展受限於缺乏天然資源。旅遊業近年來躍升為國家收入的主要來源。旅遊業和航運、僑匯成為希臘經濟的三大支柱。

阿哥拉古集市上有各種各樣的精緻小商品，集市既是人們選購必需用品之地，同時也是一座露天藝術博物館，展示各種商品的風采。

　　橄欖油的出口占歐洲第三位。希臘農業區主要分布於北方的馬其頓地區、伯羅奔尼撒半島、中部希臘；有些海島農業生產條件很好，但多數島嶼及伊庇魯斯山區地塊小、耕地較分散，農耕範圍不大。克里特島因地處希臘最南方，其農業活動少受氣候影響，是橄欖的重要產地。

傳統的航運業

　　希臘是世界航運大國，截至2004年7月，希臘擁有商船2,923艘，總載重噸位16,045萬噸，占世界總運力的18.9%，世界排名第一。希臘各航運公司的總資產達600億美元，船舶總價約200億美元。全國共有大小港口444個，主要港口有比雷埃夫斯、塞薩洛尼基、沃洛斯和派特雷等。

種植業

　　希臘農業以種植業為主，糧食作物品種有大麥、小麥等。經濟作物品種有煙草、橄欖等。經濟作物的出口在其國民經濟中占重要地位。

旅遊業

　　希臘的旅遊業是國民經濟的重要支柱，是外匯收入的主要來源。20世紀60年代以來旅遊業發展迅速，70年代起入境遊客人數持續增長。旅遊內容很豐富：有設施完備的海濱遊場、滑雪場和為登山者準備的宿營地，遊客可根據自己的時間和愛好安排各種旅遊活動。在遍布希臘境內的群山中，有7,000餘個石灰岩溶洞，其中克里特島上有大約3,400個。在希臘訪古是旅遊的一項重要內容。希臘國內博物館和各類展覽館很多，且收藏豐富，各地幾乎都有民俗博物館。

克里特島上居民為過往的遊客提供便利的服務。

前南斯拉夫
——的解體

　　位於巴爾幹半島的前南斯拉夫，自1990年代開始，其內部
各個共和國陸續分裂，斯洛維尼亞、克羅埃西亞、波士尼亞
與赫塞哥維納、馬其頓相繼獨立。1992年塞爾維亞與蒙特內
哥羅宣布成為「南斯拉夫聯盟共和國」，之後在2003年正式
更名為「塞爾維亞與蒙特內哥羅」，南斯拉夫的名號自此走
入歷史；而2006年時，蒙特內哥羅宣布獨立；2008年，科索
沃脫離塞爾維亞正式獨立。

馬其頓

MACEDONIA

Република Македонија

馬其頓位於巴爾幹半島中部，是個多山的內陸國家。東鄰保加利亞，南界希臘，西接阿爾巴尼亞，北部與塞爾維亞接壤。馬其頓境內多為山地、盆地和河谷，有34座山峰在海拔2,000公尺以上。氣候以溫帶大陸性氣候為主，大部分農業地區夏季最高氣溫達40℃，冬季最低氣溫達零下30℃；西部受地中海氣候影響，夏季平均氣溫27℃，全年平均氣溫為10℃。

國 家 檔 案

全名	**馬其頓共和國**
面積	2.57萬平方公里
首都	斯科普耶
人口	210萬〔2015年〕
民族	馬其頓人、阿爾巴尼亞人、土耳其人、吉普賽人和塞爾維亞人等
語言	官方語言為馬其頓語
貨幣	代納爾
主要城市	斯科普耶、比托拉、庫馬諾沃

左 ｜ 馬其頓地區殘破的古代牆垣遺址。

下 ｜ 馬其頓湖泊眾多，有奧赫里德湖、普雷斯帕湖以及多伊蘭湖等等，盛產多種魚類，這是市場上出售的各種鮮魚。

首都斯科普耶

斯科普耶是馬其頓共和國的首都和經濟文化中心，橫跨瓦爾達爾河兩岸。6世紀始建。曾數次被戰爭和地震所毀。1963年7月26日的大地震使城市80%化為瓦礫，現已重建成現代化工業城市。斯科普耶是座色彩分明的城市，瓦爾達爾河右岸多現代化建築，左岸多古樸式房屋，瓦爾達爾河上的古橋把右岸的大道同左岸的深街曲巷連在一起。

地形地貌

馬其頓境內多為高山、盆地和河谷。有34座山峰在海拔2,000公尺以上。境內河流屬愛琴海水系的有：瓦爾達爾河、布雷加爾尼察河、普契尼亞河等；屬於亞得里亞海水系的有：黑德林河、拉迪卡河、亞布拉尼奇卡河等。瓦爾達爾河縱貫馬其頓。

奧赫里德湖

奧赫里德湖位於馬其頓與

阿爾巴尼亞交界處。最深處286公尺，為巴爾幹半島最深的湖泊。湖內現存生物同5,000萬年前第三紀的生物幾乎一樣，被稱作「活化石」。沿岸的奧赫里德城有許多著名建築，該地區於1980年被列入《世界遺產名錄》。

斯洛維尼亞

SLOVENIA

Slovenija

斯洛維尼亞位於歐洲中南部，巴爾幹半島西北端。西接義大利，北鄰奧地利和匈牙利，東部和南部與克羅埃西亞接壤，西南瀕臨亞得里亞海。海岸線長46.6公里。斯洛維尼亞依山傍海，風景秀麗，森林覆蓋面積達52%。特里格拉夫峰為境內最高的山峰，海拔2,864公尺。最著名的湖泊是布萊德湖。地中海氣候和山地氣候為其夏季和冬季旅遊提供了良好的條件。清澈的湖泊、山澗河流、碧藍的亞得里亞海、眾多的溫泉和星羅棋布的溶洞吸引著大量的遊客前來觀光。

斯洛維尼亞西北部為起伏不平的丘陵。在薩瓦河和穆拉河地區，丘陵地向潘諾平原部分過渡，這裡是土地肥沃的農業區。

國家檔案

全名	**斯洛維尼亞共和國**
面積	2.03萬平方公里
首都	盧布爾雅那
人口	203萬〔2015年〕
民族	斯洛維尼亞人、匈牙利人、義大利人等
語言	官方語言為斯洛維尼亞語
貨幣	托拉爾
主要城市	盧布爾雅那、馬里博爾

舉世聞名的冰磧湖：布萊德湖

布萊德湖是阿爾卑斯山間的著名湖泊。長2.1公里，寬1公里，面積1.45平方公里，最深處達31公尺。湖的三面都是平地，只有一面聳立著清翠的山峰。湖畔密林濃翠，懸崖下明鏡般的湖面以及湖中的阿爾卑斯山峰雪白的倒影，構成了夢幻般的冰玉奇境，故人們稱之為「山上的眼睛」。湖中高出水面約20公尺的小島上，有一座著名的巴洛克式教堂聳立在林木之中。這裡過去是教徒祈禱聖地，現已闢為教堂藝術博物館。漫步在湖濱，觀賞幽靜的湖光山色，聆聽教堂古鐘傳來的陣陣鐘鳴，真是心曠神怡。夏季可在布萊德湖進行水上運動；冬季結冰期結冰厚度達40公分，它又成為冰上運動的理想場所。這裡曾多次舉辦歐洲乃至世界性的划船、跳傘和高爾夫球比賽。

Travel Smart

科佩爾港｜馬里博爾

1. 斯洛維尼亞只有40餘公里的海岸線，然而具有現代化設施裝備的科佩爾港，卻是國家通往世界的重要門戶，同時也是奧地利、匈牙利、捷克等國重要的過境運輸港口之一。

2. 馬里博爾是斯洛維尼亞第二大城市，著名的馬里博爾大學位於城中。

斯洛維尼亞領土南部大部分地區覆蓋著喀斯特地貌，這是什科茨揚溶洞公園內奇特美景。

波斯托伊那溶洞

波斯托伊那溶洞是世界最大、最長的溶洞之一，位於斯洛維尼亞西北部亞得里亞海濱，距首都盧布爾雅那50餘公里。溶洞長約24公里，深入地下達200公尺。洞內勝景甚多，洞中套洞，有隧道相連，形成一條奇偉的山洞長廊。有輝煌廳、帷幔廳、水晶廳、音樂廳4處主要岩洞。音樂廳高40公尺，面積3,000平方公尺，可同時容納萬人。數不清的石筍、石芽、鐘乳石和奇形怪石，在燈光的照射下，千姿百態，撲朔迷離。這裡有世界最大的鐘乳石，其體積達1,400立方公尺。

大學城：盧布爾雅那

盧布爾雅那是斯洛維尼亞的首都，位於薩瓦河上游一群山環抱的盆地之中，薩瓦河支流盧布爾雅那河流貫其中。它是一座歷史悠久的文化古城和交通中心，現在仍是義大利、奧地利等國通向多瑙河、巴爾幹半島各國的交通樞紐。1895年曾遭受地震嚴重破壞，但許多建築物完好無損。主要古蹟有：羅馬古城遺址、18世紀聖尼古拉總教堂、1702年興建的音樂館，以及一些17世紀建造的巴洛克式建築等。該城的文化教育事業發達，有著名的藝術院，它的畫廊、圖書館和國家博物館享有盛譽。城市的大學生人數占市總人口的1/10，有「大學城」之稱。1979年在市區街道上安裝供暖設備，冬天街上不見雪跡，這在世界上是首創。

發達的經濟

斯洛維尼亞是原南斯拉夫地區經濟最發達的共和國，屬世界中上等已開發國家，有較高的工業、科技水準。優越的地理位置、便利的交通運輸是其取得快速發展的因素。也正是由於斯洛維尼亞的經濟基礎在巴爾幹半島及東歐國家中是最好的，所以儘管受到前南地區的戰火及其市場轉軌的衝擊，仍恢復得較快。有鐵、石油、煤等礦產資源。除食品、紡織、皮革、造紙等傳統工業部門外，近年來，電子、機械製造、運輸設備等工業發展較快。但農業相對薄弱，尚不能滿足本國需要。

Travel Smart

喀斯特地貌

喀斯特地貌是指石灰岩受水的溶蝕作用、和伴隨的機械作用形成各種地貌：石芽、石溝、石林、溶洞等。這種地貌區往往奇峰林立。在斯洛維尼亞南部和沿海地區以東布滿林地、果園和葡萄園的丘陵和高原地帶，為石灰岩地質構造，具有典型的喀斯特特徵。

盧布爾雅那市內公園和綠地所占面積很大，城市在充滿文化的氣息中，更透露出一派自然之清幽。

塞爾維亞  SERBIA

歐洲

Republika Srbija

塞爾維亞位於歐洲巴爾幹半島的中北部，西部與克羅埃西亞、波士尼亞與赫塞哥維納接壤，北部和東北部同匈牙利和羅馬尼亞為鄰，東部與保加利亞交界，南鄰馬其頓和阿爾巴尼亞。南部部分地區瀕臨亞得里亞海，海岸線長200公里。氣候主要為溫帶大陸性氣候和地中海氣候。

塞爾維亞氣候溫和、雨量充沛，湖水中的睡蓮愉快地生長著並鋪滿了湖面。

礦藏主要有銅、鉛、鋅、煤等。工業產品有電解銅、精煉鉛、石油、汽車、紡織品等。這是塞黑銅的生產車間。

美麗的塞爾維亞

塞爾維亞南部和中部是連綿起伏的丘陵與山區，那裡樹木成林，果園成片，牛羊成群，景色秀美。北部是一望無際的伏伊伏丁那平原，有著「歐洲糧倉」的美譽。塞爾維亞境內有多瑙河、蒂薩河、薩瓦河、貝蓋伊和莫拉瓦河等多條河流及其支流，水路共長達5萬公里，又有大量的溫泉與湖泊散落各地，水資源相當豐富。塞爾維亞雖屬大陸性氣候，但雨量充沛，氣候宜人，空氣清新，生態環境良好。

首都貝爾格勒

首都貝爾格勒位於多瑙河和薩瓦河畔，風景秀麗，是全國的政治、經濟和文化中心。貝爾格勒也是歐洲最古老的城市之一，建於西元前2世紀，初被羅馬人占據，6世紀南部斯拉夫人遷徙至巴爾幹才將此城命名為貝爾格勒。歷史上這裡曾先後被奧匈帝國和土耳其統治，經歷過36次戰火摧殘，多次被夷為平地。1867年才真正回到塞爾維亞人手中。貝爾格勒市區內樹林成片，建築錯落有致，景點密布。遊覽有名的卡萊梅格丹、共和國廣場，沿途還可以看到國家博物館、人民劇院、議會大廈、市政廳等特色建築。

前南斯拉夫曲折的歷史

6世紀～7世紀，部分斯拉夫人移居巴爾幹半島。9世紀起，開始形成塞爾維亞、杜克里亞（即黑山地區）等國家。15世紀土耳其奧斯曼帝國征服塞爾維亞，吞併馬其頓、波士尼亞與赫塞哥維納以及黑山部分領土。1882年、1910年，塞爾維亞和黑山相繼成為王國。1918年，南部斯拉夫一些民族聯合成立「塞爾維亞 — 克羅埃西亞 — 斯洛維尼亞王國」，1929年改稱南斯拉夫王國。1941年被德、義法西斯占領。1945年5月全國解放，同年11月29日，塞爾維亞和黑山與其他南部斯拉夫民族聯合成立南斯拉夫聯邦人民共和國。

塞爾維亞境內清澈見底的山地湖泊和河流，由茂密的植被襯托著，構成一幅絕美的自然圖畫。

1991年6月25日，斯洛維尼亞和克羅埃西亞兩個共和國脫離南聯邦宣布獨立。1991年10月15日，波士尼亞與赫塞哥維納宣布為主權國。1991年11月20日，馬其頓宣布獨立。1992年4月27日，南斯拉夫聯盟共和國憲法正式通過，塞爾維亞和黑山兩共和國聯合正式成立南斯拉夫聯盟共和國。2003年2月，南斯拉夫聯盟議會兩院通過了「塞爾維亞和黑山憲法憲章」，南聯盟更名為「塞爾維亞和黑山」。它由塞爾維亞共和國和黑山共和國兩個平等的成員組成。塞爾維亞還包括伏伊伏丁那自治省和科索沃自治省。2006年6月黑山獨立，塞爾維亞繼承原塞黑國際地位。

Travel Smart

杜米托爾國家公園地區

杜米托爾國家公園地區面積為350平方公里，1980年被列入《世界遺產名錄》，包括杜米托爾山和塔拉河地區峽谷。杜米托爾山峰海拔為2,522公尺，山峰長期受冰湖雕琢，呈現出奇異的自然美景。它的許多峰巒被冰川分割開來，形成了大大小小的16個冰川湖泊，人們稱之為「山之眼」，其中最大的湖泊是黑湖。峽谷、岩洞等構成了一派典型的奇美無比的喀斯特風光。塔拉峽谷的黑松林是歐洲最後幾處原始黑松林之一。覆蓋整個山坡的茂密的森林中有多種珍禽異獸出沒。塔拉峽谷是歐洲最大的峽谷，世界第二大峽谷，該地區已被聯合國教科文組織列為「生物保護圈」。

克羅埃西亞

歐洲

CROATIA

Republika Hrvatska

克羅埃西亞位於歐洲中南部，巴爾幹半島的西北部。西北和北部分別與斯洛維尼亞和匈牙利接壤，東部與塞爾維亞、黑山、波士尼亞與赫塞哥維納為鄰，南瀕亞得里亞海。海岸線曲折，長1,777.7公里。克羅埃西亞自然景觀秀麗而富變化，包括南部地中海地區、中部高山地區和北部潘諾地區。受三種地形影響其氣候分地中海氣候、山地氣候和大陸性氣候。境內河流密布，水力資源豐富。其兩條主要河流為德拉瓦河和薩瓦河，皆匯入歐洲第二大河多瑙河。

逐漸恢復的經濟

克羅埃西亞是原南斯拉夫地區經濟較為發達的國家。原南斯拉夫危機爆發後，克羅埃西亞經濟出現嚴重滑坡，近1/3的工業生產能力遭到破壞，戰爭物質損失約為296億美元，通貨膨脹率高達1,600%。1993年以來，經濟形勢逐漸好轉。1999年，北約轟炸南聯盟給克羅埃西亞經濟造成重大影響。現在政府致力於經濟建設，經濟緩慢回升。

札格拉布

札格拉布是克羅埃西亞的首都，在其西南部，薩瓦河穿城而過。市中心有共和國廣場。廣場兩邊的伊利查大街是熱鬧的商業區，沿街各類商店林立，店內商品琳琅滿目，顧客如雲。廣場向南有一大片伸展約1公里的綠地，其間建有科學院、現代

上 | 建於13世紀的聖馬克教堂是札格拉布的代表性建築物。教堂屋頂上用彩色瓦片拼出了札格拉布城徽和原克羅埃西亞－達爾馬提亞－斯洛維尼亞王國國徽。

右 | 9世紀以來，克羅埃西亞的宗教建築物，具有典型的羅馬式藝術風格。此外，其裝飾風格和製造藝術都有獨到之處，如該圖的教堂樓梯扶手。

藝術館、考古博物館。札格拉布西北郊66公里處的庫姆羅韋村是狄托故鄉，有狄托故居紀念館。

波士尼亞與赫塞哥維納

Босна и Херцеговина
BOSNIA AND HERZEGOVINA

波士尼亞與赫塞哥維納位於歐洲巴爾幹半島中西部，北部的波士尼亞層巒疊嶂、森林密布；南部的黑塞哥維那，則丘陵起伏、田疇低平。山區占全國面積的42%，丘陵占24%，平原占5%，喀斯特地貌占29%。主要河流有德里納河、波士尼亞河等以及與鄰國邊境接壤的薩瓦河。主要湖泊有布希科湖、普利夫斯科湖等。

世界名城：薩拉熱窩

薩拉熱窩是波士尼亞與赫塞哥維納的首都，位於薩瓦河支流波士尼亞河上游地區，曾因第一次世界大戰的爆發和當代波黑戰爭聞名於世。它不僅是波黑的首都，而且也是波黑的第一大城市，全國的政治、經濟和文化的中心。城市四周群山環繞，風光綺旎，市內兼有19世紀奧地利風采的黃褐色樓群和東方格調的樓閣，以及土耳其工藝作坊。這裡是穆斯林的集中地，有「歐洲開羅」和「穆斯林城」稱號。全城有清真寺百餘座，其中最古老的建於16世紀。街頭阿拉伯化古老市場以製作和出售阿拉伯式銅、銀器和手工藝品聞名遐邇。市內還保留著土耳其統治時期老城、石鋪的街巷，低矮的店鋪和作坊，這與市中心林立的高大建築形成了鮮明的對比。奧匈帝國皇儲斐迪南居住過的別墅，在郊外一個大花園裡，它鄰近的林蔭道有近200年的歷史。

國家檔案

全名	波士尼亞與赫塞哥維納
面積	5.11萬平方公里
首都	薩拉熱窩
人口	386萬〔2015年7月〕
民族	波什尼亞克人、塞爾維亞人、克羅埃西亞人等
語言	官方語言為波士尼亞語、塞爾維亞語和克羅埃西亞語
貨幣	可兌換馬克
主要城市	薩拉熱窩、圖茲拉、莫斯塔爾、巴尼亞盧卡

奈雷特瓦河上著名的莫斯塔爾橋、以及橫跨德里納河的維舍格勒橋，都是土耳其統治時期建築藝術的傑作。圖為維舍格勒橋。

阿爾巴尼亞

ALBANIA
Republika e Shqipërisë

阿爾巴尼亞位於東南歐巴爾幹半島西部，北部與東北部分別與塞爾維亞、蒙特內哥羅、馬其頓接壤，南部與希臘為鄰，西臨亞得里亞海、隔奧特朗托海峽與義大利相望。它是亞得里亞海岸和巴爾幹半島中部地區的必經之路。海岸線長472公里。屬地中海氣候，降雨量充沛，是歐洲降雨量最多的地區。

國家檔案

全名	阿爾巴尼亞共和國
面積	2.87萬平方公里
首都	地拉那
人口	約300萬〔2015年〕
民族	主要是阿爾巴尼亞人，占人口總數的98%
語言	官方語言為阿爾巴尼亞語
貨幣	列克
主要城市	地拉那、都拉斯、斯庫台

首都地拉那

地拉那是阿爾巴尼亞第一大城市，也是其經濟、文化、交通中心。位於國土中西部的伊什米河畔，西距亞得里亞海岸40公里。地處山間盆地，冬季溫濕，夏季乾熱。解放後，地拉那成為全國最大的工業中心。工業產值占全國的1/5，主要有機械、紡織、化工等部門。市區的西部為新建工業區，也是全國交通樞紐。市郊有水電站和煤礦，還有國際航空站，有地拉那大學等高等院校和國家科學院等。城市東部和北部的主要部分為舊城區，多傳統建築。斯坎德培廣場位於市中心，附近有清真寺。

多樣化的農業

阿爾巴尼亞的自然條件有利於農業發展。多樣性的氣候、各種類型的土壤、不同的地形條件為發展其多樣化的農業創造了條件。阿爾巴尼亞的耕地面積中約有88%用來種植農作物。經濟作物主要是棉花和煙草，其中煙草的種植面積僅次於棉花，但在農產品的出口中卻占第一位。煙草的出口占整個出口總額的30%。

阿爾巴尼亞人的春節

阿爾巴尼亞的「春節」是每年的3月14日。當天，阿爾巴尼亞人所信奉的扎娜自然女神步出位於愛爾巴桑城郊的廟宇，把春天送到人間，宣告新年復始。來自四面八方的人們則載歌載舞地奔向廟宇，向扎娜女神膜拜祈禱，企盼在新的一年裡五穀豐登。春節活動從3月13日開始，相當於華人的「除夕」。老祖母留在家裡「守夜」，手裡捧著白天採集的鮮花和綠草，從一個房間走到另一個房間，把花草分放到每個親人的床頭上，讓大自然保佑他們在新的一年裡健康平安。

阿爾巴尼亞的鳥類以大雁、野鴨為主，有時也飛來天鵝，這些鳥類中以鵜鶘最為珍貴。

環球國家地理：歐洲

冰島

法羅群島

瑞典　　芬蘭

挪威

愛沙尼亞　　俄羅斯

拉脫維亞

丹麥　　立陶宛

愛爾蘭

英國　　白俄羅斯

荷蘭　　波蘭

比利時　　德國　　烏克蘭

盧森堡　　捷克　　斯洛伐克　　摩爾多瓦

法國　　瑞士　　奧地利　　匈牙利

列支敦士登　　義大利　　羅馬尼亞

摩納哥　　塞爾維亞

葡萄牙　　安道爾　　聖馬利諾　　保加利亞

西班牙　　梵蒂岡

斯洛維尼亞　　馬其頓

直布羅陀　　克羅埃西亞　　希臘　　阿爾巴尼亞

波士尼亞與
赫塞哥維納

馬爾他

環球國家地理：歐洲
| 全新黃金典藏版 |

作　　者　《環球國家地理》編輯委員會

發 行 人　林敬彬
主　　編　楊安瑜
副 主 編　黃谷光
編　　輯　吳瑞銀、夏于翔
協力編輯　楊于雯、丁顯維
封面攝影　Tony Lin
內頁編排　Aoife Huang
封面設計　Aoife Huang

出　　版　大旗出版社
發　　行　大都會文化事業有限公司
　　　　　11051 台北市信義區基隆路一段432號4樓之9
　　　　　讀者服務專線：(02) 27235216
　　　　　讀者服務傳真：(02) 27235220
　　　　　電子郵件信箱：metro@ms21.hinet.net
　　　　　網　　　址：www.metrobook.com.tw

郵政劃撥　14050529 大都會文化事業有限公司
出版日期　2017年09月修訂初版一刷
定　　價　380元

I S B N　978-986-95038-5-3
書　　號　Image-20

Metropolitan Culture Enterprise Co., Ltd.
4F-9, Double Hero Bldg., 432, Keelung Rd., Sec. 1,
Taipei 11051, Taiwan
Tel: +886-2-2723-5216　Fax: +886-2-2723-5220
E-mail: metro@ms21.hinet.net
Web-site: www.metrobook.com.tw

國家圖書館出版品預行編目(CIP)資料

環球國家地理：歐洲（全新黃金典藏版）/《環球國家地理》
編輯委員會 編著. —— 修訂初版. ——
臺北市：大旗出版：大都會文化發行, 2017.09
224 面；17 x 23 公分
ISBN 978-986-95038-5-3 (平裝)

1. 世界地理　2. 歐洲　3. 通俗作品

716.08　　　　　　　　　　　　　　106012587